高职高专财经商贸类专业规划教材

经济法简明教程

● 主编 刘笑诵 徐 波

苏州大学出版社
Soochow University Press

图书在版编目(CIP)数据

经济法简明教程 / 刘笑诵，徐波主编. --苏州：苏州大学出版社，2024.6
高职高专财经商贸类专业规划教材
ISBN 978-7-5672-4283-8

Ⅰ.①经… Ⅱ.①刘… ②徐… Ⅲ.①经济法-中国-高等职业教育-教材 Ⅳ.①D922.29

中国国家版本馆 CIP 数据核字(2023)第 012232 号

经济法简明教程
JINGJIFA JIANMING JIAOCHENG
刘笑诵　徐　波　主编
责任编辑　施小占

苏州大学出版社出版发行
(地址：苏州市十梓街1号　邮编：215006)
镇江文苑制版印刷有限责任公司印装
(地址：镇江市黄山南路18号润州花园6-1号　邮编：212000)

开本 787 mm×1 092 mm　1/16　印张 18.25　字数 445 千
2024 年 6 月第 1 版　2024 年 6 月第 1 次印刷
ISBN 978-7-5672-4283-8　定价：55.00

图书若有印装错误，本社负责调换
苏州大学出版社营销部　电话：0512-67481020
苏州大学出版社网址　http://www.sudapress.com
苏州大学出版社邮箱　sdcbs@suda.edu.cn

PREFACE / 前言

本教材对我国现行的经济法律法规进行了比较系统的阐述，努力构建符合财经、管理类专业特色和课程层次多样化需求的经济法体系结构，内容新颖，简明扼要，注重理论联系实际。

本教材的特点主要体现在以下两个方面：

（1）内容的编排上突出实用性。在编写过程中始终以"适度、够用"为原则去构建教学内容，尽量选用与每章节知识点相关的实践案例和教学案例；对重点或容易忽视的内容，通过"特别提醒"的方式予以强调；对与教学内容相关的知识点，通过"知识链接"的方式予以拓展。

（2）教学的组织上突出实践性。从服务高职高专人才培养目标出发，充分考虑高职高专学生及课程的特点，以提升学生的专业素养和提高学生的学习能力为目标，以案例教学为主线，注重培养学生运用经济法律知识分析和解决实际问题的能力。

本教材配有PPT教学课件及各章同步练习参考答案，可至苏州大学出版社官方网站（www.sudapress.com）下载。

本教材由江苏食品药品职业技术学院刘笑诵、徐波任主编，负责教材编写大纲的拟订及编写组织与协调；江苏食品药品职业技术学院路鑫鑫、郭世静任副主编。

本教材主要适用于高职高专院校财经商贸类专业经济法课程教学，也可以用于职业本科或应用型本科和中等职业教育经济法课程教学。

由于编者水平有限，书中难免有不足之处，恳请各位同行和读者批评指正，并希望能将您的宝贵意见和建议及时反馈给我们，以便再版时修正。

编者

Contents / 目 录

- 第一章　基础理论　/ 1
  - 第一节　经济法概述　/ 2
  - 第二节　经济法律关系　/ 4
  - 第三节　经济仲裁与经济诉讼　/ 8
  - 同步练习　/ 18
- 第二章　企业法　/ 20
  - 第一节　企业法概述　/ 21
  - 第二节　个人独资企业法　/ 24
  - 第三节　合伙企业法　/ 28
  - 同步练习　/ 37
- 第三章　公司法　/ 42
  - 第一节　公司法概述　/ 43
  - 第二节　有限责任公司　/ 45
  - 第三节　股份有限公司　/ 52
  - 第四节　关于公司的其他规定　/ 64
  - 同步练习　/ 68
- 第四章　破产法　/ 72
  - 第一节　破产法概述　/ 73
  - 第二节　破产申请和受理　/ 74
  - 第三节　管理人　/ 77
  - 第四节　债务人财产　/ 78
  - 第五节　破产费用和共益债务　/ 80

第六节　债权人会议　/ 82

第七节　重整与和解　/ 84

第八节　破产清算　/ 87

同步练习　/ 92

第五章　合同法　/ 94

第一节　合同法概述　/ 95

第二节　合同订立　/ 98

第三节　合同效力　/ 104

第四节　合同履行　/ 109

第五节　合同变更、转让和终止　/ 115

第六节　合同担保　/ 121

第七节　违约责任　/ 127

第八节　典型合同　/ 133

同步练习　/ 142

第六章　工业产权法　/ 146

第一节　工业产权法概述　/ 147

第二节　商标法　/ 148

第三节　专利法　/ 159

同步练习　/ 171

第七章　反不正当竞争法和反垄断法　/ 173

第一节　反不正当竞争法　/ 174

第二节　反垄断法　/ 181

同步练习　/ 189

第八章　产品质量法　/ 194

第一节　产品质量法概述　/ 195

第二节　产品质量监督管理体制和管理制度　/ 197

第三节　生产者、销售者的产品质量责任和义务　/ 201

第四节　产品质量民事责任及处理办法　/ 202

同步练习　/ 206

第九章　消费者权益保护法　/ 208

　　第一节　消费者权益保护法概述　/ 209

　　第二节　消费者的权利　/ 211

　　第三节　经营者的义务　/ 213

　　第四节　消费者权益争议及法律责任　/ 217

　　同步练习　/ 222

第十章　劳动合同法　/ 225

　　第一节　劳动合同法概述　/ 226

　　第二节　劳动合同概述　/ 227

　　第三节　劳动合同的订立　/ 231

　　第四节　劳动合同的履行和变更　/ 235

　　第五节　劳动合同的解除和终止　/ 237

　　第六节　劳动合同的特别规定　/ 241

　　第七节　劳动合同当事人的法律责任　/ 245

　　第八节　劳动仲裁　/ 247

　　同步练习　/ 251

第十一章　税法　/ 254

　　第一节　税法概述　/ 255

　　第二节　流转税法　/ 259

　　第三节　所得税法　/ 269

　　同步练习　/ 282

参考文献　/ 284

第 一 章

基 础 理 论

 学习目标

◆ 知识目标
1. 了解经济法的概念及调整对象；
2. 理解经济法的基本原则；
3. 掌握经济法律关系；
4. 掌握经济仲裁与经济诉讼。

◆ 能力目标
1. 掌握经济法律关系的主体、内容和客体；
2. 运用所学知识分析和解决具体法律问题；
3. 掌握经济仲裁与经济诉讼。

◆ 素养目标

提高学生守法、用法的自觉性，增强法治意识，学会和善于运用法治思维和法治方式化解矛盾，自觉在法治轨道上推动各项工作，不断提高依法办事的能力。

导入案例

经济法律关系终止的法律后果

2008年1月23日，周先生和厦门旅游集团国际旅行社有限公司（下称旅游公司）签订了一份《中国公民出境旅游合同》（下称《旅游合同》），双方约定由旅游公司组团，周先生出境至塞班旅游，出发日期为2008年1月28日20点05分，集合时间为2008年1月28日17点，集合地点为上海浦东国际机场。旅游费总计人民币（下同）16 770元。合同约定，因不可抗力或者意外事件，双方经协商可以取消行程或者延期出行。取消行程的，由组团社向旅游者全额退还旅游费用（但应当扣除已发生的签证等费用）。旅游者出发当日提出解除合同的，应按旅游费用总额的90%向组团社支付业务损失费，如上述支付比例不足以赔偿组团社的实际损失，旅游者应当按实际损失对组团社予以赔偿，但最高额不得超过旅游费用总额。

合同签订后,周先生于当天交纳旅游公司旅游费16 770元。2008年1月23日,周先生预订了三张从厦门出发、日期为2008年1月28日中午11点05分、到达地为上海虹桥机场的机票。2008年1月28日,周先生一行三人乘坐的航班因天气原因而延误,飞机由原计划11点05分起飞延误至19点10分起飞。周先生接到航班延误通知后觉得再赶到上海已经没有意义了,就电话告知了旅游公司说无法准时到达集合地点。该组团社其他成员仍按原定时间前往塞班。

2008年1月中旬以来,我国中东部地区连续出现两次大的雨雪天气,中央气象台于1月25日启动重大气象灾害预警应急预案三级应急响应命令。1月26日下午6时,中央气象台发布暴雪橙色警报;1月27日下午6时,中央气象台发布了暴雪红色警报。

事后,周先生多次要求旅游公司退回全部旅游费未果,遂诉至厦门市思明区法院,称其因不可抗力无法出行,旅游公司应当全额退还旅游费用,请求法院判令旅游公司退还旅游费16 770元。

被告旅游公司辩称,周先生不能按期到达上海的事由不属于不可抗力,其主张退还全部旅游费用缺乏依据,并向原审法院提起反诉,诉请法院判令周先生支付损失15 093元。

反诉被告周先生辩称,其不能到达上海参加旅游的原因属于不可抗力,旅游公司缺乏证据证明其实际损失,其要求周先生承担90%的损失过高,应予以调整。

(资料来源:根据福建省厦门市思明区人民法院(2008)思民初字第2766号整理。)

根据上述案情,回答下列问题,并说明理由:
(1) 当事人的经济法律关系是否已经终止?
(2) 本案中导致经济法律关系终止的事件是否属于不可抗力?
(3) 本案应该如何处理?

分析提示

第一节　经济法概述

一、经济法的概念和调整对象

(一) 经济法的概念

经济法是调整国家在管理和协调经济运行过程中所产生的经济关系的法律规范的总称。经济法包括企业法、公司法、破产法、合同法、工业产权法、反不正当竞争法、产品质量法、消费者权益保护法、劳动合同法和税法等法律制度。

(二) 经济法的调整对象

经济法调整的是特定的经济关系,即国家在管理和协调经济运行过程中所产生的经济关系。经济法所调整的经济关系具体包括以下几种。

1. **市场主体调控关系**

市场主体调控关系，是指国家从维护社会整体利益出发，在对市场主体的组织和行为进行必要协调、参与、调节过程中而发生的社会关系。国家为了协调经济运行，以法律手段调整各种市场主体设立、变更、终止过程中发生的经济管理关系和企业内部管理过程中发生的经济关系。调整市场主体调控关系的法律主要有企业法和公司法等。

2. **市场秩序调控关系**

市场秩序调控关系，是指国家为了维护良好的市场竞争秩序，维护国家、生产经营者和消费者的合法权益而对市场主体的市场行为进行必要的协调、干预和调节而发生的社会关系。规范和指导市场管理，形成布局合理、结构优化、配套齐全、统一、开放竞争、有序的社会主义市场体系，市场本身是无法达到这一目标的，必须依赖国家的干预，加强调控，才能得以实现。调整市场秩序调控关系的法律主要有反垄断法、反不正当竞争法、消费者权益保护法、产品质量法等。

3. **宏观经济调控关系**

宏观经济调控关系，是指国家为了实现经济总量的基本平衡，促进经济结构的优化，推动社会经济的协调发展，对国民经济的总体活动进行调节和控制过程中发生的经济关系。现代市场经济的运行是一个极其复杂的过程，当经济运行到一定复杂与发达的程度，"市场之手"的缺陷就会暴露，社会迫切需要另一种超然于市场之上的力量对此进行规制与引导，这个"力量"就是国家的宏观调控。调整宏观经济调控关系的法律主要有财政法、税法、金融法等。

4. **社会经济保障关系**

社会经济保障关系，是指在对劳动者实行社会保障过程中发生的经济关系。这一保障体系的范围包括养老、医疗、失业、工伤、生育等内容。经济法对社会保障体系加以规范和调整，一方面使经济组织对社会和公众应该承担的责任得到进一步明确，既防止过多地承担社会负担，又可避免其逃避应尽的社会责任；另一方面又使劳动者的利益得到稳定和可靠的保障，维护了社会稳定。调整社会经济保障关系的法律主要有社会保险法、社会救助法、劳动法等。

二、经济法的基本原则

经济法的基本原则是指贯穿于经济法实践运作的全过程，并为经济法规所确认和体现的总的指导思想和根本法律准则。它是经济法本质的集中体现，对经济立法、经济执法、经济司法和经济守法活动都具有指导意义和运用价值。经济法的基本原则主要包括以下几点。

（一）社会本位原则

从社会公共利益出发是经济法与民法相区别的根本点。经济法把社会本位作为自己的调整原则，就表明经济法在对产业调节、固定资产投资、货币发行、价格水平、垄断和不正当竞争行为、产品质量控制以及消费者权益保护等关系进行调整时都必须以社会利益为本位。与此同时，任何市场主体在进行市场行为时都不能一味地追求自身利益的最大化而忽视对社会公共利益的关注。

（二）兼顾公平与效率的原则

经济公平的前提条件是主体地位平等。经济公平的基本内容是交易机会均等，经济法不得为某一或某些主体提供独占市场的机会。作为经济法基本原则的公平和效率，既有相互促进的一面，又有相互矛盾的一面。只要效率而不要公平，最终会降低效率；只要公平而不要效率，这种公平也很难维持长久。

（三）可持续发展的原则

经济的发展涉及资源的配置、开发、利用，废弃物的排放，环境保护和治理等一系列社会性问题。经济法必须强调坚持可持续发展的原则，不能为眼前利益而牺牲长远利益。因此，经济法无论是保证市场主体有一个平衡和谐的经济环境，还是保证经济资源合理地分配，最终都是为了从宏观上实现社会经济整体的可持续发展。

（四）国家适度干预原则

这是体现经济法本质特征的原则。国家干预始终是经济法发展中的主题，但国家应从社会利益的角度对经济生活做出适度的干预，做到经济自由与经济秩序的统一，国家调控与市场资源配置的统一，社会效益与经济效益的统一。不同的国家在不同的历史阶段对社会经济生活干预的范围和手段有所不同。在社会主义市场经济体制下，国家的适度干预必然成为经济法所要遵循的一项重要原则。

（五）责、权、利相结合的原则

"责"是指法律要求经济主体必须履行的义务，并承担不履行或不适当履行的法律后果；"权"是指法律赋予经济主体一定的职权和权力；"利"是指法律对经济主体的物质利益的确认和保护。三者之间相互联系，相互制约，相互依存。责权利相结合的原则，要求在经济法律关系中经济主体的责、权、利必须保持一致，不应当有脱节、错位、不平衡现象存在。

第二节 经济法律关系

一、经济法律关系的概念

法律关系，是指社会关系被法律规范确认和调整之后形成的权利和义务关系。由于调整对象的不同，会形成不同的法律关系。如调整用人单位与劳动者依法订立书面劳动合同后形成的是劳动法律关系；调整平等主体之间的财产关系和人身关系形成的是民事法律关系；等等。经济法律关系是指经济关系经过经济法律规范确认和调整之后形成的法律主体之间具有权利和义务性质的关系。或者说，它是国家根据经济法律规范在限定市场主体资格、规制市场秩序、进行宏观调控和监管经济的过程中，所形成的经济法主体之间的权利义务关系。

可见，经济法律关系与经济法所调整的经济关系是不同的。两者的区别主要表现在以下三个方面。

（1）经济法律关系是经济关系由经济法律规范确认和调整后所形成的权利义务关系，而经济关系则是当事人之间客观存在的物质利益关系。

（2）经济法律关系的存在以经济法的存在为前提，而经济关系是客观存在的。

（3）经济法律关系靠法律来保障，而经济关系则靠客观经济规律来支配。

二、经济法律关系的构成要素

任何法律关系都由主体、内容和客体三要素构成，经济法律关系也不例外。

（一）经济法律关系主体

1. 经济法律关系主体的概念

经济法律关系主体（简称经济法主体），是指在国家协调经济运行过程中依法独立享有经济权利、承担经济义务的当事人。经济法律关系主体能够以自己的名义独立地参加经济法律关系；经济法律关系的主体既是经济权利的享有者，又是经济义务的承担者；经济法律关系主体必须能够独立承担经济法律责任。

2. 经济法律关系主体资格取得方式

主体资格是指当事人参加经济法律关系、享受经济权利和承担经济义务的资格或能力。只有具有经济法主体资格的当事人，才能参与经济法律关系，享受经济权利和承担经济义务。经济法主体资格的取得主要有以下三种方式。

（1）法定取得。法定取得是指基于宪法、法律或法规的明确规定而取得的经济法主体资格。例如，税务机关依照税收法律、法规的规定享有征税的权力，因而在税收征纳关系中即成为经济法主体。

（2）授权取得。授权取得是指某种主体符合法律规定的条件而被国家审批机关授予其具备经济法律关系的主体资格。授权取得必须有法律的明确规定；授权范围也不得超越授权人自身拥有的权限。例如，企业从事生产经营活动，在办理营业执照之后，即可取得市场监督管理部门授权的经济法律关系主体资格。

（3）参与取得。例如，订立消费合同而成为消费者权益保护法中的经营者或消费者。合同双方本来是平等的民事主体，为了消费者与经营者之间实质上的平等，对处于弱势地位的消费者给予倾斜性保护。因此，国家对之进行干预，双方就不再是普通意义上的平等民事主体，而成为享有特殊权利的消费者与负有特别义务的经营者，即经济法律关系的主体。

3. 经济法律关系主体范围

依照我国法律规定，经济法律关系主体的范围主要包括以下几类：

（1）自然人。这里的自然人既包括本国公民，也包括居住在一国境内或在境内活动的外国公民和无国籍人。《中

知识链接

法人与法定代表人

《中华人民共和国民法典》

华人民共和国民法典》（以下简称《民法典》）将个体工商户和农村承包经营户放在自然人范围内。

（2）法人。《民法典》按照设立目的和功能等方面的不同，将法人分为营利法人、非营利法人和特别法人。营利法人包括有限责任公司、股份有限公司和其他企业法人等。非营利法人包括事业单位、社会团体、基金会、社会服务机构等。特别法人包括机关法人、农村集体经济组织法人、城镇农村的合作经济组织法人、基层群众性自治组织法人。

非法人组织

（3）非法人组织。包括个人独资企业、合伙企业、不具有法人资格的专业服务机构等。

（4）国家机关。国家机关是经济法律关系最重要的主体。作为经济法主体的国家机关，主要是指国家行政机关中的经济管理机关。其通过经济立法、经济司法和经济行政依法参加经济法律关系，行使经济权利和履行经济义务，实现其担负的组织和领导经济建设的职能。例如，市场监督管理部门通过对市场主体资格条件进行审查和对市场主体交易行为进行监管，可以推动市场主体信用体系建设，保持市场秩序相对稳定。

根据有关规定，经济组织的内部机构，虽然不具有独立法人资格，但是在一定条件下也是经济法律关系的主体。例如，担负企业一定生产经营职能的分支机构、职能科室和基层业务活动的组织等，就可以作为经济法律关系主体，依法与企业订立承包或者租赁等责任制合同。另外，类似分公司、分店等，虽然不具有独立法人资格，但是也可以依法作为经济法律关系的主体。

经济组织内部机构不能参加企业外部的经济法律关系。

事业单位的内部机构不能成为经济法律关系的主体。

（二）经济法律关系的内容

经济法律关系的内容，是指经济法主体享有的经济权利和承担的经济义务。它是经济法律关系的核心内容，也是连接经济法主体和客体的纽带与桥梁。

1. **经济权利**

经济权利，是指经济法主体在国家协调经济运行过程中依法具有的自己为或不为一定行为和要求他人为或不为一定行为的资格。它包括以下几方面的含义：

（1）经济权利主体可以依法按照自己的意志，为或不为一定经济行为，以实现自己的利益和要求。例如，享有所有权的人有权对自己的所有物进行占有、使用和处分，并从中取得合法权益。

（2）经济权利主体可以依法要求经济义务主体为或不为一定经济行为，以实现自己的利益和要求。比如，注册商标专用权人有权禁止他人非法使用其注册商标。

（3）经济权利主体可以在经济义务主体的行为使其权利不能实现或者受到损害时，依法请求国家有关机关给予强制力保护。比如，权利人的所有物被他人非法侵占时，所有权人有权请求人民法院责令其返还侵占物并赔偿所有权人损失。

2. 经济义务

经济义务，是指经济法主体根据法律规定或者为满足权利主体的要求，依法必须作为或不作为一定行为的责任。它包括以下几方面的含义：

（1）经济义务主体应自觉履行经济法律、法规、合同、协议所确定的各项要求，否则要受到国家强制力的制裁。如企业必须对用户和消费者负责等。

（2）经济义务主体必须依据经济法律、法规、合同、协议为或不为一定经济行为，以实现经济权利主体的利益和要求。比如，上级主管部门不得随意干涉企业正常的生产经营活动，企业不得挥霍浪费国家的财产等。

（三）经济法律关系客体

经济法律关系客体，是经济法律关系主体权利义务所指向的对象。根据我国经济法律法规的规定，经济法律关系的客体包括以下几类：

1. 物

物是指可以为经济法主体控制、支配的，有一定经济价值和实物形态的物品，以及充当一般等价物的货币和货币衍生物（如有价证券等）。

2. 经济行为

经济行为是指经济法主体为达到一定经济目的、实现其权利和义务所进行的经济活动。它包括经济管理行为、提供劳务行为和完成工作行为等。作为经济法律关系客体的经济行为，仅指具有法律意义即为实现权利和义务而实施的行为。

3. 智力成果

智力成果又称精神财富，是指经济法主体从事智力劳动创造取得的成果，如科学发明、艺术创作成果和学术论著等。智力成果本身不直接表现为物质财富，但可以转化为物质财富。智力成果作为经济法律关系的客体，其法律表现形式主要为商标权、专利权、专有技术、著作权等。

经济法律关系的三个要素是紧密联系、不可分割的有机组成部分，抽去其中任何一个就不能构成经济法律关系，变更其中任何一个也不再是原来的经济法律关系。

三、经济法律关系的设立、变更和终止

（一）经济法律关系设立、变更和终止的概念

经济法律关系设立，是指由于某种经济法律事实的出现，使特定的经济法律关系主体间产生具体的权利义务关系。

经济法律关系变更，指由于某种经济法律事实的出现，使已经生效的经济法律关系的要素发生了变化。

经济法律关系终止，是指由于一定的经济法律事实，使经济法律关系主体之间的权利与义务关系归于终止。如购销合同中，钱货两清，则经济法律关系终止。

（二）经济法律关系设立、变更和终止的条件

经济法律关系设立、变更和终止不是自动发生的，需要以经济法律法规（经济法律关

系设立、变更和终止的法律依据）的存在和经济法律事实（法律、法规所规定的具体行为或事件）的出现为前提条件。

经济法律事实，是指能够引起经济法律关系设立、变更和终止的客观情况。经济法律关系不会自然产生，只有当一定的经济法律事实出现，才能在经济法主体之间产生一定的经济法律关系或者使原有的经济法律关系发生变更或者终止。

经济法律事实依照其发生与当事人的意志有无关系，可以分为法律事件、法律行为和事实行为。

1. 法律事件

法律事件，是指不以经济法律关系主体的主观意志为转移的，能够引起法律关系发生、变更和消灭的经济法律事实。即这些事实的出现与否，通常是经济法律关系当事人不能预见、不能避免并不能克服的。在法律上把这些事件又通常称为不可抗力。

法律事件可能是自然现象引起的，又称绝对事件，如自然灾害的发生引起财产关系变更或者终止以及保险赔偿责任的发生。法律事件也可能是社会现象引起的，又称相对事件，如战争导致合同无法履行等。

2. 法律行为

法律行为，是指经济法律关系主体通过意思表示设立、变更、终止法律关系的行为，例如签订合同等。作为经济法主体所为的经济行为，可以分为经济合法行为和经济违法行为。

经济合法行为，是指经济法主体有意识进行的、符合经济法规定的行为，包括经济管理行为和经营行为。经济合法行为必须具备以下条件：行为人的资格应当符合法律规定；行为人的行为应当符合其特定的权利能力和行为能力；行为人的意思表示必须真实、自愿。

经济违法行为，是指经济法主体违反经济法律规范的行为。经济违法行为将导致行为人承担经济法律责任的不利后果。

3. 事实行为

事实行为，是指与经济法律关系主体的意思表示无关，由法律直接规定法律后果的行为，例如无因管理行为、侵权行为等。

第三节　经济仲裁与经济诉讼

一、经济仲裁

（一）经济仲裁的概念

经济仲裁是指发生争议的双方当事人，根据其在争议前或争议发生后所达成的协议，自愿将该争议提交中立的第三方进行裁判的争议解决方式。

(二) 经济仲裁的基本原则

1. 自愿原则

《中华人民共和国仲裁法》(以下简称《仲裁法》)规定,当事人采用仲裁方式解决纠纷,应当双方自愿达成仲裁协议。没有仲裁协议,一方申请仲裁的,仲裁委员会不予受理。

《中华人民共和国仲裁法》

特别提醒

当事人可以自愿选择仲裁机构及仲裁员;当事人可以自行和解,达成和解协议后,可以请求仲裁庭根据和解协议作出仲裁裁决书,也可以撤回仲裁请求;当事人自愿调解的,仲裁庭应予调解。

2. 公平原则

仲裁应当以事实为根据,以法律为准绳,公平合理地解决纠纷。在适用法律时,法律有明文规定的,按照法律的规定执行;无明文规定的,按照法律的基本精神和公平合理原则处理;不偏袒任何一方,也不对任何一方施加压力。

3. 独立原则

仲裁组织是民间组织,它不隶属于任何国家机关。仲裁组织仅对法律负责,依法独立进行仲裁,不受任何行政机关、社会团体和个人的干涉。人民法院可以依法对仲裁进行必要的监督。

4. 一裁终局原则

一裁终局原则,即仲裁裁决做出后,当事人就同一纠纷,不能再申请仲裁或向人民法院起诉。但是裁决被人民法院依法裁定撤销或不予执行的,当事人可以重新达成仲裁协议申请仲裁,也可以向人民法院起诉。

(三) 经济仲裁的适用范围

《仲裁法》规定,平等主体的公民、法人和其他组织之间发生的合同纠纷和其他财产权益纠纷,可以仲裁。

下列纠纷不能申请仲裁:

(1) 婚姻、收养、监护、扶养、继承纠纷。
(2) 依法应当由行政机关处理的行政争议。

特别提醒

劳动争议和农业集体经济组织内部的农业承包合同纠纷,分别适用《中华人民共和国劳动争议调解仲裁法》(以下简称《劳动争议调解仲裁法》)和《中华人民共和国农村土地承包经营纠纷调解仲裁法》。

《中华人民共和国劳动争议调解仲裁法》

（四）仲裁协议

1. 仲裁协议的概念

仲裁协议，是当事人双方自愿将他们之间可能发生的或已经发生的纠纷提请仲裁机构予以裁决的意思表示，包括合同中订立的仲裁条款和以其他书面方式在纠纷发生前或纠纷发生后达成的请求仲裁的协议。这里所称的"其他书面形式"，包括合同书、信件和数据电文（包括电报、传真、电传、电子数据交换和电子邮件）等形式。

2. 仲裁协议的效力

仲裁协议具有以下效力：

（1）仲裁协议独立存在，合同的变更、解除、终止或无效，不影响仲裁协议的效力。

（2）当事人双方一经签订仲裁协议，一般就排除了法院对该争议案的管辖权。在发生协议约定争议时，任何一方只能将争议提交仲裁，而不能向人民法院起诉。

《仲裁法》规定，当事人达成仲裁协议，一方向人民法院起诉未声明有仲裁协议，人民法院受理后，另一方在首次开庭前提交仲裁协议的，人民法院应当驳回起诉，但仲裁协议无效的除外；另一方在首次开庭前未对人民法院受理该起诉提出异议的，视为放弃仲裁协议，人民法院应当继续审理。

（3）当事人对仲裁协议的效力有异议的，可以请求仲裁委员会作出决定或者请求人民法院作出裁定。一方请求仲裁委员会做出决定，另一方请求人民法院做出裁定的，由人民法院裁定。当事人对仲裁协议的效力有异议，应当在仲裁庭首次开庭前提出。

3. 仲裁协议无效的法定情形

《仲裁法》规定，有下列情形之一的，仲裁协议无效：

（1）约定的仲裁事项超过法律规定的仲裁范围的；

（2）无民事行为能力人或限制民事行为能力人订立的仲裁协议；

（3）一方采取胁迫手段，迫使对方订立仲裁协议的。

此外，仲裁协议对仲裁事项或仲裁委员会没有约定或者约定不明确的，当事人可以补充协议；达不成补充协议的，仲裁协议无效。

（五）经济仲裁程序

1. 申请和受理

当事人申请仲裁应当符合下列条件：

（1）有仲裁协议；

（2）有具体的仲裁请求和事实、理由；

（3）属于仲裁委员会的受理范围。

当事人申请仲裁，应当向仲裁委员会递交仲裁协议、仲裁申请书及副本。

仲裁委员会收到仲裁申请书之日起5日内，认为符合受理条件的，应当受理，并通知当事人；认为不符合受理条件的，应当书面通知当事人不予受理，并说明理由。

仲裁委员会受理仲裁申请后，应当在仲裁规则规定的期限内将仲裁规则和仲裁员名册送达申请人，并将仲裁申请书副本和仲裁规则、仲裁员名册送达被申请人。

被申请人收到仲裁申请书副本后，应当在仲裁规则规定的期限内向仲裁委员会提交答辩书。仲裁委员会收到答辩书后，应当在仲裁规则规定的期限内将答辩书副本送达申请人。被申请人未提交答辩书的，不影响仲裁程序的进行。

当事人、法定代理人可以委托律师和其他代理人进行仲裁活动。委托律师和其他代理人进行仲裁活动的，应当向仲裁委员会提交授权委托书。

《仲裁法》规定，一方当事人因另一方当事人的行为或者其他原因，可能使裁决不能执行或者难以执行的，可以申请财产保全。

当事人申请财产保全的，仲裁委员会应当将当事人的申请依照民事诉讼法的有关规定提交人民法院。

申请有错误的，申请人应当赔偿被申请人因财产保全所遭受的损失。

2. 仲裁庭的组成

仲裁庭可以由3名仲裁员或者1名仲裁员组成。

由3名仲裁员组成的，设首席仲裁员。当事人约定由3名仲裁员组成仲裁庭的，应当各自选定或者各自委托仲裁委员会主任指定1名仲裁员，第三名仲裁员由当事人共同选定或者共同委托仲裁委员会主任指定。第三名仲裁员是首席仲裁员。

当事人约定由1名仲裁员成立仲裁庭的，应当由当事人共同选定或者共同委托仲裁委员会主任指定仲裁员。

仲裁庭组成后，仲裁委员会应当将仲裁庭的组成情况书面通知当事人。仲裁员有下列情况之一的，必须回避，当事人也有权提出回避申请：

（1）仲裁员是本案当事人，或者当事人、代理人的近亲属。
（2）仲裁员与本案有利害关系。
（3）仲裁员与本案当事人、代理人有其他关系，可能影响公正仲裁。
（4）仲裁员私自会见当事人、代理人，或者接受当事人、代理人的请客送礼。

当事人提出回避申请，应当说明理由，在首次开庭前提出。回避事由在首次开庭后知道的，可以在最后一次开庭终结前提出。

《仲裁法》规定，仲裁员是否回避，由仲裁委员会主任决定；仲裁委员会主任担任仲裁员时，由仲裁委员会集体决定。

仲裁员因回避或者其他原因不能履行职责的，应当依照本法规定重新选定或者指定仲裁员。

3. 开庭和裁决

（1）仲裁应当开庭进行。当事人协议不开庭的，仲裁庭可以根据仲裁申请书、答辩书以及其他材料作出裁决。

（2）仲裁一般不公开进行。当事人协议公开的，可以公开进行，但涉及国家秘密的除外。

（3）不到庭或者未经仲裁庭许可中途退庭的处理。仲裁委员会应当在仲裁规则规定的期限内将开庭日期通知双方当事人。申请人经书面通知，无正当理由不到庭或者未经仲裁庭许可中途退庭的，可以视为撤回仲裁申请。被申请人经书面通知，无正当理由不到庭或者未经仲裁庭许可中途退庭的，可以缺席裁决。

（4）申请仲裁后的自行和解。当事人申请仲裁后，可以自行和解。达成和解协议的，可以请求仲裁庭根据和解协议做出裁决书，也可以撤回仲裁申请。

（5）仲裁裁决前的先行调解。仲裁庭在做出裁决前，可以先行调解，当事人自愿调解的，仲裁庭应当调解；调解不成的，应当及时做出裁决。调解达成协议的，仲裁庭应当制作调解书或者根据协议的结果制作裁决书。调解书与裁决书具有同等法律效力。

（6）仲裁裁决。

①一般规定。裁决应按多数仲裁员的意见做出，少数仲裁员的不同意见可以记入笔录。仲裁庭不能形成多数意见时，裁决应当按首席仲裁员的意见做出。仲裁庭仲裁纠纷时，其中一部分事实已经清楚，可以就该部分先行裁决。

②仲裁裁决的生效。裁决书自做出之日起发生法律效力。

③当事人提出证据证明裁决有下列情形之一的，可以在收到裁决书之日起6个月内，向仲裁委员会所在地的中级人民法院申请撤销裁决：没有仲裁协议的；裁决的事项不属于仲裁协议的范围或者仲裁委员会无权仲裁的；仲裁庭的组成或者仲裁的程序违反法定程序的；裁决所根据的证据是伪造的；对方当事人隐瞒了足以影响公正裁决的证据的；仲裁员在仲裁该案时有索贿受贿，徇私舞弊，枉法裁决行为的。人民法院经组成合议庭审查核实裁决有前款规定情形之一的，应当裁定撤销。人民法院认定该裁决违背社会公共利益的，应当裁定撤销。

④仲裁裁决的执行。当事人应当履行裁决。一方当事人不履行的，另一方当事人可以依照《中华人民共和国民事诉讼法》（以下简称《民事诉讼法》）的有关规定向人民法院申请执行。受申请的人民法院应当执行。

《中华人民共和国民事诉讼法》

若被申请人提出证据证明裁决有《民事诉讼法》第二百四十四条第二款规定的情形之一的，人民法院组成合议庭审查核实，裁定不予执行。

一方当事人向人民法院申请执行裁决，另一方当事人向中级人民法院申请撤销裁决的，人民法院应当裁定中止执行。中级人民法院裁定撤销裁决的，应当裁定终结执行。撤销裁决的申请被裁定驳回的，人民法院应当裁定恢复执行。恢复执行就是继续进行原来开始的执行程序。

裁决被人民法院依法裁定撤销或者不予执行的，当事人就该纠纷可以根据双方重新达成的仲裁协议申请仲裁，也可以向人民法院起诉。在获得新的、生效的仲裁裁决或者判决书后，可申请法院强制执行。

根据《民事诉讼法》和《仲裁法》的有关规定，仲裁裁决被人民法院依法裁定撤销或者不予执行的，当事人可以就该纠纷再向人民法院起诉。但是，当事人不得上诉。

当事人申请撤销仲裁裁决，应当向仲裁委员会所在地的中级人民法院提出；当事人申请不予执行仲裁裁决的，只能向对方当事人申请执行仲裁裁决的法院提出。

（六）涉外仲裁的特别规定

1. 涉外仲裁的含义及其法律运用

涉外仲裁，是指争议具有涉外因素的仲裁。涉外因素包括：（1）争议的主体属于不同国家；（2）争议的标的物位于国外或者跨越国界；（3）争议的法律关系的产生、变更或消灭在国外，如合同的订立、履行和终止在国外。在我国，对当事人一方或双方是外国公司的仲裁，称为涉外仲裁。涉港、澳、台案件根据我国法律参照涉外案件处理。

涉外经济贸易、运输和海事中发生的纠纷的仲裁，适用《仲裁法》第七章的规定，该章没有规定的，适用《仲裁法》其他有关规定。

2. 涉外仲裁委员会

涉外仲裁委员会是民间仲裁机构。涉外仲裁委员会可以由中国国际商会组织设立。我国的涉外仲裁机构有中国国际经济贸易仲裁委员会和中国海事仲裁委员会。

涉外仲裁委员会由主任1人、副主任若干人和委员若干人组成，他们可以由中国国际商会聘任。涉外仲裁委员会可以从具有法律、经济贸易、科学技术等专门知识的外籍人士中聘任仲裁员。

知识链接

中国国际贸易促进委员会与中国国际商会

3. 涉外仲裁的几项特别规定

涉外仲裁的当事人申请证据保全的，涉外仲裁委员会应当将当事人的申请提交证据所在地的中级人民法院。

对中华人民共和国涉外仲裁机构作出的裁决，被申请人提出证据证明仲裁裁决有下列情形之一的，经人民法院组成合议庭审查核实，裁定不予执行：

（1）当事人在合同中没有订有仲裁条款或者事后没有达成书面仲裁协议的；

（2）被申请人没有得到指定仲裁员或者进行仲裁程序的通知，或者由于其他不属于被申请人负责的原因未能陈述意见的；

（3）仲裁庭的组成或者仲裁的程序与仲裁规则不符的；

（4）裁决的事项不属于仲裁协议的范围或者仲裁机构无权仲裁的。

涉外仲裁委员会作出的发生法律效力的仲裁裁决，当事人请求执行的，如果被执行人或者其财产不在中国境内的，应当由当事人直接向有管辖权的外国法院申请承认和执行。

二、经济诉讼

（一）经济诉讼的概念

经济诉讼，也称经济审判，是指人民法院在当事人和其他诉讼参与人的参加下，按照法定程序审理经济纠纷案件并做出裁判的活动。发生经济纠纷后，当事人也可向有管辖权的人民法院起诉，通过诉讼方式来解决纠纷。在我国，经济诉讼程序的法律依据是《民事诉讼法》。

（二）经济纠纷案件的管辖

经济纠纷案件的管辖，是指上下级人民法院之间、同级人民法院之间，在受理第一审经济纠纷案件上的分工和权限。可以分为以下 4 种：

1. 级别管辖

级别管辖，是指根据案件的大小、繁简程度、影响大小、当事人的行政隶属关系等情况，划分上下级人民法院之间受理第一审经济纠纷案件的分工和权限。

基层人民法院管辖除上级人民法院管辖外的所有第一审经济纠纷案件。

中级人民法院管辖下列第一审经济纠纷案件：①重大涉外案件；②在本辖区有重大影响的案件；③最高人民法院确定由中级人民法院管辖的案件。

高级人民法院管辖在本辖区有重大影响的第一审经济纠纷案件。

最高人民法院管辖下列第一审经济纠纷案件：①在全国有重大影响的案件；②认为应当由其审理的案件。

根据法律规定，当事人不服第一审人民法院的判决、裁定，可向其上一级人民法院提起上诉。由铁路运输中级法院和海事法院进行第一审的，当事人不服判决、裁定的，可向其所在地的高级人民法院提起上诉。而最高人民法院管辖的第一审案件，其所作出的判决、裁定是终审的判决、裁定，一旦送达当事人即发生法律效力。

2. 地域管辖

地域管辖，是指根据当事人以及标的物与地域之间的关系，确定同级人民法院之间受理第一审经济纠纷案件的分工和权限。具体分为：

（1）一般地域管辖。对公民、法人或者其他组织提起的经济诉讼，由被告住所地人民法院管辖（"原告就被告"原则）。如被告是公民，其住所地与经常居住地不一致的，由经常居住地人民法院管辖。

下列经济诉讼，由原告住所地人民法院管辖；原告住所地与经常居住地不一致的，由原告经常居住地人民法院管辖：①对不在我国领域内居住的人提起的有关身份关系的诉讼；②对下落不明或者宣告失踪的人提起的有关身份关系的诉讼；③对被采取强制性教育措施的人提起的诉讼；④对被监禁的人提起的诉讼。

（2）特殊地域管辖。特殊地域管辖，即在一般地域管辖之外，针对特殊情况关于管辖的规定。如因合同纠纷提起的诉讼，由被告住所地或者合同履行地人民法院管辖；因保险合同纠纷提起的诉讼，由被告住所地或者保险标的物所在地人民法院管辖；因公司设立、确认股东资格、分配利润、解散等纠纷提起的诉讼，由公司住所地人民法院管辖。

（3）协议地域管辖。协议地域管辖，即合同或者其他财产权益纠纷的当事人可以书面协议选择被告住所地、合同履行地、合同签订地、原告住所地、标的物所在地等与争议有实际联系的地点的人民法院管辖，但不得违反民事诉讼法对级别管辖和专属管辖的规定。

（4）专属地域管辖。专属地域管辖是指法律进行强制规定，由特定的法院进行管辖，其他法院没有管辖权，当事人就是约定了管辖法院也是无效的。我国民事诉讼法主要规定了以下几类专属管辖：因不动产纠纷提起的诉讼由不动产所在地人民法院管辖；因港口作业中发生纠纷提起的诉讼由港口所在地人民法院管辖；因继承遗产纠纷提起的诉讼由被继承人死亡时住所地或主要遗产所在地人民法院管辖。

（5）共同地域管辖。共同地域管辖，即同一诉讼的几个被告住所地、经常居住地在两个以上人民法院辖区的，各人民法院都有管辖权。两个以上人民法院都有管辖权的诉讼，原告可以向其中一个人民法院起诉；原告向两个以上有管辖权的人民法院起诉的，由最先立案的人民法院管辖。

3. 移送管辖

移送管辖，是指人民法院受理某一案件后，发现自己对此案并无管辖权，应该移送给有管辖权的人民法院审理；或者在特定情况下，下级人民法院将自己有管辖权的案件，报请上级人民法院审理；或者上级人民法院将自己有管辖权的案件，交给下级人民法院审理。

4. 指定管辖

指定管辖，是指人民法院之间因管辖权发生争议，或者有管辖权的人民法院由于特殊原因不能行使审判权，由它们共同的上级人民法院指定某一人民法院管辖。

（三）经济纠纷审判程序

1. 第一审程序

第一审程序是指人民法院审理当事人起诉案件所适用的程序。

（1）起诉和受理。原告起诉应向有管辖权的人民法院提起。起诉采用书面形式，应提交起诉状和副本及有关证据等。人民法院经审查符合起诉条件的，应在7日内立案。

（2）审理前的准备。

①诉讼文书送达。人民法院应当在立案之日起5日内将起诉状副本发送被告，被告应当在收到之日起15日内提出答辩状。人民法院应当在收到答辩状之日起5日内将答辩状副本发送原告。被告不提出答辩状的，不影响人民法院审理。

②权利义务告知。人民法院对决定受理的案件，应当在受理案件通知书和应诉通知书中向当事人告知有关的诉讼权利义务，或者口头告知。

③审判人员告知。确定审判人员，并应当在3日内告知当事人。

④审核取证。审判人员认真审核诉讼材料，调查收集必要的证据。

⑤当事人追加。必须共同进行诉讼的当事人没有参加诉讼的，人民法院应当通知其参加诉讼。

⑥分情形处理。人民法院对受理的案件，分别情形，予以处理：当事人没有争议，符合督促程序规定条件的，可以转入督促程序；开庭前可以调解的，采取调解方式及时解决

纠纷；根据案件情况，确定适用简易程序或者普通程序；需要开庭审理的，通过要求当事人交换证据等方式，明确争议焦点。

（3）开庭审理。人民法院审理民事案件，除涉及国家秘密、个人隐私或者法律另有规定的以外，应当公开进行。涉及商业秘密的案件，当事人申请不公开审理的，可以不公开审理。

①开庭通知及公告。人民法院审理民事案件，应当在开庭3日前通知当事人和其他诉讼参与人。公开审理的，应当公告当事人姓名、案由和开庭的时间、地点。

②庭前准备。开庭审理前，书记员应当查明当事人和其他诉讼参与人是否到庭，宣布法庭纪律。开庭审理时，由审判长或者独任审判员核对当事人，宣布案由，宣布审判人员、书记员名单，告知当事人有关的诉讼权利义务，询问当事人是否提出回避申请。

③法庭调查。法庭按照法定调查顺序进行调查。

④法庭辩论。在法庭辩论中，原告、被告、第三人依次发言或答辩，再互相辩论。法庭辩论终结，由审判长或者独任审判员按照原告、被告、第三人的先后顺序征询各方最后意见。

⑤法院判决或调解。法庭辩论终结，应当依法作出判决。判决前能够调解的，还可以进行调解，调解不成的，应当及时判决。

人民法院对公开审理或者不公开审理的案件，一律公开宣告判决。当庭宣判的，应当在10日内发送判决书；定期宣判的，宣判后立即发给判决书。宣告判决时，必须告知当事人上诉权利、上诉期限和上诉的法院。

人民法院适用普通程序审理的案件，应当在立案之日起6个月内审结。有特殊情况需要延长的，经本院院长批准，可以延长6个月；还需要延长的，报请上级人民法院批准。

2. 第二审程序

第二审程序是指当事人不服地方各级人民法院和专门法院的第一审判决、裁定而上诉至上一级人民法院进行审理所适用的程序。

（1）上诉期限。对判决的上诉期限为15日，对裁定的上诉期限为10日。

（2）处理情况。第二审人民法院对上诉案件进行审理后，按照不同情形分别作出如下处理：

①原判决、裁定认定事实清楚，适用法律正确的，驳回上诉，维持原判决、裁定；

②原判决、裁定认定事实错误或者适用法律错误的，依法改判、撤销或者变更；

③原判决认定基本事实不清的，裁定撤销原判决，发回原审人民法院重审或者查清事实后改判；

④原判决遗漏当事人或者违法缺席判决等严重违反法定程序的，裁定撤销原判决，发回原审人民法院重审。

原审人民法院对发回重审的案件作出判决后，当事人对其判决不服，仍可以上诉，但第二审人民法院不得再次发回重审。

第二审人民法院的判决、裁定是终审的判决、裁定，当事人不得再上诉。

3. 审判监督程序

审判监督程序是指人民法院对已经发生法律效力的判决、裁定、调解书，发现确有错误,依法进行再审予以纠正的一种特殊程序。

(1) 再审情形。再审情形包括:①当事人对已经发生法律效力的判决、裁定,认为有错误的,可以向上一级人民法院申请再审;当事人一方人数众多或者当事人双方为公民的案件,也可以向原审人民法院申请再审。当事人申请再审的,不停止判决、裁定的执行。②当事人对已经发生法律效力的调解书,提出证据证明调解违反自愿原则或者调解协议的内容违反法律的,可以申请再审。经人民法院审查属实的,应当再审。

(2) 再审申请。再审申请提出的时间:①当事人申请再审,应当在判决、裁定发生法律效力后6个月内提出;②有下列情形之一的,自知道或者应当知道之日起6个月内提出:有新的证据,足以推翻原判决、裁定的;原判决、裁定认定事实的主要证据是伪造的;据以作出原判决、裁定的法律文书被撤销或者变更的;审判人员审理该案件时有贪污受贿,徇私舞弊,枉法裁判行为的。

人民法院应当自收到再审申请书之日起3个月内审查,符合民事诉讼法规定的,裁定再审;反之,裁定驳回申请。

4. 执行程序

执行程序是指人民法院依法强制经济纠纷案件的义务人履行义务的特殊程序。

(1) 执行情形。执行情形包括:①发生法律效力的民事判决、裁定,当事人必须履行。一方拒绝履行的,对方当事人可以向人民法院申请执行,也可以由审判员移送执行员执行。②调解书和其他应当由人民法院执行的法律文书,当事人必须履行。一方拒绝履行的,对方当事人可以向人民法院申请执行。

(2) 执行期间。申请执行的期间为2年,从法律文书规定履行期间的最后一日起计算;法律文书规定分期履行的,从规定的每次履行期间的最后一日起计算;法律文书未规定履行期间的,从法律文书生效之日起计算。

(3) 执行措施。执行的具体措施有:扣留、提取、划拨被执行人的收入或银行、信用合作社存款,查封、扣押、冻结、拍卖、变卖被执行人的财产等。

(四) 涉外诉讼的特别规定

涉外诉讼,一般是指当事人一方或双方是外国人、无国籍人、外国企业或组织,或者当事人之间法律关系的设立、变更、终止的法律事实发生在外国,或者诉讼标的物在外国的案件诉讼。

1. 一般原则

(1) 适用本法。在我国领域内进行涉外民事诉讼,适用《民事诉讼法》第四编关于"涉外民事诉讼程序的特别规定"。该编没有规定的,适用《民事诉讼法》其他有关规定。

(2) 国际条约优先。我国缔结或者参加的国际条约同《民事诉讼法》有不同规定的,适用该国际条约的规定,但我国声明保留的条款除外。

(3) 外交特权与豁免。对享有外交特权与豁免的外国人、外国组织或者国际组织提起的民事诉讼,应当依照我国有关法律和我国缔结或者参加的国际条约的规定办理。

(4) 语言文字。人民法院审理涉外民事案件,应当使用我国通用的语言、文字。当事人要求提供翻译的,可以提供,费用由当事人承担。

(5) 中国律师代理。外国人、无国籍人、外国企业和组织在人民法院起诉、应诉，需要委托律师代理诉讼的，必须委托我国的律师。

(6) 公证和认证。在我国领域内没有住所的外国人、无国籍人、外国企业和组织委托我国律师或者其他人代理诉讼，从我国领域外寄交或者托交的授权委托书，应当经所在国公证机关证明，并经我国驻该国使领馆认证，或者履行我国与该所在国订立的有关条约中规定的证明手续后，才具有效力。

2. 管辖

(1) 特殊地域管辖。因合同或其他财产权益纠纷，对在我国领域内没有住所的被告提起的诉讼，如果合同在我国领域内签订或者履行，或者诉讼标的物在我国领域内，或者被告在我国领域内有可供扣押的财产，或者被告在我国领域内设有代表机构，可以由合同签订地、合同履行地、诉讼标的物所在地、可供扣押财产所在地、侵权行为地或者代表机构住所地人民法院管辖。

(2) 专属管辖。因在我国履行中外合资经营企业合同、中外合作经营企业合同、中外合作勘探开发自然资源合同发生纠纷提起的诉讼，由我国人民法院管辖。

3. 期间

被告在我国领域内没有住所的，人民法院应当将起诉状副本送达被告，并通知被告在收到起诉状副本后 30 日内提出答辩状。被告申请延期的，是否准许，由人民法院决定。

在我国领域内没有住所的当事人，不服第一审人民法院判决、裁定的，有权在判决书、裁定书送达之日起 30 日内提起上诉。被上诉人在收到上诉状副本后，应当在 30 日内提出答辩状。当事人不能在法定期间提起上诉或者提出答辩状，申请延期的，是否准许，由人民法院决定。

4. 司法协助

人民法院作出的发生法律效力的判决、裁定，如果被执行人或其财产不在我国领域内，当事人可以直接向有管辖权的外国法院申请承认和执行，也可由人民法院依照我国缔结或参加的国际条约的规定，或按照互惠原则，请求外国法院承认和执行。

同步练习

一、单项选择题

1. 下列（　　）不是经济法律关系的构成要素。
   A. 标的　　　　　B. 客体　　　　　C. 主体　　　　　D. 内容

2. 只有具有经济法（　　）的当事人，才能参与经济法律关系，享受经济权利和承担经济义务。
   A. 知识　　　　　B. 意识　　　　　C. 主体资格　　　D. 相关资格

3. 甲、乙双方签订一份房屋装修合同，由此形成的法律关系客体是（　　）。

A. 被装修的房屋　　　　　　　　B. 甲乙双方应当收付的款项
C. 乙方承揽的装修劳务行为　　　D. 甲乙双方承担的权利和义务
4. 下列纠纷不可以仲裁的是(　　)。
A. 公民之间的债权债务纠纷
B. 平等主体之间的合同纠纷
C. 平等主体的法人之间发生的财产权益纠纷
D. 婚姻、监护、继承纠纷

二、多项选择题

1. 下列可以成为经济法主体的是(　　)。
A. 证券业协会　　　　　　　　　B. 市地方税务局
C. 合伙企业的分支机构　　　　　D. 医院
2. 下列属于经济法律关系主体的有(　　)。
A. 企业　　　　B. 公司　　　　C. 社会公益组织　　　D. 国家
3. 下列(　　)可以作为经济法律关系客体。
A. 阳光　　　　B. 房屋　　　　C. 经济决策行为　　　D. 空气
4. 经济法律关系的客体包括(　　)。
A. 营利性经济组织　　　　　　　B. 企业法人
C. 有价证券　　　　　　　　　　D. 经济行为
5. 仲裁决议应当具有(　　)。
A. 请求仲裁的意思表示
B. 仲裁事项
C. 选定的仲裁委员会
D. 对仲裁裁决不服可以向法院起诉的约定

三、简答题

1. 简述经济法的调整对象。
2. 简述经济法律关系。
3. 简述经济仲裁的程序。

四、案例分析题

大连北方服装有限责任公司与大连南方贸易有限责任公司因购销合同发生争议，大连北方服装有限责任公司向仲裁委员会申请仲裁，在仲裁中双方达成和解协议，大连北方服装有限责任公司向仲裁庭申请撤回仲裁申请。之后，大连南方贸易有限责任公司拒不履行和解协议。请问：

（1）大连北方服装有限责任公司是否可以根据原仲裁协议申请仲裁？理由是什么？

（2）在大连南方贸易有限责任公司拒不履行和解协议的情况下，大连北方服装有限责任公司是否需要再与其重新达成仲裁协议才能申请仲裁？理由是什么？

第 二 章

企 业 法

◆ 知识目标
1. 理解企业的概念与分类；
2. 理解个人独资企业与合伙企业的概念和特征；
3. 掌握个人独资企业的设立条件和经营管理；
4. 掌握合伙企业的设立条件、出资和财产、内部关系及外部关系；
5. 了解个人独资企业与合伙企业的解散和清算。

◆ 能力目标
1. 学会订立合伙协议；
2. 能够运用企业法知识分析和解决现实问题。

◆ 素养目标
让学生明白守法的前提是要懂法，要在懂法的前提下做出正确的选择和正确的行为，任何人都要对自己的行为负责。

合伙企业的设立、财产、入伙、退伙及其与第三人的关系

2018年1月，甲、乙、丙、丁4人共同设立一合伙企业。合伙协议约定：（1）甲以货币出资2万元，乙以实物折价出资3万元，丙以劳务出资，经其他3人同意，折价3万元，丁以货币出资4万元；（2）甲、乙、丙、丁按照3∶2∶3∶2的比例分配利润和承担风险；（3）由甲作为合伙企业的事务执行人，但是对外签订合同的标的额不得超过10万元，超过10万元的合同应当经过其他合伙人的同意。该合伙企业存续期间，发生以下事实：

（1）甲因给父亲治病向张某借款10万元，借款已经到期，张某多次向甲索要，但甲每次都以自己除了在合伙企业中的财产份额之外，没有其他财产可供清偿，于是在甲同意

下，张某以自己对甲的债权抵销张某对合伙企业的债务。

（2）2018年5月，甲擅自以合伙企业名义和A公司签订了一份30万元的买卖合同，A公司不知道合伙企业对甲的权限限制。因合伙企业流动资金不足，甲决定向B银行贷款10万元，B银行要求提供抵押担保，甲以合伙企业所有的一辆货车作抵押，与B银行签订了抵押合同，但未办理抵押物登记。根据相关规定，以车辆设立抵押的，应该办理抵押物登记。其他合伙人认为买卖合同与抵押合同不符合合伙企业利益，对合同效力均不予承认。

（3）2018年6月，乙将其财产份额的一半折价1万元转让给甲，但未经丙和丁同意。

（4）2018年7月，乙提出退伙，2018年7月，乙与其他合伙人结算后，撤资退伙。同时，合伙企业又接纳戊入伙，戊出资5万元。

（5）2018年8月，合伙企业的债权人C银行就合伙人乙退伙前发生的债务20万元要求合伙企业的合伙人甲、丙、丁、戊和退伙人乙承担连带赔偿责任。乙以自己已经退伙为由，拒绝承担清偿责任，戊以自己是新入伙人为由拒绝承担清偿责任。

根据上述案情，回答下列问题，并说明理由：
（1）张某是否可以以自己对甲的债权抵销其对合伙企业的债务？
（2）本案中甲签订的买卖合同与抵押合同效力如何？
（3）乙转让其财产份额的行为是否有效？
（4）乙和戊是否应当对C银行的债务负清偿责任？
（5）假设合伙人丙因车祸死亡，其继承人是否能成为合伙人？

分析提示

第一节 企业法概述

企业，是指依法成立，从事商品生产经营活动，具有一定法律主体资格的营利性经济组织。

一、企业的特征和分类

（一）企业的特征

企业的主要特征有以下几点。

1. 企业是经济组织

企业是从事生产经营活动追求经济利益的组织，其他组织如政治组织、行政机构等都不具有这种经济性的特征。

2. 企业是以营利性为目的的经济组织

以营利为目的是企业与其他社会组织的根本区别。同时，企业也应当承担社会责任，如正当竞争、尊重社会公益、保护环境等。

3. 企业是持续经营的经济组织

个人独资企业和公司企业成立后，无正当理由超过6个月未开业的，或开业后自行停业连续6个月以上的，须吊销其营业执照。

4. 企业具有一定的法律地位

企业一旦成立，取得一定的主体资格，在一定程度上就可以独立于其设立人能够以自己的名义从事经济活动，同时具有独立的财产，实行独立的核算。

（二）企业的分类

根据不同的标准，可以把企业划分为不同的种类。我国在现阶段大致有以下几种分类方法。

1. 按所有制不同分类

根据企业财产的所有制不同，可以将企业划分为全民所有制企业、集体所有制企业、私营企业和外商投资企业。

（1）全民所有制企业。全民所有制企业，是指财产归全民所有，自主经营、自负盈亏、独立核算的经济组织。全民所有制企业有独立的法人资格，以国家授予其经营管理的财产承担民事责任。

我国全民所有制企业受到《中华人民共和国全民所有制工业企业法》（以下简称《全民所有制工业企业法》）的规范和调整。

（2）集体所有制企业。集体所有制企业，是指部分劳动群众集体拥有生产资料的所有权，共同劳动并实行按劳分配的经济组织。

集体所有制企业的财产归属一定范围内的社会成员所有，是一种由集体成员入股设立的企业形式。

我国的集体所有制企业主要受到《中华人民共和国乡村集体所有制企业条例》（以下简称《乡村集体所有制企业条例》）、《中华人民共和国城镇集体所有制企业条例》（以下简称《城镇集体所有制企业条例》）的规范和调整。

《中华人民共和国乡村集体所有制企业条例》

《中华人民共和国城镇集体所有制企业条例》

（3）私营企业。私营企业，是指企业财产属于私人所有，由私人投资经营的营利性经济组织。

我国的私营企业主要受到《中华人民共和国个人独资企业法》（以下简称《个人独资企业法》）、《中华人民共和国合伙企业法》（以下简称《合伙企业法》）和《中华人民共和国公司法》（以下简称《公司法》）等法律的规范和调整。

《中华人民共和国公司法》

《中华人民共和国个人独资企业法》

（4）外商投资企业。外商投资企业，是指全部或部分由境外投资者投资，依中国法律在中国境内设立的营利性经济组织。受到《中华人民共和国外商投资法》（以下简称《外商投资法》）等法律的规范和调整。

《中华人民共和国外商投资法》

《中华人民共和国合伙企业法》

2. 按企业的组织形式分类

根据企业的组织形式不同,可以将企业分为个人独资企业、合伙企业和公司企业。

(1) 个人独资企业。个人独资企业,是指由一个自然人出资,出资人对其债务承担无限责任的企业形式。

(2) 合伙企业。合伙企业,是指由两个以上合伙人共同出资设立,各合伙人对其债务承担无限连带清偿责任的企业形式。

(3) 公司企业。公司企业,是指依照公司法设立的具有法人资格的企业,分为有限责任公司和股份有限公司两种形式。

二、企业法的概念和法律渊源

(一) 企业法的概念与特征

企业法是调整企业设立、存续和终止中各种经济法律关系的法律规范的总和。其主要特征如下:

(1) 企业法是规范企业法律地位及其内外部组织关系的组织法。企业法规定和调整企业的设立、变更、终止,企业的法律地位,出资者与企业的关系,企业内部的组织机构等事项。

(2) 企业法是规范企业本身的组织和运作的行为法。企业法规范企业的兼并、股份和债券的发行及转让、盈余的分配等行为。

(二) 法律渊源

法律渊源,是指法律规范存在的具体形式。在我国,企业法的主要渊源包括以下几点。

1. 宪法

宪法是国家的根本大法,它由全国人民代表大会制定,具有最高的法律效力,任何法律规范不得与之相抵触。《中华人民共和国宪法》(以下简称《宪法》)中有关企业的基本类型和管理制度的规定,是企业立法的基本原则和指导思想,也是我国企业法的法律渊源。

《中华人民共和国宪法》

2. 法律

法律,是指由全国人民代表大会及其常委会制定的法律规范。调整企业法律关系的主要法律有《中华人民共和国全民所有制工业企业法》《公司法》《合伙企业法》《个人独资企业法》《外商投资法》等。

3. 行政法规

行政法规,是指以宪法和法律为依据,由国务院制定的具有法律效力的规范性文件。

《中华人民共和国全民所有制工业企业法》

调整企业法律关系的行政法规主要有《城镇集体所有制企业条例》等。

4. 部门规章

部门规章，是指国务院各部委根据法律发布的命令、指示和规章。部门规章对企业具有效力。

5. 地方性法规和规章

地方性法规，是指省、自治区、直辖市人民代表大会及其常委会和经全国人大授权的经济特区的人民代表大会及其常委会制定的，在该辖区内具有法律效力的法律。

地方规章，是指省会城市、自治区首府、直辖市政府和经国务院批准的市人民政府制定的规范性文件。

6. 国际条约

若国际条约纳入国内法，并直接规定援引适用，就可以成为一国的法律渊源。

7. 国际惯例

国际惯例一旦纳入国际条约或一国制定法的体系，就可以成为直接法律渊源。

第二节 个人独资企业法

个人独资企业，是指由一个自然人投资，全部资产为投资人所有的营利性经济组织。

一、个人独资企业的概念与特征

个人独资企业的特征主要有以下几点。

（一）出资人为一个自然人

《个人独资企业法》规定，设立个人独资企业的只能是一个自然人，且该自然人只限于具有完全民事行为能力的中国公民。

特别提醒

《个人独资企业法》规定，外商独资企业不适用本法。

在中华人民共和国境内（以下简称中国境内）的外商投资（包括外国的自然人、企业或者其他组织直接或者间接在中国境内进行的投资活动），适用《外商投资法》规定。

（二）全部资产为出资人所有

《个人独资企业法》规定，个人独资企业的财产为出资人个人所有。这与合伙企业和公司企业有明显不同，合伙企业的财产为合伙人所有，公司企业的财产为公司所有，出资人的出资一旦完成，其投入公司的财产就与个人财产完全分离。

（三）投资人以其全部个人财产或家庭财产对企业债务承担无限责任

个人独资企业的债务全部由投资人承担，且责任范围不限于出资，还包括个人独资企业中的全部财产和其他个人财产。尽管个人独资企业有自己的名称或商号，并以企业名义从事经营行为和参加诉讼活动，但它不具有独立的法人资格地位，不承担独立责任，由投资人承担无限责任。

二、个人独资企业的设立

（一）设立条件

《个人独资企业法》规定，设立个人独资企业应当具备下列条件：

1. 投资人为一个自然人

个人独资企业的投资人必须为一个具有完全民事行为能力的自然人，并且该自然人不是法律禁止从事经营性活动的人（如在职国家公务员、现役军人、国有企事业单位在编管理人员）。

2. 有合法的企业名称

个人独资企业可以叫厂、店、部、中心、工作室等，但名称中不得使用"有限""有限责任"或"公司"字样。

3. 有投资人申报的出资

设立个人独资企业时，投资人出资没有最低限额的要求，由投资人自行申报投资数额且不需要经法定验资机构验资。

5. 有固定的生产经营场所和必要的生产经营条件

个人独资企业作为一个经营实体，应当具备与所经营项目相适应的生产经营条件才能保证企业的实际运行。

生产经营场所包括企业的住所和与生产经营相适应的场所。住所是企业的主要办事机构所在地，是企业的法定地址。

6. 有必要的从业人员

个人独资企业的从业人员，应当是在企业中从事经营业务的人员，没有从业人员不可能有企业活动。从业人员的身份，一是投资人本身，二是参与企业生产经营活动的投资人的亲属，三是企业招用的员工。

（二）设立程序

申请设立个人独资企业，应当由投资人或者其委托的代理人向个人独资企业所在地的登记机关提出设立申请，同时应向登记机关提交下列文件：

（1）设立申请书。个人独资企业的投资人签署提交的设立申请书，应当载明的事项有：企业的名称和住所、投资人的姓名和居所、投资人的出资额和出资方式、经营范围和方式。个人独资企业投资人以其个人财产出资或者以其家庭共有财产作为个人出资的，应当在设立申请书中予以明确。

（2）投资人身份证明。主要是投资人的身份证和其他有关证明材料。

(3) 生产经营场所使用证明等文件。如土地使用证明、房屋产权证或租赁合同等。

经登记机关核准登记，发给营业执照，个人独资企业即告成立。

三、个人独资企业的经营管理

(一) 事务管理的方式

投资人可以自行管理企业事务，也可以委托或者聘用他人负责企业的事务管理。投资人委托或者聘用他人管理个人独资企业事务，应当与受托人或者被聘用的人签订书面合同，明确委托的具体内容和授予的权利范围、受托人或者被聘用的人应履行的义务、报酬和责任等。

个人独资企业的投资人与受托人或者被聘用的人员之间有关权利义务的限制只对受托人或者被聘用的人员有效，对第三人并无约束力，受托人或者被聘用的人员超出投资人的限制与善意第三人的有关业务交往应当有效。

善意第三人，是指本着合法交易的目的与企业之间建立民事、商事法律关系的法人、非法人团体或自然人。但是如果第三人与企业事务执行人恶意串通、损害企业利益的则不属于善意之情形。不得对抗善意第三人，是指有和善意第三人利益冲突的，首先要保护善意第三人的利益。

(二) 分支机构的设立

个人独资企业经批准可以设立分支机构，但分支机构经营活动中产生的民事责任应由个人独资企业承担。

四、个人独资企业的营业转让

个人独资企业投资人对本企业的财产依法享有所有权，其有关权利可以依法进行转让或继承。个人独资企业因转让或者继承致使投资人变化的，个人独资企业可向原登记机关提交转让协议书或者法定继承文件，申请变更登记。

个人独资企业如果整体转让，应按规定通知其债权人并经其同意后方可转让。

五、个人独资企业的解散和清算

(一) 个人独资企业的解散

个人独资企业的解散，是指个人独资企业终止生产经营活动使其民事主体资格消灭的行为。《个人独资企业法》规定，个人独资企业有下列情形之一时，应当解散：

(1) 投资人决定解散。只要不违反法律规定，投资人有权决定在任何时候解散个人独资企业。

（2）投资人死亡或者被宣告死亡，无继承人或者继承人决定放弃继承。个人独资企业的投资人死亡或者被宣告死亡，如果投资人有继承人，并且继承人接受继承，那么个人独资企业作为遗产，按《中华人民共和国继承法》（以下简称《继承法》）的规定由投资人的继承人继承；如果投资人没有继承人或者继承人决定放弃继承，个人独资企业因无人继承而导致没有新的投资人，应当解散。

（3）被依法吊销营业执照。营业执照是个人独资企业依法成立和从事生产经营活动的标志。被依法吊销营业执照，个人独资企业不能再从事生产经营活动，应当解散。

（4）法律、行政法规规定的其他情形。

（二）个人独资企业的清算

个人独资企业解散的，应当依法进行清算。

1. 清算方式

个人独资企业解散，有两种清算方式。

（1）投资人自行清算。这是个人独资企业的财产为投资人一人所有决定的。

（2）债权人申请人民法院指定清算人进行清算。这是个人独资企业债权人的一项权利。企业的解散清算直接关系债权人的利益，债权人出于各种考虑，不想让投资人自行清算，可以要求法院指定清算人进行清算。

2. 通知和公告债权人

个人独资企业解散，为保障债权人的知情权，《个人独资企业法》要求投资人自行清算的，应当在清算前15日内书面通知债权人，无法通知的，应当予以公告。债权人应当在接到通知之日起30日内，未接到通知的应当在公告之日起60日内，向投资人申报其债权。

3. 财产清偿

个人独资企业解散后，原投资人对个人独资企业存续期间的债务仍应承担偿还责任，但债权人在5年内未向债务人提出偿债请求的，该偿还责任消灭。

《个人独资企业法》规定，个人独资企业解散的，财产应当按照下列顺序清偿：

（1）所欠职工工资和社会保险费用；

（2）所欠税款；

（3）其他债务。

特 别 提 醒

《个人独资企业法》规定，清算期间，个人独资企业不得开展与清算目的无关的经营活动。在按规定清偿债务前，投资人不得转移、隐匿财产。

个人独资企业财产不足以清偿债务的，投资人应当以其个人的其他财产予以清偿。

第三节　合伙企业法

合伙企业，是指自然人、法人和其他组织依据《合伙企业法》在中国境内设立的，由合伙人订立合伙协议，共同出资、共同经营、共享收益、共担风险，并对合伙企业债务承担无限连带责任的营利性组织。

一、合伙企业的特征和分类

（一）合伙企业的分类

1. 普通合伙企业

普通合伙企业由普通合伙人组成，合伙人对企业债务承担无限连带责任。普通合伙企业是合伙企业最基本的形式。

2. 特殊的普通合伙企业

一般是指以专业知识和专业技能为客户提供有偿服务的专业机构性质的合伙企业。如会计师事务所、律师事务所等。

3. 有限合伙企业

有限合伙企业由 2 人以上 50 人以下的合伙人设立，由普通合伙人和有限合伙人组成。普通合伙人对企业债务承担连带无限责任；有限合伙人以其认缴的出资额为限对合伙企业债务承担有限责任。

（二）合伙企业的特征

合伙企业的特征主要有以下几点。

1. 由 2 个以上的投资人共同投资兴办

合伙企业的投资人可以是有完全民事行为能力的自然人、法人和其他组织，合伙人的数量必须为 2 个以上。

2. 合伙协议是合伙企业的成立基础

合伙企业与公司企业不同，合伙企业的成立基础是合伙协议，公司企业的成立基础是公司章程。合伙协议是调整合伙关系、规范合伙人相互间的权利义务、处理合伙纠纷的基本法律依据，对内约束全体合伙人。合伙企业必须订立书面合伙协议，以合伙协议为成立基础。

3. 合伙企业属于人合企业

合伙企业的设立是基于合伙人之间的信用关系。因此，合伙人共同参与合伙企业的经营管理，对合伙事务的执行有同等权利。但有限合伙企业的有限合伙人不执行合伙事务，不对外代表有限合伙企业。合伙企业吸收新的合伙人必须得到全体合伙人同意。

4. 合伙企业是一种共同经营体

合伙企业的合伙人共同出资、共同经营、共享收益、共担风险。

二、普通合伙企业

（一）普通合伙企业的设立

1. 设立条件

（1）有2个以上合伙人。《合伙企业法》规定，设立合伙企业，应当有2个以上合伙人。自然人、法人和其他组织都可以成为合伙人。合伙人为自然人的，应当具有完全民事行为能力，无民事行为能力人和限制民事行为能力人不得成为合伙企业设立时的合伙人。国有独资公司、国有企业、上市公司、公益性的事业单位、社会团体不得成为普通合伙人。

（2）有书面合伙协议。合伙协议须经全体合伙人协商一致，以书面形式订立，经全体合伙人签名、盖章后生效。合伙人按照合伙协议享有权利，履行义务。修改或者补充合伙协议，应当经全体合伙人一致同意。合伙协议未约定或者约定不明确的事项，由合伙人协商决定；协商不成的，依照《合伙企业法》和其他有关法律、行政法规的规定处理。

（3）有合伙人认缴或实际交付的出资。合伙人应当按照合伙协议约定的出资方式、数额和缴付期限，履行出资义务。合伙人未履行出资义务的，应对其他合伙人承担违约责任。普通合伙人未履行出资义务的，经其他合伙人一致同意，可以决议将其除名。有限合伙人未按期足额缴付出资的，应当承担补缴义务，并对其他合伙人承担违约责任。

（4）有合伙企业的名称和生产经营场所。合伙企业的名称应当符合合伙企业名称登记管理规定的要求，在其名称中不得使用"有限"或者"有限责任"的字样。普通合伙企业应当在其名称中标明"普通合伙"字样；特殊的普通合伙企业名称中应当标明"特殊普通合伙"字样；有限合伙企业名称中应当标明"有限合伙"字样。合伙企业一般只有一个经营场所，即企业登记机关登记的营业地点，但它也可以在主要经营场所之外有多个经营场所。

除上述其他条件，设立合伙企业还要具备法律、行政法规规定的其他条件。

2. 设立程序

根据《合伙企业法》和国务院发布的《合伙企业登记管理办法》的规定，合伙企业的设立登记，应按如下程序进行：

（1）申请人向企业登记机关提交相关文件。申请设立合伙企业，合伙企业的合伙人应向企业登记机关提交登记申请书、合伙协议书、合伙人身份证明等文件。

（2）企业登记机关核发营业执照。申请人提交的登记申请材料齐全、符合法定形式，企业登记机关能够当场登记的，应予当场登记，发给营业执照；不予登记的，应当给予书面答复，并说明理由。营业执照颁发日期即为企业成立日期。

（二）合伙人的出资和财产

1. 合伙人的出资

合伙人应当按照合伙协议约定的出资方式、数额和缴付期限，履行出资义务。出资形式可以是货币、实物、知识产权、土地使用权或者其他财产权利，也可以用劳务出资。合伙人以劳务出资的，其评估办法由全体合伙人协商确定，并在合伙协议中载明。合伙人以实物、知识产权、土地使用权或者其他财产权利出资的,可以由全体合伙人协商确定,也可以委托法定评估机构评估。以非货币财产出资的,依照法律、行政法规的规定,需要办理财产权转移手续的,应当依法办理。合伙人对自己出资的财产、财产权应该有合法的处分权,不能将自己无权处分的财产用于缴付出资。

2. 合伙企业的财产

合伙企业的财产形式主要有合伙人的出资和由出资形成的财产、以合伙名义取得的收益和负债、合伙经营的积累等。合伙企业的财产在性质上一般认定为合伙人共有。

在合伙企业存续期间,合伙人对合伙企业财产所有权的行使应受合伙协议和法律、法规的限制。

合伙人对合伙企业财产进行共同管理,不得擅自使用、处分合伙企业财产;合伙企业解散前,合伙人不得请求分割合伙企业财产;合伙人以其财产共有份额出质的,应当经其他合伙人同意,否则出质行为无效,或者作为退伙处理;合伙人在合伙企业清算前,私自转移或处分合伙财产的,合伙企业不得以此对抗善意第三人,第三人可以善意取得该财产。

在合伙企业存续期间,合伙人可以依法转让其财产份额。在合伙人之间转让的,应通知其他合伙人;向合伙人以外的人转让的,应经其他合伙人一致同意,其他合伙人在同等条件下有优先购买权,合伙协议另有约定的除外。

(三) 普通合伙企业的内部关系

1. 合伙事务的执行

《合伙企业法》规定,合伙人对执行合伙事务享有同等权利。各个合伙人都有权直接参与经营、处理合伙事务、对外代表合伙企业。法人、其他组织的合伙人由其委派的代表执行合伙事务。

合伙企业的合伙事务既可以由全体合伙人共同执行,也可以委托一个或者数个合伙人对外代表企业执行。不执行合伙事务的合伙人对合伙事务的执行有监督权。

委托执行合伙事务的合伙人不按照合伙协议或者全体合伙人的决定执行合伙事务的,其他合伙人可以撤销该委托。合伙企业对合伙人权利的限制,不得对抗善意第三人。合伙事务执行人应当定期向其他合伙人报告合伙事务执行情况以及合伙企业的经营财务状况,其执行合伙事务的收益归合伙企业,所产生的费用和亏损由合伙企业承担。

2. 合伙事务的决定

《合伙企业法》规定,合伙人对合伙企业有关事项作出决议,按照合伙协议约定的表决办法办理。合伙协议未约定或者约定不明确的,实行合伙人一人一票并经全体合伙人过半数通过的表决办法。

但下列协议,除合伙协议另有约定,应经全体合伙人一致同意:

(1) 改变企业名称;
(2) 改变经营范围、主要经营场所;
(3) 处分企业不动产;
(4) 转让或处分企业知识产权或其他财产权利;

（5）以企业名义为他人提供担保；
（6）聘任合伙人以外的人担任企业的经营管理人员。

3. **合伙人的竞业禁止义务**

《合伙企业法》规定，合伙人不得自营或者同他人合作经营与本合伙企业相竞争的业务。除合伙协议另有约定或者经全体合伙人一致同意外，合伙人不得同本合伙企业进行交易。

4. **合伙企业损益的分配与承担**

合伙企业的利润分配、亏损分担，按照合伙协议的约定处理。合伙协议没有约定或约定不明的，由合伙人协商确定；不能协商的，按合伙人的实际出资比例分配、分担；无法明确出资比例的，由合伙人平均分配、分担。但是合伙协议不得约定将全部利润分配给部分合伙人或由部分合伙人承担全部亏损。

5. **入伙**

入伙，是指在合伙企业存续期间，不具有合伙人身份的第三人取得合伙人身份的法律行为。

《合伙企业法》规定，新合伙人入伙，除合伙协议另有约定外，应当经全体合伙人一致同意，并依法订立书面入伙协议。订立入伙协议时，原合伙人应当向新合伙人如实告知原合伙企业的经营状况和财务状况。除入伙协议另有约定，入伙的新合伙人与原合伙人享有同等权利，承担同等责任。新合伙人对入伙前合伙企业的债务承担无限连带责任。

合伙人死亡或者被依法宣告死亡的，对该合伙人在合伙企业中的财产份额享有合法继承权的继承人，按照合伙协议的约定或者经全体合伙人一致同意，从继承开始之日起，取得该合伙企业的合伙人资格。但有下列情形的，合伙企业应向合伙人的继承人退还继承合伙人的财产份额。

（1）继承人不愿成为合伙人；
（2）继承人不具备相关资格；
（3）合伙协议规定不能成为合伙人的其他情形；
（4）继承人为无民事行为能力人或限制民事行为能力人时，经全体合伙人同意，可依法成为有限合伙人，普通合伙企业依法转为有限合伙企业。

【案例】甲、乙、丙三人共同出资成立一家普通合伙企业，合伙协议约定：甲对外代表企业，乙、丙不执行企业事务。企业成立后，甲为了增加企业的流动资金，自行决定以企业名义将企业闲置厂房出售给张某。此后不久，甲意外去世，甲的儿子要求继承父亲在该企业的合伙人资格。对此，丙同意，乙不同意。

【问题】
（1）合伙协议有关企业事务执行的约定是否合法？为什么？
（2）甲出售企业厂房的行为是否合法？为什么？
（3）甲的儿子能否成为合伙人？为什么？

6. **退伙**

退伙，是指合伙人在合伙企业存续期间退出合伙企业、失去合伙人资格的法律行为。

根据退伙的原因，合伙人退伙可以分为自愿退伙、当然退伙和除名退伙三种。

（1）自愿退伙。自愿退伙，是指合伙人基于自愿的意思表示而退伙，又称声明退伙。合伙协议未约定合伙期限的，合伙人在不给企业造成不利影响的情况下，可以退伙，但应提前30日通知其他合伙人。

合伙协议约定合伙期限，有下列情形之一的，合伙人可以退伙：

①合伙协议约定的退伙事由出现；

②经全体合伙人一致同意；

③发生合伙人难以继续合伙的事由；

④其他合伙人严重违反合伙协议约定的义务。

合伙人违反上述规定退伙的，应当赔偿由此给合伙企业造成的损失。

（2）当然退伙。当然退伙，是指合伙人因法律规定的特定事由出现时，自动引发的退伙，又称法定退伙。这些特定事由包括以下几点：

①作为合伙人的自然人死亡或宣告死亡；

②个人丧失偿还能力；

③作为合伙人的法人或其他组织被吊销营业执照、责令关闭、撤销，或被宣告破产；

④合伙人必须具备的相关资格丧失；

⑤合伙人在企业中的全部财产份额被法院强制执行。

当然退伙以上述事由发生之日为退伙生效日。

（3）除名退伙。除名退伙，是指因合伙人出现特定的事由，由合伙企业将其开除而引发的退伙。这些特定事由包括以下几点：

①未履行出资义务；

②因故意或重大过失给企业造成损失；

③执行合伙事务时有不正当行为；

④发生合伙协议约定的事由。

对合伙人的除名决议应当书面通知被除名人。被除名人接到除名通知之日，除名生效，被除名人退伙。被除名人对除名决议有异议的，可以自接到除名通知之日起30日内向人民法院起诉。

不管何种退伙，其他合伙人应当与该退伙人按照退伙时的合伙企业财产状况进行清算。退伙人应当对退伙前合伙企业发生的债务承担无限连带责任。退伙人应向企业登记机关申请办理变更登记。

（四）普通合伙企业的外部关系

1. 合伙人或合伙事务执行人对合伙企业的代表权

合伙事务可以由全体合伙人执行，也可以委托一人或数人执行合伙事务。合伙企业对合伙人执行合伙事务以及对外代表合伙企业的权利限制，不得对抗善意第三人，即合伙事务执行人超越权利限制与善意第三人订立合同，该合同对合伙企业发生效力。当然，合伙人或合伙事务执行人超越授权范围履行职务，给合伙企业造成损失的，应当承担赔偿责任。

合伙的代表人不同于法人的代表人,法人的代表人是法人机关,合伙不存在合伙机关,合伙的代表人在委托执行合伙事务的范围内享有代表权。执行合伙事务的委托撤销或者合伙人辞去委托时,代表权随之终止。

2. 合伙人对合伙企业债务的无限连带责任

合伙人承担无限连带责任是普通合伙企业债务清偿的原则。但合伙企业的债务,应先以合伙企业的全部财产清偿,不足部分由合伙人承担无限连带责任。偿还合伙企业债务超过自己应当承担数额的合伙人,有权向其他合伙人追偿。

对于合伙人的债务,只能用其个人财产清偿,个人财产不足以清偿的,债权人可以依法请求人民法院强制执行该合伙人在合伙企业的财产份额用于清偿,但债权人不得代位行使该合伙人在合伙企业中的权利。合伙人在合伙企业中的财产份额转让或强制执行的,其他合伙人在同等条件下有优先受让的权利。

三、特殊的普通合伙企业

特殊的普通合伙企业应在名称中标明"特殊普通合伙"字样。

特殊的普通合伙企业除具有普通合伙企业的一般要求外,其最大的特殊性在于合伙责任的承担。具体而言,一个合伙人或多个合伙人在执行业务活动中因故意或重大过失造成合伙企业债务的,应当承担无限责任或无限连带责任,其他合伙人以其在合伙财产中的份额为限承担责任。合伙人非因故意或重大过失造成合伙企业债务以及合伙企业的其他债务,由全体合伙人承担无限连带责任。

特别提醒

在合伙企业中,关于合伙企业债务的"无限连带责任"的承担,要注意区分三种情形:对于普通合伙企业,全体合伙人承担无限连带责任;对于有限合伙企业,普通合伙人之间承担无限连带责任;对于特殊的普通合伙企业,因故意或重大过失造成合伙企业债务的合伙人才承担无限连带责任,而非因故意或重大过失造成合伙企业债务的,也是由全体合伙人承担无限连带责任。

有故意或重大过失的合伙人给合伙企业造成损失的赔偿责任。根据《合伙企业法》第三十八条、第三十九条的规定,只有在合伙企业财产不足清偿其到期债务时,有过错的合伙人才承担无限连带责任。这对于其他合伙人是不公平的。因此,有过错的合伙人应当赔偿因其行为给合伙企业造成的损失。考虑到合伙企业的人合性很强,《合伙企业法》第五十八条作出如下规定:"合伙人执业活动中因故意或者重大过失造成的合伙企业债务,以合伙企业财产对外承担责任后,该合伙人应当按照合伙协议的约定对给合伙企业造成的损失承担赔偿责任"(即对因故意或重大过失造成合伙企业债务的合伙人是否赔偿因其行为给合伙企业造成的损失,交由合伙协议进行约定)。

四、有限合伙企业

有限合伙企业是普通合伙企业的特例，除法律对其的特殊规定，适用普通合伙企业的规定。

《合伙企业法》规定，有限合伙企业仅剩有限合伙人的，应当解散；有限合伙企业仅剩普通合伙人的，转为普通合伙企业。

（一）有限合伙企业的设立条件

1. 合伙人

有限合伙企业应有2个以上50个以下合伙人，合伙人中至少有一个为普通合伙人。

2. 有书面合伙协议

有限合伙企业成立的基础是合伙协议。有限合伙企业合伙协议除包括普通合伙企业内容外，还应当载明下列事项：

（1）普通合伙人和有限合伙人的姓名或者名称、住所；

（2）执行事务合伙人应具备的条件和选择程序；

（3）执行事务合伙人权限与违约处理办法；

（4）执行事务合伙人的除名条件和更换程序；

（5）有限合伙人入伙、退伙的条件、程序以及相关责任；

（6）有限合伙人和普通合伙人相互转变程序。

有限合伙企业由普通合伙人执行合伙事务。执行事务合伙人可以要求在合伙协议中确定执行事务的报酬及报酬提取方式。

3. 有限合伙人出资

有限合伙人可以用货币、实物、知识产权、土地使用权或者其他财产权利作价出资。有限合伙人不得以劳务出资。有限合伙人应当按照合伙协议的约定按期足额缴纳出资；未按期足额缴纳的，应当承担补缴义务，并对其他合伙人承担违约责任。

4. 有限合伙企业名称

有限合伙企业在其名称中应当注明"有限合伙"字样，并不得出现"有限责任"字样。

5. 有营业场所和从事经营的必备条件

有限合伙企业要经常、持续地从事生产经营活动，就必须有一定的营业场所和从事合伙经营的必要条件。所谓必要条件，就是根据合伙企业的合伙目的和经营范围，如果欠缺则无法从事生产经营活动的物质条件。

（二）有限合伙的内部关系

1. 有限合伙企业的事务执行

《合伙企业法》规定，有限合伙企业应当由普通合伙人执行合伙事务，有限合伙人不执行合伙事务。有限合伙人从事下列行为，不视为执行合伙事务：

（1）参与决定普通合伙人入伙、退伙；

（2）对企业的经营管理提出建议；

（3）参与选择承办有限合伙企业审计业务的会计师事务所；

（4）获取经审计的有限合伙企业财务会计报告；

（5）对涉及自身利益的情况，查阅有限合伙企业财务会计账簿等财务资料；

（6）在有限合伙企业中的利益受到侵害时，向有责任的合伙人主张权利或者提起诉讼；

（7）执行事务合伙人怠于行使权利时，督促其行使权利或者为了本企业的利益以自己的名义提起诉讼；

（8）依法为本企业提供担保。

> 《合伙企业法》规定，对于有限合伙人，除合伙协议另有规定外，法律赋予了一些特殊权利。如，有限合伙人可以同本企业进行交易；可以自营或者同他人合作经营与本有限合伙企业相竞争的业务；可以将其在有限合伙企业中的财产份额出质（没有强调须经其他合伙人一致同意）。但是，合伙协议另有约定的除外。

2. 入伙

新入伙成员属于有限合伙人的，对入伙前有限合伙企业的债务，以其认缴的出资额为限承担责任。

3. 退伙

有限合伙企业中，有限合伙人的退伙与普通合伙人的退伙不同，主要体现在以下几点：

（1）有限合伙人丧失偿还能力不能作为当然退伙的法定事由；

（2）有限合伙人丧失民事行为能力的，其他合伙人不能因此要求其退伙；

（3）有限合伙人死亡或被宣告死亡以及作为有限合伙人的法人或其他组织终止时，其继承人或权利承受人可以依法取得该有限合伙人在有限合伙企业中的资格；

（4）有限合伙人退伙后，对基于退伙前的原因发生的债务，以其退伙时从企业中取回的财产承担责任。

（三）有限合伙企业的外部关系

与普通合伙人不同，有限合伙人转让其财产份额不受其他合伙人一致同意的限制，可以按合伙协议向合伙人以外的人转让其在企业中的财产份额。

有限合伙人无权执行合伙事务,但是,当第三人有理由相信有限合伙人为普通合伙人并与其进行交易,则该有限合伙人对该笔交易承担与普通合伙人同样的责任。若该有限合伙人未经授权以有限合伙企业名义与他人进行交易,给合伙企业或其他合伙人造成损失的,应当承担赔偿责任。

(四) 有限合伙人与普通合伙人之间的转化

除合伙协议另有规定外,普通合伙人与有限合伙人之间相互转化,应经全体合伙人一致同意。

有限合伙人转化为普通合伙人的,对其作为有限合伙人期间有限合伙企业发生的债务承担无限连带责任;普通合伙人转化为有限合伙人的,对其作为普通合伙人期间合伙企业发生的债务承担无限连带责任。

四、合伙企业的解散和清算

知识链接

合伙企业的无限连带责任

(一) 合伙企业的解散

合伙企业的解散,是指合伙企业因某些法律事实的发生而使其民事主体资格归于消灭的行为。《合伙企业法》规定,合伙企业有下列情形之一的,应当解散:

(1) 合伙期限届满,合伙人决定不再经营;
(2) 合伙协议约定的解散事由出现;
(3) 全体合伙人决定解散;
(4) 合伙人已不具备法定人数满30天;
(5) 合伙协议约定的合伙目的已经实现或者无法实现;
(6) 依法被吊销营业执照、责令关闭或者被撤销;
(7) 法律、行政法规规定的其他原因。

(二) 合伙企业的清算

合伙企业解散,必须进行清算,并通知和公告债权人。

合伙企业的清算是指合伙企业宣告解散后,为了终结合伙企业现存的各种法律关系,依法清理合伙企业债权债务的行为。

1. 清算人的确定和事务执行

(1) 清算人的确定方法。

合伙企业的清算人由全体合伙人担任;经全体合伙人过半数同意后,可以自合伙企业解散事由出现后15日内指定一个或数个合伙人,或委托第三人,担任清算人。如果自合伙企业解散事由出现之日起15日内未确定清算人的,合伙人或其他利害关系人可以申请人民法院指定清算人。

(2) 清算人的事务执行。

《合伙企业法》规定,清算人在清算期间执行下列事务:

清理合伙企业财产,分别编制资产负债表和财产清单;处理与清算有关的合伙企业未了结事务；清缴所欠税款；清理债权、债务；处理合伙企业清偿债务后的剩余财产；代表合伙企业参加诉讼或者仲裁活动。

2. 债权通知与公告

清算人自被确定之日起 10 日内将合伙企业解散事项通知债权人，并于 60 日内在报纸上公告。债权人应当自接到通知书之日起 30 日内，未接到通知书的自公告之日起 45 日内，向清算人申报债权。债权人申报债权，应当说明债权的有关事项，并提供证明材料。清算人应当对债权进行登记。

（三）合伙企业财产的偿还顺序

合伙企业财产在支付清算费用后，按以下顺序偿还：职工工资；社会保险费用；法定补偿金；所欠税款；企业债务。

还有剩余财产的，按照合伙协议的约定办理；合伙协议未约定或约定不明确的，由合伙人协商决定；协商不成的，按实缴出资比例分配；无法确定出资比例的，平均分配。

（四）合伙企业的注销登记

合伙企业清算结束，全体合伙人在清算人编制的清算报告上签名、盖章后，在 15 日内向企业登记机关报送，申请办理合伙企业注销登记。

合伙企业注销后，原普通合伙人对合伙企业存续期间的债务仍应承担无限连带责任。

合伙企业属于"非法人组织"，不具有法人资格。《中华人民共和国破产法》（以下简称《破产法》）主要适用于企业法人。所以，合伙企业的破产不适用于《破产法》。

同步练习

一、单项选择题

1. 个人独资企业的投资人对企业债务(　　)。
   A. 以出资额为限承担责任　　　　B. 以企业财产为限承担责任
   C. 以其个人财产承担无限责任　　D. 以其个人财产承担连带无限责任

2. 甲某准备成立一家个人独资企业，下列律师给的咨询意见中，正确的是(　　)。
   A. 个人独资企业对被聘用人员的限制不得对抗善意第三人
   B. 个人独资企业成立时需缴足法定最低注册资本
   C. 个人独资企业应依法缴纳企业所得税
   D. 个人独资企业的投资人以其投资额为限对个人独资企业债务承担责任

3. 甲以个人财产设立一家独资企业，后甲病故，其妻和其子女（均已满18岁）都明确表示不愿继承该企业，该企业只得解散。该企业解散时，应由(　　)进行清算。

　　A. 其子女进行清算　　　　　　　　B. 其妻进行清算
　　C. 其妻和其子女共同进行清算　　　D. 债权人申请法院指定清算人进行清算

4. 甲是一家个人独资企业的老板，雇有伙计乙管理企业的经营事务，由于经营状况不佳，甲决定解散该企业，则下列说法正确的是(　　)。

　　A. 个人独资企业解散，应由甲乙共同清算
　　B. 个人独资企业解散后，原投资人对个人独资企业存续期间的债务仍应承担偿还责任，但债权人在五年内未向债务人提出偿债请求的，该责任消灭
　　C. 个人独资企业解散的，财产应优先清偿所欠税款，再清偿所欠职工工资和社会保险费用，最后才是其他债务
　　D. 个人独资企业财产不足以清偿债务的，甲和乙应当以其个人的其他财产予以清偿

5. 个人独资企业解散后，按照《个人独资企业法》的规定，下列关于原投资人对企业存续期间的债务是否承担责任的说法，正确的是(　　)。

　　A. 仍应承担责任
　　B. 不再承担责任
　　C. 仍应承担责任，但债权人在5年内未向债务人提出偿债请求的，该责任消灭
　　D. 仍应承担责任，但债权人在2年内未向债务人提出偿债请求的，该责任消灭

6. 甲、乙、丙订立一份合伙协议。下列不符合《合伙企业法》规定的协议是(　　)。

　　A. 甲的出资为现金12万元和劳务作价5 000元
　　B. 乙的出资为8 000元，于合伙企业成立半年内缴付
　　C. 丙的出资为作价9万元的汽车一辆，不办理过户，丙保留对该车的处置权
　　D. 合伙企业的经营期限，于合伙企业成立满半年时再协商确定

7. 依照《合伙企业法》的规定，合伙企业存续期间，合伙人向合伙人以外的人转让其在合伙企业中的全部或者部分财产份额时，必须经过(　　)。

　　A. 全体合伙人过半数同意
　　B. 全体合伙人2/3以上同意
　　C. 全体合伙人一致同意
　　D. 全体合伙人3/4以上同意

8. 甲、乙、丙、丁成立一家有限合伙企业，甲是普通合伙人，负责合伙事务执行。在合伙协议没有约定的情况下，下列行为不符合法律规定的是(　　)。

　　A. 甲以合伙企业的名义向A公司购买一辆二手车
　　B. 乙代表合伙企业与B公司签订了一份代销合同
　　C. 丙将自有房屋租给合伙企业使用
　　D. 丁设立的一人有限公司经营与合伙企业相同的业务

9. 入伙的新合伙人对其入伙前合伙企业的债务(　　)。

　　A. 不承担任何责任　　　　　　　　B. 承担连带责任
　　C. 承担有限责任　　　　　　　　　D. 按其出资份额承担责任

10. 甲、乙、丙、丁成立一家普通合伙企业，一年后甲转为有限合伙人。此前，合伙企业欠银行债务 30 万元，该债务直至合伙企业因严重资不抵债被宣告破产仍未偿还。对该 30 万元债务的偿还，下列说法正确的是(　　)。

A. 乙、丙、丁应按合伙份额对该笔债务承担清偿责任，甲无须承担责任

B. 各合伙人均应对该笔债务承担无限连带责任

C. 乙、丙、丁应对该笔债务承担无限连带责任，甲无须承担责任

D. 合伙企业已宣告破产，债务归于消灭，各合伙人无须偿还该笔债务

二、多项选择题

1. 在下列各项中，有关个人独资企业特征的表述，不正确的有(　　)。

A. 个人独资企业的投资人对企业债务承担无限连带责任

B. 个人独资企业是非法人企业，无独立承担民事责任的能力

C. 个人独资企业是非法人企业，无独立的民事主体资格

D. 个人独资企业的投资人可以是中国公民，也可以是外国公民

2. 根据《个人投资企业法》的规定，投资人委托或者聘用的管理企业事务的人员不得(　　)。

A. 未经投资人同意，同本企业订立合同或进行交易

B. 将本企业的商业秘密泄露于他人

C. 利用职务上的便利，索取或者收受贿赂

D. 挪用企业的资金归个人使用或者借贷给他人

3. 张某于 2020 年 3 月成立一家个人独资企业。同年 5 月，该企业与甲公司签订一份买卖合同，根据合同，该企业应于同年 8 月支付给甲公司货款 15 万元，后该企业一直未支付该款项。2021 年 1 月该企业解散。2023 年 5 月，甲公司起诉张某，要求张某偿还上述 15 万元债务。下列有关该案的表述(　　)是错误的。

A. 因该企业已经解散，甲公司的债权已经消灭

B. 甲公司可以要求张某以其个人财产承担 15 万元的债务

C. 甲公司请求张某偿还债务已超过诉讼时效，其请求不能得到支持

D. 甲公司请求张某偿还债务的期限应于 2023 年 1 月届满

4. 好味道食品加工厂是一家由马某设立的个人独资企业，由于经营不善，面临债权人郭某追债，郭某要求马某要么还钱，要么解散进行清算，但马某迟迟不归还欠款，也不进行清算，下列说法正确的是(　　)。

A. 郭某可以申请人民法院指定清算人进行清算

B. 若法院指定清算人，郭某应当在接到通知之日起三十日内，未接到通知应当在公告之日起六十日内，向马某申报其债权

C. 个人独资企业解散后，马某对个人独资企业存续期间的债务仍应承担偿还责任，但郭某在五年内未向马某提出偿债请求的，该责任消灭

D. 个人独资企业财产不足以清偿债务的，郭某可以要求马某以其个人的其他财产予以清偿

5. 个人独资企业应当解散的情形包括（　　）。
   A. 投资人决定解散
   B. 投资人死亡或者被宣告死亡
   C. 被依法吊销营业执照
   D. 营业执照上规定的经营期限到期的

6. 合伙人甲、乙、丙以合伙企业名义向丁借款12万元，约定该借款由甲、乙、丙各自负责偿还4万元。下列关于这笔债务清偿的判断中，错误的有（　　）。
   A. 丁有权直接向甲要求偿还12万元
   B. 丁只能在乙、丙无力清偿的情况下才要求甲偿还12万元
   C. 甲有权依据已经约定的清偿份额，主张自己只承担4万元
   D. 如果丁根据合伙人的实际财产情况，请求甲还8万元，乙、丙各还2万元，法院应予支持

7. 甲、乙、丙共同出资设立一个普通合伙企业，在合伙企业存续期间，甲拟以其在合伙企业中的财产份额出质借款。根据《合伙企业法》的规定，下列表述中正确的有（　　）。
   A. 无须经乙、丙同意，甲可以出质
   B. 经乙、丙同意，甲可以出质
   C. 未经乙、丙同意，甲私自出质的，其行为无效
   D. 未经乙、丙同意，甲私自出质给善意第三人造成损失的，由甲承担赔偿责任

8. 甲与乙、丙成立一合伙企业，并被推举为合伙事务执行人，乙、丙授权甲在3万元以内的开支及30万元内的业务可以自行决定。甲在任职期间内实施的下列行为中（　　）是法律禁止或无效的行为。
   A. 自行决定一次支付广告费5万元
   B. 未经乙、丙同意，与某公司签订50万元的合同
   C. 未经乙、丙同意，将自有房屋以1万元租给合伙企业
   D. 与其妻一道经营与合伙企业相同的业务

9. 合伙人甲因个人炒股，欠债15万元，鉴于甲在合伙企业中有价值15万元的设备出资，所以甲的债权人提出如下几种解决方案。其中合法的有（　　）。
   A. 订立偿债计划，以甲在合伙企业中应分得的收益，逐年还清这笔债务
   B. 债权人直接取得甲在合伙企业中的财产份额
   C. 债权人直接将该设备变卖后偿清全部债务
   D. 可以请求人民法院强制执行甲在合伙企业中的财产份额用于清偿债务

10. 甲、乙、丙、丁为某合伙企业的合伙人。现有如下情况：（1）甲死亡，戊为其继承人；（2）乙因吸毒，已耗尽家财；（3）丙在执行事务中有贪污企业财产的行为。依照《合伙企业法》规定，以下判断中，正确的有（　　）。
    A. 乙当然退伙
    B. 在乙退伙后，经丙、丁同意，戊可以成为合伙人
    C. 戊若成为合伙人，丁、戊可劝丙退伙，但无权将其除名
    D. 戊若成为合伙人，可以和丁一起决定将丙除名

三、简答题

1. 简述个人独资企业解散的情形。
2. 简述有限合伙企业设立的条件。
3. 简述普通合伙企业与第三人的关系。

四、案例分析题

1. 甲以个人财产3万元成立个人独资企业，并聘请乙为管理人员，乙的工资为5 000元，同时在合同中约定乙只能对外签订1万元以下的合同，超过此数必须经甲同意。2021年2月，乙以个人独资企业的名义与不知情的丙签订5万元的合同，合同约定2021年6月丙提供5万元货物给个人独资企业，个人独资企业收到货5个工作日内付款。结果，该个人独资企业迟迟不付款（甲以其与乙合同有约定为由拒绝付款）。2022年5月，该个人独资企业经营不善，甲决定解散，此时个人独资企业仅剩余1万元钱，甲与其妻子丁夫妻共同财产为10万元钱，甲因乙私自与丙签合同，故三个月未给正常工作的乙发工资。请问：

（1）甲能否主张解散个人独资企业？
（2）乙以个人独资企业的名义与丙签订的合同是否有效？
（3）丙要求以甲与妻子丁的共同财产清偿能否得到支持？
（4）乙的工资是否应因其私签合同之事而不予发放？

2. 甲、乙、丙、丁四人出资设立江陵有限合伙企业，其中甲、乙为普通合伙人，丙、丁为有限合伙人。合伙企业存续期间，发生以下事项：（1）江陵有限合伙企业向银行贷款300万元。（2）经全体合伙人一致同意，普通合伙人乙转变为有限合伙人，有限合伙人丙转变为普通合伙人。（3）经营一段时间后，甲、丁提出退伙。经结算，甲从合伙企业分回30万元，丁从合伙企业分回40万元。（4）戊、庚新入伙，戊为有限合伙，庚为普通合伙人，戊、庚的出资均为40万元。

若现在江陵有限合伙企业面临300万元的银行贷款到期，而该企业的全部财产只有200万元。对于该合伙企业不能清偿的100万元，银行应当如何处理？请说明理由。

第 三 章

公 司 法

◆ 知识目标
1. 了解公司的概念、种类和特征；
2. 理解有限责任公司的设立条件、股东权利义务、组织机构和股权转让；
3. 理解股份有限公司的设立条件、股票发行、股权转让和组织机构；
4. 了解上市公司、一人有限责任公司、国有独资公司的特别规定。

◆ 能力目标
1. 学会订立公司章程；
2. 能够运用公司法的基础知识分析和解决相关问题。

◆ 素养目标

让学生明白权利和责任是对等的，面对不同的选择，人们享有的权利不同，承担的责任也不同。

导入案例

公司的设立及股东会的召开与表决

2021年5月，A有限责任公司（以下简称A公司）与甲、乙、丙、丁4个自然人，拟共同出资设立B有限责任公司（以下简称B公司）。B公司章程规定：(1) 公司注册资本50万元，其中，A公司以一栋厂房出资，作价25万元；甲以一套设备出资，作价10万元，乙以劳务出资，作价5万元；丙、丁分别以货币形式各出资5万元。(2) 公司不设董事会、监事会，由作为A公司代表的戊担任公司执行董事，同时担任B公司的法定代表人，由甲出任B公司经理，甲、乙为公司监事。

B公司在办理公司登记时，被告知公司章程的部分内容不合法。2021年7月22日，公司章程经过修改后，B公司登记成立。

公司成立后生意兴隆，为扩大生产规模，大股东A公司提议召开临时股东会讨论表决增资事宜，提出的增资方案是：公司拟增资 50 万元，原有股东按原持股比例增资。2022 年 8 月 3 日该公司董事会向全体股东发出通知，定于 2022 年 8 月 20 日召开临时股东会讨论增资事宜。临时股东会会议如期召开，表决的结果是 A 公司和丙赞同增资。

根据上述案情，回答下列问题，并说明理由：
（1）拟设立的 B 公司的章程有哪些不合法之处？
（2）B 公司的设立程序是什么？
（3）A 公司是否有权提议召开临时股东会？
（4）本案中召开股东会的通知时间是否符合公司法规定？
（5）本案中增资决议是否合法通过？

分析提示

第一节 公司法概述

一、公司的概念和特征

（一）公司的概念

公司是指依法设立的，以营利为目的，具有法人资格的经济实体。《公司法》中所称的公司仅指在我国境内设立的有限责任公司和股份有限公司。

（二）公司的特征

1. 法定性

公司是依公司法设立的经济组织，要符合《公司法》规定的设立条件和设立程序。

2. 营利性

公司是以营利为目的的经济组织，公司从事经营活动的目的是获取利润，并将其分配给公司的股东。

3. 法人性

公司是具有法人资格的经济组织，按照《公司法》规定设立的公司，自成立之日起就具有法人资格，即具有了民事权利能力和民事行为能力，依法独立享有民事权利和承担民事义务。

4. 股东责任的有限性

股东以其认缴的出资额或认购的股份为限对公司承担有限责任，公司以其全部财产为限对公司债务承担有限责任。

二、公司的分类

（一）按公司基本结构和股东对公司债务承担责任方式分类

1. 无限公司

无限公司是指由两人及两人以上股东所组成，全体股东对公司债务负无限连带责任的公司。

2. 两合公司

两合公司是指由负无限责任股东与负有限责任股东所组成的公司。无限责任股东对公司债务承担无限连带责任，有限责任股东仅就其认缴的出资额为限对公司债务承担责任，其中无限责任股东是公司的经营者，有限责任股东则是不参与经营管理的出资者。

3. 有限责任公司

有限责任公司是指股东以其认缴的出资额为限对公司承担责任，公司以其全部财产对公司债务承担有限责任的公司。

4. 股份有限公司

股份有限公司是指将公司全部资本分为等额股份，股东以其认购的股份为限对公司承担责任，公司以其全部财产对公司债务承担责任的公司。

（二）按公司成立基础分类

1. 资合公司

资合公司是指以资本的结合作为公司成立的基础，其典型的形式为股份有限公司。有限责任公司也是以资合为主，但有一定的人合特点。

2. 人合公司

人合公司是指以股东个人信用为基础成立的公司，其典型的形式为无限公司。

3. 资合兼人合公司

资合兼人合公司是指同时以资本和股东个人信用为基础成立的公司，其典型的形式为两合公司。

（三）按公司组织关系分类

1. 母公司和子公司

在不同公司之间基于股权而存在控制和依附关系时，因持有其他公司股权而处于控制地位的是母公司，因其股权被持有而处于依附地位的则是子公司。母子公司之间虽然存在控制和被控制的组织关系，但它们都具有法人资格，在法律上是彼此独立的企业，依法独立承担民事责任。

2. 总公司和分公司

分公司是依法设立的以公司名义进行经营活动，其法律后果由总公司承担的分支机构。分公司没有独立的公司名称、章程，没有独立的财产，不具有法人资格，但可以领取营业执照，进行经营活动，其民事责任由总公司承担。

（四）按公司股权转让方式分类

1. 封闭式公司

封闭式公司又称不上市公司，是指公司股本全部由设立公司的股东拥有，且其股份不能在证券市场上自由转让的公司。有限责任公司属于封闭式公司。

2. 开放式公司

开放公司又称上市公司，是指可以按照法定程序公开招股，股东人数通常无法定限制、公司的股份可以在证券市场公开自由转让的公司。

三、公司法的概念和性质

（一）公司法的概念

公司法是规范公司的组织和行为，保护公司、股东、职工和债权人的合法权益，完善中国特色产业制度，弘扬企业家精神，维护社会经济秩序，促进社会主义市场经济发展的法律规范的总称。在我国，狭义的公司法就是指《公司法》。

（二）公司法的性质

公司法是组织法和行为法的结合，在调整公司组织关系的同时，也对与公司组织活动有关的行为加以调整，如公司股份的发行和转让等。公司法规定公司的法律地位，调整公司股东之间、股东与公司之间的关系，规范公司的设立、变更和终止活动，规范公司内部组织机构的设置与运作、公司与其他企业间控制关系等。

公司法的立法宗旨是规范公司的组织和行为，保护公司、股东和债权人的合法权益，维护社会经济秩序，促进市场经济健康发展。

第二节　有限责任公司

一、有限责任公司的特征

（一）责任的有限性

股东以其认缴的出资额为限对公司承担责任；公司以其全部资产为限对公司的债务承担责任。

（二）股东的限制性

有限责任公司由1个以上50个以下股东出资设立。

（三）资本的封闭性

有限责任公司的资本只能由全体股东认缴，不能向社会募集股份，也不能发行股票，证明股东出资份额的出资证明书也不能在证券市场上流通转让。另外，对股东出资的转让一般有较为严格的限制。

（四）出资的非股份性

股东出资不划分为金额相等的股份，出资不以股份为单位计算，直接以出资额计算。这是有限责任公司与股份有限公司的重要区别之一。

二、有限责任公司的设立

(一) 有限责任公司设立的基本规定

(1) 有限责任公司的股东可以是法人,也可以是自然人。

(2) 有限责任公司设立时的股东为设立公司从事的活动,其法律后果由公司承受。公司未成立的,其法律后果由公司设立时的股东承受;设立时的股东为2人以上的,享有连带债权,承担连带债务。

(3) 设立有限责任公司,应当由股东共同制定公司章程。《公司法》规定,有限责任公司章程应当载明下列事项:①公司名称和住所;②公司经营范围;③公司注册资本;④股东的姓名或者名称;⑤股东的出资方式、出资额和出资日期;⑥公司的机构及其产生办法、职权、议事规则;⑦公司法定代表人的产生、变更办法;⑧股东会认为需要规定的其他事项。股东应当在公司章程上签名或者盖章。

(4) 有限责任公司的注册资本为在公司登记机关登记的全体股东认缴的出资额。全体股东认缴的出资额由股东按公司章程的规定自公司成立之日起5年内缴足。法律、行政法规以及国务院决定对有限责任公司注册资本实缴、注册资本最低限额另有规定的,从其规定。

(5) 股东应当按期足额缴纳公司章程规定的各自所认缴的出资额。股东以货币出资的,应当将货币出资足额存入有限责任公司在银行开设的账户;以非货币财产出资的,应当依法办理其财产权的转移手续。股东未按期足额缴纳出资的,除应当向公司足额缴纳外,还应当对公司造成的损失承担赔偿责任。

股东未按期足额缴纳出资,或者作为出资的非货币财产的实际价额显著低于所认缴的出资额的,设立时的其他股东与该股东在出资不足的范围内承担连带责任。

《公司法》规定,公司不能清偿到期债务的,公司或者已到期债权的债权人有权要求已认缴出资但未届出资期限的股东提前缴纳出资。

(6) 有限责任公司成立后,董事会应当对股东的出资情况进行核查,发现股东未按期足额缴纳出资的,应当由公司向该股东发出书面催缴书,催缴出资。

公司依照上述规定催缴出资,可以在书面催缴书中载明缴纳出资的宽限期,宽限期自公司发出催缴书之日起,不得少于60日。宽限期届满,股东仍未履行出资义务的,公司可以向该股东发出书面失权通知,自通知发出之日起,该股东丧失其未缴纳出资的股权。丧失的股权应当依法转让,或者相应减少注册资本并注销该股权;6个月内未转让或者注销的,由公司其他股东按照其出资比例足额缴纳相应出资。股东未按期足额缴纳出资,给公司造成损失的,应当承担赔偿责任。

(7) 公司成立后,股东不得抽逃出资。违反上述规定的,股东应当返还抽逃的出资;

给公司造成损失的，应当承担赔偿责任，负有责任的董事、监事、高级管理人员应当与该股东承担连带赔偿责任。

（二）有限责任公司设立的程序

1. 签订设立协议

有限责任公司设立时，股东可以签订设立协议，明确各自在公司设立过程中的权利和义务。

2. 订立公司章程

股东设立有限责任公司，必须订立公司章程，将要设立公司的基本情况以及各方面权利义务加以明确规定。

3. 股东认缴出资

股东可用货币出资，也可以用实物、知识产权、土地使用权等可以用货币估价并可以依法转让的非货币财产作价出资，但是法律、行政法规规定不得作为出资的财产除外。对作为出资的非货币财产应当评估作价，核实财产，不得高估或者低估作价。

4. 选举或确定公司机关

根据《公司法》的要求成立股东会、董事会或者执行董事、监事会或者监事等组织机构，并确定董事长、董事、监事、经理的名单。

5. 申请设立登记

股东认足公司章程规定的出资后，由全体股东指定的代表或者共同委托的代理人向公司登记机关报送公司登记申请书、公司章程等文件，申请设立登记。在我国，公司登记机关是市场监督管理部门。公司经核准登记后，领取公司营业执照，公司企业法人营业执照签发日期为公司成立日期。有限责任公司成立后，应当向股东签发出资证明书。出资证明书由法定代表人签名，并由公司盖章。

《公司法》规定，公司登记机关可以按照规定向公司发放电子营业执照。电子营业执照与纸质营业执照具有同等法律效力。

公司设立分公司，应当向公司登记机关申请登记，领取营业执照。

三、有限责任公司的组织机构

《公司法》规定，对于有限责任公司，其组织机构为股东会、董事会和监事会。

（一）股东会

1. 股东会的性质

股东会是有限责任公司的权力机关，由全体股东组成。只有一个股东的有限责任公司不设股东会。

2. 股东会的职权

《公司法》规定，股东会行使下列职权：

（1）选举和更换董事、监事，决定有关董事、监事的报酬事项；
（2）审议批准董事会的报告；
（3）审议批准监事会的报告；
（4）审议批准公司的利润分配方案和弥补亏损方案；
（5）对公司增加或者减少注册资本作出决议；
（6）对发行公司债券作出决议；
（7）对公司合并、分立、解散、清算或者变更公司形式作出决议；
（8）修改公司章程；
（9）公司章程规定的其他职权。

3. 股东会会议

股东会会议分为定期会议和临时会议。

（1）定期会议　应当按照公司章程的规定按时召开，一般每年召开一次。

（2）临时会议　在遇到特别情况认为需要召开时召开。有权提议召开临时会议的人有：代表1/10以上有表决权的股东；1/3以上的董事；监事会或者不设监事会的公司的监事。

（3）股东会的召集与主持。首次股东会会议由出资最多的股东召集和主持，依法行使职权。以后的股东会会议，由董事会召集，董事长主持；董事长不能履行职务或者不履行职务的，由副董事长主持；副董事长不能履行职务或者不履行职务的，由过半数的董事共同推举一名董事主持。

董事会不能履行或者不履行召集股东会会议职责的，由监事会召集和主持；监事会不召集和主持的，代表1/10以上表决权的股东可以自行召集和主持。

召开股东会会议，应当于会议召开15日前通知全体股东。但是，公司章程另有规定或全体股东另有约定的除外。股东会应当对所议事项的决定做成会议记录，出席会议的股东应当在会议记录上签名或者盖章。

【案例】2023年9月，甲、乙、丙发起设立A有限责任公司。该公司的注册资本额为50万元人民币，其中，甲以现金人民币4万元出资，乙以现金人民币16万元出资，丙以实物作价人民币30万元出资。公司设立董事会，乙为董事长、甲为副董事长；公司不设立监事会，丙为公司监事。

【问题】
（1）A公司不设监事会是否合法？
（2）A公司首次股东会会议应当由谁召集和主持？
（3）A公司的三名股东谁有权单独提议召开临时股东会议？

4. 股东会会议的决议

股东会会议决议由股东按照出资比例行使表决权，但是公司章程另有规定的除外。

股东会的议事方式和表决程序除《公司法》有规定的外,由公司章程规定。

股东会会议决议分普通决议和特别决议两种。

(1) 普通决议。必须经代表 1/2 以上表决权的股东通过。

(2) 特别决议。股东会作出修改公司章程、增加或者减少注册资本的决议,以及公司合并、分立、解散或者变更公司形式的决议,必须经代表 2/3 以上表决权的股东通过。

(二) 董事会

董事会是有限责任公司的执行机构,行使公司法和公司章程规定职权。公司章程对董事会权力的限制不得对抗善意相对人。

1. 董事会的组成

有限责任公司的董事会成员为 3 人以上。职工人数 300 人以上的有限责任公司,除依法设监事会并有公司职工代表的外,其董事会成员中应当有公司职工代表。董事会中的职工代表由公司职工通过职工代表大会、职工大会或者其他形式民主选举产生。董事会设董事长 1 人,可以设副董事长。董事长、副董事长的产生办法由公司章程规定。

有限责任公司董事会职权

董事任期由公司章程规定,但每届任期不得超过 3 年。董事任期届满,连选可以连任。

2. 董事会会议

董事会会议由董事长召集和主持;董事长不能履行职务或者不履行职务的,由副董事长召集和主持;副董事长不能履行职务或者不履行职务的,由过半数的董事共同推举一名董事召集和主持。

3. 董事会的决议

董事会的议事方式和表决程序,除《公司法》有规定的外,由公司章程规定。董事会会议应有过半数的董事出席方可举行。董事会作出决议,必须经全体董事的过半数通过。董事会决议的表决,应当一人一票。董事会应当对所议事项的决定做会议记录,出席会议的董事应当在会议记录上签名。

(三) 经理

有限责任公司可以设经理,由董事会决定聘任或者解聘。经理对董事会负责,根据公司章程的规定或者董事会的授权行使职权。经理列席董事会会议。

(四) 监事会

监事会的职权

有限责任公司设监事会,《公司法》第六十九条、第八十三条另有规定的除外。监事会依《公司法》规定行使相关职权。监事可以列席董事会会议,并对董事会会决议事项提出质询或者建议。

1. 监事会的组成

有限责任公司监事会成员为 3 人以上。监事会成员应当包括股东代表和适当比例的公司职工代表,其中职工代表的比例不得低于 1/3,具体比例由公司章程规定。监事会中的职工代表由公司职工通过职工代表大会、职工大会或者其他形式民主选举产生。监事会设主席 1 人,由全体监事过半数选举产生。

监事的任期每届为3年。监事任期届满，连选可以连任。

《公司法》规定，有限责任公司可以按照公司章程的规定在董事会中设置由董事组成的审计委员会，行使本法规定的监事会职权，不设监事会或监事。公司董事会成员中的职工代表可以成为审计委员会成员。

规模较小的有限责任公司，可以不设监事会，设一至二名监事，行使本法规定的监事会的职权；经全体股东同意，也可以不设监事。

董事、高级管理人员不得兼任监事。

2. 监事会会议

监事会每年度至少召开一次会议，监事可以提议召开临时监事会会议。监事会会议由监事会主席召集和主持；监事会主席不能履行职务或者不履行职务的，由半数以上监事共同推举一名监事召集和主持。

监事会的议事方式和表决程序，除《公司法》有规定的外，由公司章程规定。监事会决议应当经全体监事的过半数通过。监事会应当对所议事项的决定做会议记录，出席会议的监事应当在会议记录上签名。

监事会行使职权所必需的费用，由公司承担。

《公司法》规定，公司股东会、董事会、监事会召开会议和表决可以采用电子通信方式，公司章程另有规定的除外。

四、有限责任公司的股权及其相关规定

（一）股权

公司股东的股权是基于股东资格而享有的权利。《公司法》规定，公司股东对公司依法享有资产收益、参与重大决策和选择管理者等权利。从不同的角度，可以将股权分为不同的种类。以股权行使的目的是为股东个人利益还是涉及全体股东利益为标准，可以将股权分为共益权和自益权；以股权行使的条件为标准，可将股权分为单独股东权和少数股东权。

（二）股权转让

有限责任公司的股权转让，包括对内股权转让、对外股权转让和强制执行时的股权转让。

1. 对内股权转让

对内股权转让，即股东之间的股权转让。对内转让只要双方达成合意即可，其他股东

无权干涉。《公司法》对股东之间转让部分和全部股权没有限制条款。

2. **对外股权转让**

对外股权转让，即股东向公司以外的人转让股权。《公司法》规定，股东向股东以外的人转让股权的，应当将股权转让的数量、价格、支付方式和期限等事项书面通知其他股东，其他股东在同等条件下有优先购买权。股东自接到书面通知之日起 30 日内未答复的，视为放弃优先购买权。两个以上股东行使优先购买权的，协商确定各自的购买比例；协商不成的，按照转让时各自的出资比例行使优先购买权。

公司章程对股权转让另有规定的，从其规定。

3. **强制执行时的股权转让**

股权作为财产权，可以作为强制执行的对象。人民法院依照法律规定的强制执行程序转让股东的股权时，应当通知公司及全体股东，其他股东在同等条件下有优先购买权。其他股东自人民法院通知之日起满 20 日不行使优先购买权的，视为放弃优先购买权。

【案例】甲、乙、丙三人决定投资设立一家有限责任公司，注册资本为 80 万元。甲以自己的知识产权作价 20 万元出资，乙以自己的土地使用权作价 50 万元出资，丙以现金 10 万元出资。甲、丙如期缴纳了出资，但是在乙将土地交付给公司使用后，却因乙的原因始终未将土地过户到公司名下。公司在成立后未给三名股东提供出资证明书。公司经营一年后，丙欲将自己的全部股权以 12 万元转让给丁，甲也表示欲以 12 万元购买该股权。

【问题】
（1）乙将土地交付公司使用后，是否已经完成缴纳出资义务？
（2）在甲、丁都欲购买的情况下，丙应该将自己的股权卖给谁？
（3）如果甲要求公司提供出资证明书，其要求是否合理？

（三）股权回购

根据《公司法》第八十九条的规定，股权回购有两种情形。

（1）有下列情形之一的，对股东会该项决议投反对票的股东可以请求公司按照合理的价格收购其股权，退出公司：

①公司连续 5 年不向股东分配利润，而该公司 5 年连续盈利，并且符合《公司法》规定的利润分配条件；

②公司合并、分立、转让主要财产的；

③公司章程规定的营业期届满或者章程规定的其他解散事由出现，股东会会议通过决议修改章程使公司存续的。

根据上述规定，股东退出公司应当满足两个条件：一是具备上述三种情形之一，二是对股东会上述事项决议投了反对票。

自股东会决议作出之日起 60 日内，股东与公司不能达成股权收购协议的，股东可以自股东会决议作出之日起 90 日内向人民法院提起诉讼。

（2）公司的控股股东滥用股东权利，严重损害公司或其他股东利益的，其他股东有权请求公司按照合理的价格收购其股权。

公司因上述两种情形收购的本公司股权，应当在 6 个月内依法转让或注销。

（四）股权的继承

自然人股东死亡后，其合法继承人可以继承股东资格，但是公司章程另有规定的除外。

第三节　股份有限公司

一、股份有限公司的特征

（一）责任的有限性

股东以其认购的股份为限对公司承担责任；公司以其全部资产为限对公司的债务承担责任。

（二）发起人的限制性

设立股份有限公司，应当有 1 人以上 200 人以下为发起人，其中须有半数以上的发起人在中国境内有住所。

（三）股份有限公司的股东具有广泛性

股份有限公司通过向社会公众广泛地发行股票筹集资本，任何投资者只要认购其股票并支付股款，都可成为股份有限公司的股东。

（四）股份的公开、自由性

股份有限公司通常都以发行股票的方式公开募集资本，这种募集方式使得股东人数众多，分散广泛。同时，为提高股份的融资能力和吸引投资者，股份必须有较高程度的流通性，股票必须能够自由转让和交易。

（五）出资的股份性

股份有限公司股东的出资具有股份性。股份有限公司的全部资本划分为金额相等的股份，股份是构成公司资本的最小单位。这一特征是股份有限公司和有限责任公司的区别之一。

（六）公司的公开性

股份有限公司的经营状况不仅要向股东公开，还必须向社会公开，使社会公众了解公司的经营状况，这也是和有限责任公司的区别之一。

二、股份有限公司的设立

（一）有关股份有限公司设立的基本规定

（1）股份有限公司的发起人可以是法人，也可以是自然人。

（2）设立股份有限公司，应当由发起人共同制订公司章程。

（3）股份有限公司的注册资本为在公司登记机关登记的已发行股份的股本总额。在发起人认购的股份缴足前，不得向他人募集股份。

法律、行政法规以及国务院决定对股份有限公司注册资本最低限额另有规定的，从其规定。

（4）发起人应当在公司成立前按照其认购的股份足额缴纳股款。发起人的出资，适用《公司法》关于有限责任公司股东出资的规定。

发起人不按照其认购的股份缴纳股款或者作为出资的非货币财产的实际价额显著低于所认购的股份的，其他发起人与法人发起人在出资不足的范围内承担连带责任。

（二）股份有限公司的设立方式

股份有限公司的设立方式有发起设立和募集设立两种类型。

1. 发起设立

发起设立是指由发起人认购设立公司时应发行的全部股份而设立公司。

2. 募集设立

募集设立是指由发起人认购设立公司时应发行股份的一部分，其余股份向社会公开募集或者向特定对象募集而设立公司。以募集设立方式设立股份有限公司的，发起人认购的股份不得少于公司章程规定的公司设立时应发行股份总数的35%，但是法律、行政法规另有规定的，从其规定。

（三）股份有限公司的设立程序

1. 签订发起人协议

股份有限公司发起人承担公司筹办事务。发起人应当签订发起人协议，明确各自在公司设立过程中的权利和义务。发起人是指为设立公司而依照法定条件和程序进行筹办事务并享有法定权利和承担法定义务的人。

2. 制订公司章程

设立股份有限公司，应当由发起人共同制订公司章程。

3. 缴纳出资或募集股款

以发起设立方式设立股份有限公司的，发起人应当认足公司章程规定的公司设立时应发行的股份，并按章程规定缴纳出资。

发起人向社会公开募集股份的，应当公告招股说明书，并制作认股书。向社会公开募集股份的股款缴足后，应当经依法设立的验资机构验资并出具证明。

4. 召开公司成立大会

以发起设立方式设立股份有限公司的，成立大会的召开和表决程序由公司章程或者发起人协议规定。

以募集设立方式设立股份有限公司的，发起人应当自公司设立时应发行的股款缴足之日起 30 日内召开公司成立大会，选举董事和监事。发起人应当在成立大会召开 15 日前将会议日期通知各认股人或者予以公告。

成立大会应有持有表决权过半数的股东出席，方可举行。成立大会对相关事项作出决议，应当由出席会议的认股人所持表决权过半数通过。

5. **申请设立登记**

董事会应当授权代表于公司成立大会结束后 30 日内，向公司登记机关申请设立登记。公司经核准登记后，领取公司营业执照，公司企业法人营业执照签发日期为公司成立日期。

三、股份有限公司的组织机构

和有限责任公司一样，股份有限公司的组织机构也包括股东会、董事会和监事会。

（一）股东会

1. **股东会的性质及其组成**

股份有限公司的股东会是公司的权力机构，由全体股东组成。只有一个股东的股份有限公司不设股东会。

2. **股东会的职权**

《公司法》中关于有限责任公司股东会职权的规定，适用于股份有限公司股东会。

3. **股东会的召开**

股份有限公司的股东会分为年会和临时股东会。

（1）年会。依照法律和公司章程的规定按时召开，每年召开 1 次。

（2）临时股东会。有下列情形之一的，应当在 2 个月内召开临时股东会：董事人数不足《公司法》规定人数或者公司章程所定人数的 2/3 时；公司未弥补的亏损达股本总额 1/3 时；单独或者合计持有公司 10% 以上股份的股东请求时；董事会认为必要时；监事会提议召开时；公司章程规定的其他情形。

4. **股东会的召集和主持**

股东会由董事会召集，董事长主持；董事长不能履行职务或者不履行职务的，由副董事长主持；副董事长不能履行职务或者不履行职务的，由过半数的董事共同推举一名董事主持。董事会不能履行或者不履行召集股东会会议职责的，监事会应当及时召集和主持；监事会不召集和主持的，连续 90 日以上单独或者合计持有公司 10% 以上股份的股东可以自行召集和主持。

召开股东会，应当将会议召开的时间、地点和审议的事项于会议召开 20 日前通知各股东；临时股东会应当于会议召开 15 日前通知各股东。

5. **股东会决议**

股东出席股东会会议，所持每一股份有一表决权，类别股股东除外。公司持有的本公司股份没有表决权。《公司法》对股东会决议作出如下规定：

(1) 普通决议。必须经出席会议的股东所持表决权过半数通过。

(2) 特别决议。股东会作出修改公司章程、增加或者减少注册资本的决议，以及公司合并、分立、解散或者变更公司形式的决议，必须经出席会议的股东所持表决权的 2/3 以上通过。

（二）董事会

股份有限公司的董事会是股东会的执行机构，对股东会负责。

1. 董事会的组成

股份有限公司的董事会成员为 3 人以上。董事会设董事长 1 人，可以设副董事长，董事长和副董事长由董事会以全体董事的过半数选举产生。

《公司法》规定，关于有限责任公司董事会职权的规定，董事的任期、辞职和解任的规定，同样适用于股份有限公司。

股份有限公司可以按照公司章程的规定在董事会中设置由董事组成的审计委员会会，行使《公司法》规定的监事会的职权，不设监事会或者监事。

2. 董事会会议

董事会由董事长召集并主持，检查董事会决议的实施情况。副董事长协助董事长工作，董事长不能履行职务或者不履行职务的，由副董事长履行职务；副董事长不能履行职务或者不履行职务的，由过半数的董事共同推举一名董事履行职务。董事会每年度至少召开两次会议，每次会议应当于会议召开 10 日前通知全体董事和监事。

代表 1/10 以上表决权的股东、1/3 以上董事或者监事会，可以提议召开董事会临时会议。董事长应当自接到提议后 10 日内，召集和主持董事会会议。

3. 董事会的决议

董事会应当有过半数的董事出席方可举行。董事会作出决议，必须经全体董事的过半数通过。董事会决议的表决，应当一人一票。董事会会议，应由董事本人出席；董事因故不能出席，可以书面委托其他董事代为出席，委托书中应载明授权范围。董事会应当对会议所议事项的决定做会议记录，出席会议的董事应当在会议记录上签名。

董事应当对董事会的决议承担责任。董事会的决议违反法律、行政法规或者公司章程、股东会决议，给公司造成严重损失的，参与决议的董事对公司负赔偿责任。但经证明在表决时曾表明异议并记载于会议记录的，该董事可以免除责任。

《公司法》规定，规模较小的股份有限公司，可以不设董事会，设一至两名董事，行使公司法规定的董事会的职权。该董事可以兼任公司经理。

> **【案例】** 某股份有限公司董事会由 11 名董事组成。2023 年 12 月 18 日，公司董事长王某召集并主持召开董事会会议，出席会议的共有 8 名董事，另有 3 名董事因事请假。董事会会议讨论了下列事项：
> （1）鉴于工作任务加重，决定给每位董事涨工资 25%；
> （2）鉴于工作日益繁重，拟将财务科升级为财务部，并向社会公开招聘会计人员 2 名，招聘会计人员事宜及财务科升格为财务部的方案报股东会表决。经表决有 6 名董事同意，2 名董事反对。
>
> **【问题】**
> （1）该公司董事会的召开和表决程序是否合法？
> （2）该公司董事会决议给每位董事涨工资的决定是否合法？
> （3）将财务科升格为财务部是否要报经股东会批准？

（三）经理

股份有限公司设经理，由董事会决定聘任或者解聘。经理对董事会负责，根据公司章程的规定或者董事会的授权行使职权。经理列席董事会会议。

公司董事会可以决定由董事会成员兼任经理。

（四）监事会

1. 监事会的性质及组成

股份有限公司设监事会，《公司法》第一百二十条第一款、第一百三十三条另有规定的除外。股份有限公司监事会成员为 3 人以上，其成员应当包括股东代表和适当比例的公司职工代表，其中职工代表的比例不得低于 1/3，具体比例由公司章程规定。监事会中的职工代表由公司职工通过职工代表大会、职工大会或者其他形式民主选举产生。

监事会设主席 1 人，可以设副主席。监事会主席和副主席由全体监事过半数选举产生。监事会主席召集和主持监事会会议；监事会主席不能履行职务或者不履行职务的，由监事会副主席召集和主持监事会会议；监事会副主席不能履行职务或者不履行职务的，由过半数的监事共同推举一名监事召集和主持监事会会议。公司董事、高级管理人员不得兼任监事。

特 别 提 醒

> 《公司法》规定，关于有限责任公司监事会职权、监事任期等的规定，适用于股份有限公司。
> 监事会行使职权所必需的费用，由公司承担。

2. 监事会会议的召开

监事会每 6 个月至少召开一次会议。监事可以提议召开临时监事会会议。监事会的议事方式和表决程序，除《公司法》有规定的外，由公司章程规定。监事会决议应当经全体监事的过半数通过。监事会决议的表决，应当一人一票。监事会应当对所议事项的决定做会议记录，出席会议的监事应当在会议记录上签名。

《公司法》规定，规模较小的股份有限公司，可以不设监事会，设一至二名监事，行使本法规定的监事会的职权。

设置审计委员会的股份有限公司，可以不设监事会或者监事。

（五）上市公司组织机构的特别规定

上市公司，是指其股票在证券交易所上市交易的股份有限公司。《公司法》对上市公司组织机构的特别规定，主要包括以下几个方面。

1. 增加了股东会特别决议事项

上市公司在一年内购买、出售重大资产或者向他人提供担保的金额超过公司总资产30%的，应当由股东会作出决议，并经出席会议的股东所持表决权的2/3以上通过。

2. 上市公司设立独立董事

独立董事，是指既不是公司的股东，又不在公司担任除董事外的其他职务，并与其受聘的上市公司及其主要股东不存在可能妨碍其进行独立客观判断关系的董事。

独立董事的作用主要表现在：弥补董事会决策失误，提升其整体水平；对大股东推荐的董事长起到牵制和制衡作用，维护小股东的利益；对公司董事等高级管理人员以及其与公司进行的关联交易等进行监督。

3. 上市公司设置审计委员会

上市公司在董事会中设置审计委员会的，董事会对下列事项作出决议前应当经审计委员会全体成员过半数通过：

（1）聘用、解聘承办公司审计业务的会计师事务所；

（2）任免财务负责人；

（3）披露财务会计报告；

（4）国务院证券监督管理机构规定的其他事项。

4. 上市公司设立董事会秘书

董事会秘书是掌管董事会文件并协助董事会成员处理日常事务的人员。董事会秘书是董事会设置的服务席位，既不代表董事会，也不能代表董事长。上市公司董事会秘书是公司的高级管理人员，由董事长提名，经董事会聘任或解聘，承担法律、行政法规以及公司章程对公司高级管理人员所要求的义务，享有相应的工作职权，获得相应的报酬。

董事会秘书负责股东会和董事会会议筹备、文件保管以及公司股权管理，办理信息披露等事宜。

5. 增设关联关系董事的表决权排除制度

关联关系，是指上市公司董事与董事会决议事项涉及的企业之间存在的直接或间接的利益关系。上市公司董事与董事会会议决议事项所涉及的企业或者个人有关联关系的，该董事应当及时向董事会书面报告。有关联关系的董事不得对该项决议行使表决权，也不得代理其他董事行使表决权。该董事会会议由过半数的无关联关系董事出席即可举行，董事会会议所作的决议须经无关联关系董事过半数通过。出席董事会的无关联关系董事人数不足3人的，应将该事项提交上市公司股东会审议。

6. 上市公司控股子公司不得取得该上市公司的股份

上市公司控股子公司因公司合并、质权行使等原因持有上市公司股份的，不得行使所持股份对应的表决权，并应当及时处分相关上市公司股份。

三、股份有限公司的股份发行和转让

（一）股份发行

1. 股份与股票的概念

（1）股份。

股份是公司资本最小划分单位，股东根据其出资额计算出其持有的股份数量，所有股东持有的股份加起来所代表的资本额即为公司的资本额。

公司的全部股份，根据公司章程的规定采用面额股或者无面额股。采用面额股的，每一股的金额相等。采用无面额股的，应当将发行股份所得股款的1/2以上计入注册资本。公司可以根据公司章程的规定将已发行的面额股全部转换为无面额股或者将无面额股全部转换为面额股。

股份作为代表公司资本的一部分，是公司资本最小划分单位，股东根据其出资额计算出其持有的股份数量，所有股东持有的股份数量加起来所代表的资本额即为公司的资本额。

（2）股票。

公司的股份采取股票的形式。股票是股份有限公司签发的证明股东所持股份的凭证，是股份的表现形式。股票具有以下特征：

①股票是有价证券。股票所代表的股东权是可以用财产价值来衡量的权利，这是股票得以自由转让和流通的重要原因之一。

②股票是要式证券。股票的制作及记载事项必须严格按法律规定进行，否则将导致股票无效。《公司法》规定，股票采用纸面形式或者国务院证券监督管理机构规定的其他形式。股票采用纸面形式的，应当载明下列主要事项：公司名称；公司成立日期或者股票发行的时间；股票种类、票面金额及代表的股份数，发行无面额股的股票代表的股份数。股票采用纸面形式的，还应当载明股票的编号，由法定代表人签名，公司盖章。发起人股票采用纸面形式的，应当标明发起人股票字样。

③股票是证权证券。股票是股份的表现形式，也是股东权的表现形式，但股东权的产生并不是因为股票的制作，而是由于股东向公司出资或继受等原因而持有公司的股份。因此，股票仅仅是股东权存在的证明及股东行使权利的凭证。

④股票是流通证券。股票的流通性是指股票在不同投资者之间的可交易性。股票的流通，使投资者可以在市场上卖出所持有的股票，取得现金。

2. 股份的分类

（1）按是否在其上记载股东姓名，分为记名股和无记名股。

①记名股是指在票面上记载股东姓名或者名称的股票。公司向发起人、法人发行的股票以及向境外投资人募集并在境外上市的股票（境外上市外资股），应当采用记名股形式。记名股的持有人，只有本人或者其委托的代理人，才能够行使股东权。记名股转让时，须由股东背书或者法律规定的其他方式转让。记名股可以挂失，股东可以依法向公司申请补发股票。《公司法》规定，公司发行的股票，应当为记名股票。

②无记名股是指在票面上不记载股东姓名或者名称的股票。无记名股的持有人，凭股票就可行使股东权，参加股东会时则要求将其股票交存于公司，转让时，只需交付给受让人，即发生转让的效力。

（2）按票面上是否载明金额，分为面额股和无面额股。

①面额股是规定每股股份的金额或者股票上标明金额的股份。《公司法》规定，面额股股票的发行价格可以按票面金额，也可以超过票面金额，但不得低于票面金额。

②无面额股是指在股票上不标明金额的股份。

（3）按股东享有股权内容的不同，分为普通股和类别股。

①普通股是指股份公司发行的标准股。其股东不享有也不承担特别的权利义务。

②类别股是指具有不同于普通股的权利的股份。

《公司法》规定，公司可以按照公司章程的规定发行下列与普通股权利不同的类别股：

（1）优先或者劣后分配利润或者剩余财产的股份；

（2）每一股的表决权数多于或者少于普通股的股份；

（3）转让须经公司同意等转让受限的股份；

（4）国务院规定的其他类别股。

公开发行股份的公司不得发行前款第（2）、第（3）项规定的类别股；公开发行前已发行的除外。

公司发行第（2）项规定的类别股的，对于监事或者审计委员会成员的选举和更换，类别股与普通股每一股的表决权数相同。

（4）我国实践中股份的其他分类。

①根据投资人的不同，分为国家股、法人股、社会公众股和外资股。国家股是指国家以国有资产向股份有限公司投资所形成的股份。法人股是指具备法人资格的社会组织向股份有限公司投资而形成的股份。社会公众股是指社会个人投资人向股份有限公司投资而形成的股份（包括公司职工股）。外资股是指外国及中国香港、澳门、台湾地区的投资人所持有的我国股份有限公司的股份。

②根据是否可以在二级市场上自由转让，分为流通股与非流通股。在股票二级市场上可以自由转让的股份属于流通股，如社会公众股；否则就属于非流通股，如国家股就不允许在二级市场上随意转让。

③根据认购货币的不同，分为 A 股、B 股、H 股、N 股、S 股。A 股的正式名称是人

民币普通股票，是指以人民币标明股票面值，在境内证券交易所挂牌上市，由中国境内大陆投资者以人民币认购和交易的股票，外国及中国香港、澳门和台湾地区的投资者不得买卖。

B股的正式名称是人民币特种股票，是指以人民币标值，在境内证券交易所挂牌上市，由外国和我国港、澳、台地区投资者以外汇认购和买卖的股票，境内中国投资者一般不得购买。但是，经国务院批准，允许境内居民以合法持有的外汇开立B股账户、交易B股股票、持有B股股份。

H股也称国企股，指注册地在内地、上市地在香港，专供外国和我国港、澳、台投资者购买，以人民币标明面值，以港币认购和买卖的人民币特种股票。中国大陆地区只有机构投资者可以投资H股，大陆地区个人投资者目前尚不能直接投资H股。

N股在纽约批准上市，S股在新加坡批准上市，这些都是以外币认购和进行交易的股票。

3. **股份发行的原则**

股份的发行是指股份有限公司为筹集公司资本而出售和分配股份的法律行为。《公司法》规定，股份的发行，实行公平、公正的原则，同种类的每一股份应当具有同等权利。同次发行的同类别股份，每股的发行条件和价格应当相同；认购人所认购的股份，每股应当支付相同价额。

4. **股票的发行价格**

股票的发行价格是指股票发行时所使用的价格。股票发行价格可以分为平价发行价格或溢价发行价格。平价发行价格是指股票的发行价格与股票的票面金额相同。溢价发行价格是指股票的实际发行价格超过其票面金额。

《公司法》规定，面额股股票的发行价格可以按票面金额，也可以超过票面金额，但不得低于票面金额。

5. **发行新股**

公司发行新股，股东会应当对下列事项作出决议：

（1）新股种类及数额；

（2）新股发行价格；

（3）新股发行的起止日期；

（4）向原有股东发行新股的种类及数额；

（5）发行无面额股的，新股发行所得股款计入注册资本的金额。

公司章程或者股东会可以授权董事会在3年内决定发行不超过已发行股份50%的股份。以非现金支付方式支付股款的应当经股东会决议。公司章程或者股东会授权董事会决定发行新股的，董事会决议应当经全体董事2/3以上通过。

特别提醒

《公司法》规定，公司向社会公开募集股份，必须经国务院证券监督管理机构注册，公告招股说明书。而且，应当由依法设立的证券公司承销，签订承销协议；应当同银行签订代收股款协议。

（二）股份转让

股份转让，是指股份有限公司的股份持有人依法自愿将自己的股份转让给他人，使他人取得股份成为股东或增加股份数额的法律行为。

股份有限公司的股东持有的股份可以向其他股东转让，也可以向股东以外的人转让；公司章程规定转让受限的股份，其转让按照公司章程的规定进行。股东转让其股份，应当在依法设立的证券交易场所进行或者按照国务院规定的其他方式进行。

1. 股份转让的方式

股份的转让，由股东以背书方式或者法律、行政法规规定的其他方式进行；转让后由公司将受让人的姓名或者名称及住所记载于股东名册。

《公司法》规定，股东会召开前20日内或者公司决定分配股利的基准日前5日内，不得变更股东名册。法律、行政法规或者国务院证券监督管理机构对上市公司股东名册变更登记另有规定的，从其规定。

2. 股份转让的限制

公司公开发行股份前已发行的股份，自公司股票在证券交易所上市交易之日起1年内不得转让。法律、行政法规或者国务院证券监督管理机构对上市公司的股东、实际控制人转让其所持有的本公司股份另有规定的，从其规定。

公司董事、监事、高级管理人员应当向公司申报所持有的本公司的股份及其变动情况，在就任时确定的任职期间每年转让的股份不得超过其所持有本公司股份总数的25%；所持本公司股份自公司股票上市交易之日起1年内不得转让。上述人员离职后半年内，不得转让其所持有的本公司股份。公司章程可以对公司董事、监事、高级管理人员转让其所持有的本公司股份作出其他限制性规定。

《公司法》规定，股票在法律、行政法规规定的限制转让期限内出质的，质权人不得在限制转让期限内行使质权。

《中华人民共和国证券法》（以下简称《证券法》）规定，上市公司、股票在国务院批准的其他全国性证券交易场所交易的公司持有5%以上股份的股东、董事、监事、高级管理人员，将其持有的该公司的股票或者其他具有股权性质的证券在买入后6个月内卖出，或者在卖出后6个月内又买入，由此所得收益归该公司所有。

3. 股份回购

《公司法》规定，有下列情形之一的，对股东会该项决议投反对票的股东可以请求公司按照合理的价格收购其股份，公开发行股份的公司除外：

（1）公司连续5年不向股东分配利润，而公司该5年连续盈利，并且符合本法规定的分配利润条件；

（2）公司转让主要财产；

（3）公司章程规定的营业期限届满或者章程规定的其他解散事由出现，股东会通过决议修改章程使公司存续。

自股东会决议作出之日起60日内，股东与公司不能达成股份收购协议的，股东可以自股东会决议作出之日起90日内向人民法院提起诉讼。

公司依照上述规定收购的本公司股份，应当在6个月内依法转让或者注销。

《公司法》规定，公司不得收购本公司股份。但是，有下列情形之一的除外：

①减少公司注册资本；

②与持有本公司股份的其他公司合并；

③将股份用于员工持股计划或者股权激励；

④股东因对股东会作出的公司合并、分立决议持异议，要求公司收购其股份；

⑤将股份用于转换上市公司发行的可转换为股票的公司债券；

⑥上市公司为维护公司价值及股东权益所必需。

公司因上述第①项、第②项规定的情形收购本公司股份的，应当经股东会决议；公司因上述第③项、第⑤项、第⑥项规定的情形收购本公司股份的，可以按照公司章程或者股东会的授权，经2/3以上董事出席的董事会会议决议。

公司依照上述规定收购本公司股份后，属于第①项情形的，应当自收购之日起10日内注销；属于第②项、第④项情形的，应当在6个月内转让或者注销；属于第③项、第⑤项、第⑥项情形的，公司合计持有的本公司股份数不得超过本公司已发行股份总数的10%，并应当在3年内转让或者注销。

上市公司收购本公司股份的，应当依照《证券法》的规定履行信息披露义务。上市公司因第③项、第⑤项、第⑥项规定的情形收购本公司股份的，应当通过公开的集中交易方式进行。

4. 公司股份质押

《公司法》规定，公司不得接受本公司的股份作为质押权的标的。质押的目的在于当公司的债权得不到偿还时，公司有权将债务人的质押物进行变卖。但是，当公司以本公司的股票作为自己质押权的标的物时，一旦债务人不能履行自己的债务，极易出现变相收购本公司股份的情形。

5. 股票的被盗、遗失或者灭失

股票被盗、遗失或者灭失，股东可以依照《民事诉讼法》规定的公示催告程序，请求人民法院宣告该股票失效。人民法院宣告该股票失效后，股东可以向公司申请补发股票。

6. 股权的继承

《公司法》规定，自然人股东死亡后，其合法继承人可以继承股东资格；但是，股份转让受限的股份有限公司的章程另有规定的除外。

四、国家出资公司组织机构的特别规定

（一）国家出资公司的概念和特征

国家出资公司，是指国家出资的国有独资公司、国有资本控股公司，包括国家出资的有限责任公司、股份有限公司。

国家出资公司，由国务院或者地方人民政府分别代表国家依法履行出资人职责，享有出资人权益。国务院或者地方人民政府可以授权国有资产监督管理机构或者其他部门、机构代表本级人民政府对国家出资公司履行出资人职责。代表本级人民政府履行出资人职责的机构、部门，以下统称为履行出资人职责的机构。

国有独资公司章程由履行出资人职责的机构制定。

（二）国家出资公司的组织机构

（1）国有独资公司不设股东会，由履行出资人职责的机构行使股东会职权。履行出资人职责的机构可以授权公司董事会行使股东会的部分职权，决定公司的重大事项，但公司章程的制定和修改，公司的合并、分立、解散、申请破产，增加或者减少注册资本，分配利润，必须由履行出资人职责的机构决定。

（2）国有独资公司设董事会，依照《公司法》规定行使职权。国有独资公司的董事会成员中，应当过半数为外部董事，并应当有公司职工代表。董事会成员由履行出资人职责的机构委派；但是，董事会成员中的职工代表由公司职工代表大会选举产生。董事会设董事长一人；可以设副董事长。董事长、副董事长由履行出资人职责的机构从董事会成员中指定。

（3）国有独资公司设经理，由董事会聘任或者解聘。经履行出资人职责的机构同意，董事会成员可以兼任经理。

《公司法》规定，国有独资公司的董事、高级管理人员，未经履行出资人职责的机构同意，不得在其他有限责任公司、股份有限公司或者其他经济组织兼职。

（4）国有独资公司不设监事会或者监事，在董事会中设置审计委员会，行使《公司法》规定的监事会职权。

第四节　关于公司的其他规定

一、公司的名称和住所

公司的名称是表示公司性质或特点并与其他公司相区别的标志。公司名称由行政区划、字号、行业或者经营特点、组织形式依次组成，法律、行政法规、国务院决定等另有规定的除外。《公司法》规定，公司名称中应标明"有限责任公司或有限公司"或"股份有限公司或股份公司"字样。

《公司法》规定，公司以其主要办事机构所在地为住所。确定公司住所的主要意义在于：在民事诉讼中，可根据住所地来确定地域管辖，并作为确定文书送达的处所；住所可作为确定债务履行地的依据；住所是确定公司行政管辖机关的依据。

二、公司的合并和分立

（一）公司的合并

公司的合并是指两个以上的公司依法变更为一个公司的行为。

1. 合并形式

公司的合并有两种形式：一是吸收合并，二是新设合并。

（1）吸收合并。这是指一个公司吸收其他公司，被吸收的公司解散。即两个或两个以上的公司合并，其中一个公司继续存在，其他公司均消灭。例如甲、乙、丙三个公司合并，甲吸收乙、丙两个公司，则甲公司存在，乙、丙公司消灭。

（2）新设合并。这是指两个或两个以上公司合并设立一个新的公司，合并各方解散。例如甲、乙两公司合并成丙公司，甲、乙公司消灭。

2. 合并程序

第一步：签订合并协议。《公司法》规定，公司合并，应当由合并各方签订合并协议，并编制资产负债表及财产清单。

第二步：股东会作出决议。《公司法》规定，有限责任公司的合并应由代表 2/3 以上表决权的股东通过；股份有限责任公司的合并应由出席会议的股东所持表决权的 2/3 以上通过。

《公司法》规定，公司与其持股超过90%以上的公司合并，被合并的公司不需经股东会决议，但应当通知其他股东，其他股东有权请求公司按照合理的价格收购其股权或者股份。

公司合并支付的价款不超过本公司净资产10%的，可以不经股东会决议；但是，公司章程另有规定的除外。

公司依照前两款规定合并不经股东会决议的，应当经董事会决议。

第三步：通知债权人。《公司法》规定，公司应当自作出合并决议之日起10日内通知债权人，并于30日内在报纸上或者国家企业信用信息公示系统公告。债权人自接到通知之日起30日内，未接到通知的自公告之日起45日内，有权要求公司清偿债务或者提供相应的担保。

第四步：工商登记。对于吸收合并，存续公司应办理变更登记，被吸收公司应办理注销登记；对于新设合并，合并后的新公司应办理设立登记，合并各方应办理注销登记。

3. 法律效果

公司合并后，原公司的股东可以继续成为合并后的公司股东；合并各方的债权、债务，应当由合并后存续的公司或者新设的公司承继。

（二）公司的分立

公司分立，是指原有的一个公司分成两个或两个以上独立公司的法律行为。公司分立时，其财产应作相应的分割。

1. 分立形式

公司的分立主要有派生分立和新设分立。

（1）派生分立。派生分立是指公司将一部分财产分离出去，设立一个或多个新公司。如甲公司中分离出乙公司，甲公司仍得以存续。

（2）新设分立。新设分立是指公司将其财产全部分割，分别设立两个或两个以上新公司。如甲公司分立成乙公司和丙公司，甲公司消灭。

2. 分立程序

公司分立的程序与合并程序基本一样，要签订分立协议，编制资产负债表及财产清单，作出分立决议，通知债权人，办理工商登记等。

《公司法》规定，公司应自股东会作出分立决议之日起10日内通知债权人，并于30日内在报纸上或者国家企业信用信息公示系统公告。债权人自接到通知之日起30日内，未接到通知的自公告之日起45日内，有权要求公司清偿债务或者提供相应的担保。

3. 法律效果

公司分立前的债务由分立后的公司承担连带责任。但是，公司分立前与债权人就债务清偿达成协议另有约定的除外。例如，甲公司对丁公司负有500万元债务，甲公司分立成乙公司和丙公司，甲公司消灭，则乙公司和丙公司对丁公司的500万元债务承担连带责任。如果丁公司与乙公司和丙公司达成分别还款 200 万元和 300 万元的协议,则乙公司和丙公司就分别承担 200 万元和 300 万元的债务,不承担连带责任。

三、公司债券

(一) 公司债券的概念

公司债券是指公司依照法定的程序发行、按照约定还本付息的有价证券。公司债券的发行和交易应当符合《证券法》的规定。

公开发行公司债券,应当经国务院证券监督管理机构注册,公告公司债券募集办法。

(二) 公司债券的分类

1. 按债券上是否记载持有人的姓名为标准,分为记名债券和无记名债券

(1) 记名债券指在公司债券上记载债权人姓名或者名称的债券。《公司法》规定,公司债券应当为记名债券。

(2) 无记名债券指在公司债券上不记载债权人姓名或者名称的债券。

区分记名债券和无记名债券的法律意义在于两者转让的要求不同。记名债券必须背书转让,无记名债券交付转让即发生转让效力。

2. 按债权能否转化为股权为标准,分为可转换公司债券和不可转换公司债券

(1) 可转换公司债券是指可以转换成公司股票的债券。这种债券在发行时规定了转换成公司股票的条件和办法。当条件具备时,债券持有人有将公司债券转换为股票的选择权。《公司法》规定,上市公司发行可转换为股票的公司债券,应当经国务院证券监督管理机构注册。

(2) 不可转换公司债券是指不能转换为公司股票的债券。发行债券未作约定的均为不可转换债券。

3. 按有无担保为标准,分为有担保公司债和无担保公司债

(1) 有担保公司债是指公司发行公司债券时,以其财产为抵押物。

(2) 无担保公司债是指以其信用作为其清偿债务的保证。

(三) 公司债券的转让

公司债券可以转让,转让价格由转让人与受让人约定。公司债券的转让,应当符合法律、行政法规的规定。

公司债券由债券持有人以背书方式或者法律、行政法规规定的其他方式转让,转让后由公司将受让人姓名或者名称及住所记载于公司债券持有人名册。

知识链接

公司债券与公司股票的区别

四、公司的解散和清算

(一) 公司的解散

公司的解散是指已成立的公司基于一定的合法事由而使公司消灭的法律行为。《公司法》规定,公司解散的原因有以下 5 种情形:

(1) 公司章程规定的营业期限届满或者公司章程规定的其他解散事由出现;

（2）股东会决议解散；

（3）因公司合并或者分立需要解散；

（4）依法被吊销营业执照、责令关闭、被撤销；

（5）公司经营管理发生严重困难，继续存续会使股东利益受到重大损失，通过其他途径不能解决的，持有公司10%以上表决权的股东，可以请求人民法院解散公司。

公司出现上述规定的解散事由，应当在10日内将解散事由通过国家企业信用信息公示系统予以公示。

《公司法》规定，公司有上述第（1）项、第（2）项情形，且尚未向股东分配财产的，可以通过修改公司章程或者经股东会决议而存续。

依照上述规定修改公司章程或者经股东会决议，有限责任公司须经持有2/3以上表决权的股东通过，股份有限公司须经出席股东会会议的股东所持表决权的2/3以上通过。

《公司法》规定，公司因上述第（1）项、第（2）项、第（4）项、第（5）项规定而解散的，应当清算。

（二）公司的清算

公司的清算是指终结已解散公司的一切法律关系，处理公司剩余财产的程序。董事为公司清算义务人，应当在解散事由出现之日起15日内组成清算组进行清算。除因公司合并或者分立需要解散的情形之外，公司解散的清算程序为：

第一步：依法成立清算组。清算组由董事组成，但是公司章程另有规定或者股东会决议另选他人的除外。公司依照规定应当清算，逾期不成立清算组进行清算或者成立清算组后不清算的，利害关系人可以申请人民法院指定有关人员组成清算组进行清算。人民法院应当受理该申请，并及时组织清算组进行清算。

特 别 提 醒

《公司法》规定，公司因"依法被吊销营业执照、责令关闭或者被撤销设立登记"的规定而解散的，作出相关决定的部门或者公司登记机关，可以申请人民法院指定有关人员组成清算组进行清算。

第二步：通知、公告债权人。清算组应当自成立日起10天内通知债权人，并于60天内在报纸上或者国家企业信用信息公示系统公告。债权人应当自接到通知之日起30日内，未接到通知的自公告之日起45日内，向清算组申报其债权。

第三步：制订清算方案并报股东会或者人民法院确认。清算组在清理公司财产、编制资产负债表和财产清单后，应当制订清算方案，并报股东会或者人民法院确认。

第四步：按清算方案清算财产。公司财产在分别支付清算费用、职工的工资、社会保险费用和法定补偿金，缴纳所欠税款，清偿公司债务后的剩余财产，有限责任公司按照股东的出资比例分配，股份有限公司按照股东持有的股份比例分配。

清算期间，公司存续，但不得开展与清算无关的经营活动。公司财产在未依照上述规定清偿前，不得分配给股东。

清算组在清理公司财产、编制资产负债表和财产清单后,发现公司财产不足清偿债务的,应当依法向人民法院申请破产清算。人民法院受理破产申请后,清算组应当将清算事务移交给人民法院指定的破产管理人。

第五步:清算终结。公司清算结束后,清算组应当制作清算报告,报股东会或者人民法院确认,并报送公司登记机关,申请注销公司登记。

《公司法》规定,公司被吊销营业执照、责令关闭或者被撤销,满3年未清算完毕的,公司登记机关可以通过国家企业信用信息公示系统予以公告,公告期限不少于60日。公告期限届满后,未有异议的,公司登记机关可以注销公司登记。依照上述规定注销公司登记的,原公司股东、清算义务人的责任不受影响。

公司被依法宣告破产的,依照有关企业破产的法律实施破产清算。

同步练习

一、单项选择题

1. 在我国,有限责任公司的股东出资方式可以是(　　)。
   A. 实物、工业产权、土地使用权、非专利技术
   B. 货币、工业产权、名誉权、土地使用权
   C. 货币、实物、劳务、工业产权
   D. 土地使用权、荣誉权、实物、非专利技术

2. 甲公司的分公司在其经营范围内以自己的名义对外签订一份货物买卖合同。根据《公司法》的规定,下列关于该合同的效力及其责任承担的表述中,正确的是(　　)。
   A. 该合同有效,其民事责任由甲公司承担
   B. 该合同有效,其民事责任由分公司独立承担
   C. 该合同有效,其民事责任由分公司承担,甲公司负补充责任
   D. 该合同无效,甲公司和分公司均不承担民事责任

3. 关于分公司和子公司,下列说法正确的是(　　)。
   A. 分公司和子公司都不具备法人资格
   B. 分公司具备法人资格,子公司不具备法人资格
   C. 分公司不具备法人资格,子公司具备法人资格
   D. 分公司和子公司都具备法人资格

4. 甲、乙、丙共同出资组建一家有限责任公司,注册资本为40万元。其中甲认缴10万元,首期缴纳了3万元;乙以自己的一部小说的著作权出资,作价20万元;丙以一辆

汽车出资，作价10万元。根据以上条件，下列说法正确的是(　　)。
  A. 该公司不能成立，因为首次缴纳的出资货币部分未达到注册资本的30%
  B. 甲不可以分期缴纳出资
  C. 如公司成立后发现丙出资的汽车作价高于实际价值5万元，则5万元差额丙应当负责补足，甲、乙承担连带责任
  D. 乙不能以著作权出资

5. 甲、乙、丙共同出资设立了一有限责任公司，其中甲以机器设备作价出资20万元。公司成立6个月后，吸收丁入股。1年后，该公司因拖欠巨额债务被诉至法院。法院查明，甲作为出资的机器设备出资时仅值10万元，甲现有可执行的个人财产8万元。以下说法正确的是(　　)。
  A. 甲以现有财产补交差额，不足部分待有财产时再行补足
  B. 甲以现有财产补交差额，不足部分由乙、丙补足
  C. 甲以现有财产补交差额，不足部分由乙、丙、丁补足
  D. 甲无须补交差额，其他股东也不负补交差额的责任

6. 甲、乙、丙、丁共同出资设立了一有限责任公司，注册资本为50万元，下列说法错误的是(　　)。
  A. 因公司的经营规模较小，所以公司决定不设立董事会，由甲担任执行董事
  B. 该公司的注册资本是符合规定的
  C. 公司决定不设监事会，由乙和丙担任监事
  D. 甲担任执行董事，并且同时兼任监事

7. 根据公司法律制度的规定，下列人员中，可以担任有限责任公司监事的是(　　)。
  A. 公司董事　　　　　　　　B. 公司股东
  C. 公司副经理　　　　　　　D. 公司财务负责人

8. 股东不按照《公司法》规定缴纳所认缴的出资，应当(　　)。
  A. 向公司承担违约责任
  B. 向已足额缴纳出资的股东承担违约责任
  C. 向公司承担赔偿责任
  D. 向其他股东承担赔偿责任

9. 某股份有限公司共发行股份3 000万股，每股享有平等的表决权。公司拟召开股东会对与另一公司合并的事项作出决议。在股东会表决时可能出现的下列情形中，能使决议得以通过的是(　　)。
  A. 出席股东会的股东共持有2 700万股，其中持有2 000万股的股东同意
  B. 出席股东会的股东共持有2 400万股，其中持有1 200万股的股东同意
  C. 出席股东会的股东共持有1 800万股，其中持有1 100万股的股东同意
  D. 出席股东会的股东共持有1 500万股，其中持有800万股的股东同意

10. 根据《公司法》的规定，股份有限公司董事会做出决议，应由(　　)。
  A. 出席会议的董事过半数通过　　　B. 出席会议的董事2/3以上通过
  C. 全体董事的过半数通过　　　　　D. 全体董事的2/3以上通过

二、多项选择题

1. 甲公司、乙公司与刘某、谢某欲共同设立一个注册资本为200万元的有限责任公司。他们在拟订公司章程时约定各自的出资方式中，不符合《公司法》规定的是（   ）。
   A. 甲公司以其企业商誉评估作价80万元出资
   B. 乙公司以其获得的某知名品牌特许经营权评估作价60万元出资
   C. 刘某以劳务作价20万元出资
   D. 谢某以其设定了抵押担保的房屋评估作价40万元出资

2. 甲、乙、丙三人共同出资80万元设立了一有限责任公司，其中甲出资40万元，乙出资25万元，丙出资15万元。2023年4月公司成立后，召开了第一次股东会会议。有关这次会议的下列情况中，符合《公司法》规定的有（   ）。
   A. 会议由甲召集和主持
   B. 会议决定不设董事会，由甲担任执行董事，甲为公司的法定代表人
   C. 会议决定设1名监事，由乙担任，任期3年
   D. 会议决定了公司的经营方针和投资计划

3. 根据《公司法》的规定，下列有关有限责任公司监事会的表述中，正确的是（   ）。
   A. 监事会会议由监事会主席召集和主持
   B. 监事会每年度至少召开2次会议
   C. 监事会决议应当经半数以上监事通过
   D. 监事任期为3年，连选可以连任

4. 根据《公司法》的规定，下列属于有限责任公司监事会行使的职权有（   ）。
   A. 向股东会会议提出提案   B. 提议召开临时股东会会议
   C. 决定公司内部管理机构的设置   D. 选举和更换由股东代表出任的监事

5. 李某花1.5万元购买了某股份公司发行的股票2 000股，但该公司股票尚未上市，现李某欲退还已购股票。下列情况中，李某可以要求发起人退还股款的是（   ）。
   A. 发起人未按期召开成立大会   B. 公司股东会同意
   C. 公司董事会同意   D. 公司未按期募足股份

6. 甲公司、乙公司拟募集设立股份有限公司。他们在获准向社会募股后实施的下列行为中，违反《公司法》规定的有（   ）。
   A. 其认股书上记载：认股人一旦认购股份就不得撤回
   B. 与某银行签订承销股份和代收股款协议，由该银行代售股份和代收股款
   C. 在招股说明书上告知：公司章程由认股人在成立大会上共同制订
   D. 在招股说明书上告知：股款募足后将在60日内召开成立大会

7. 某股份有限公司股本总额为5 000万元，董事会有5名成员。根据《公司法》规定，该公司在2个月内召开临时股东会的情形可能有（   ）。
   A. 董事会人数减至4人时   B. 未弥补亏损达1 800万元时
   C. 监事会提议召开时   D. 持有该公司20%股份的股东请求时

8. 根据《公司法》的规定，下列各项中，可以提议召开股份有限公司临时董事会会议的有（　　）。
   A. 代表20%表决权的股东提议　　B. 40%的董事提议
   C. 总经理提议　　　　　　　　　D. 监事会提议
9. 某股份有限公司董事会由9名董事组成，下列情形中，能使董事会决议得以顺利通过的有（　　）。
   A. 5名董事出席会议，一致同意　　B. 7名董事出席会议，4名同意
   C. 5名董事出席会议，4名同意　　D. 9名董事出席会议，5名同意
10. 某股份有限公司的董事会由11人组成，其中董事长1人，副董事长2人。该董事会某次会议发生的下列行为中，不符合《公司法》规定的有（　　）。
    A. 因董事长不能出席会议，董事长指定一位副董事长王某主持该次会议
    B. 通过了增加公司注册资本的决议
    C. 通过了解聘公司现任经理，由副董事长王某兼任经理的决议
    D. 会议所有议决事项均载入会议记录后，由主持会议的副董事长王某和记录员签名存档

三、简答题

1. 简述公司的概念和特征。
2. 简述有限责任公司的概念和特征。
3. 简述股份有限公司的概念和特征。
4. 简述有限责任公司和股份有限公司董事会的组成。
5. 类别股与普通股的权利有何不同。
6. 简述公司清算时的财产分配顺序。

四、案例分析题

1. 某一有限责任公司，准备募集设立一股份有限公司，经省级政府和国务院证券管理部门批准后，正式成立了募集小组，组建该公司。募集小组依法制定了公司章程，确定股份总数为8 000万股，每股1元，注册资本为6 000万元，并依法制作了招股说明书。该企业作为发起人认购2 400万股，以土地使用权、厂房、专利作价认购（其中专利作价为1 800万股，非高新技术），其他5 600万股向社会公开募集。该公司同某证券公司和银行分别签订了承销和代收股款协议。在招股说明书指定时间内该公司股款募足，并经验资，取得验资证明。由于年底事务繁杂，该公司于一个半月后召开成立大会。请问：该股份有限公司在设立中有哪些违法行为？

2. 甲公司的出资（土地使用权300万元，货币500万元）占乙公司注册资本的80%，甲公司直接控制乙公司的经营。乙公司欠丙公司货款500万元，无法偿还。丙公司起诉甲公司要求偿还，理由是：甲公司是乙公司的母公司，甲公司直接控制着乙公司的经营。因此，甲公司应当为子公司的债务承担责任。经查，作为甲公司出资的土地使用权未办理移转登记。请问：
   （1）丙公司起诉甲公司的理由能否成立？
   （2）丙公司能否直接起诉甲公司？若能，以何理由起诉？

第 四 章

破 产 法

 学习目标

◆ **知识目标**
1. 了解破产的概念与特征；
2. 了解破产申请和受理的过程；
3. 了解债务人、管理人的概念和种类，债权人会议的职权和决议；
4. 掌握重整及和解的法律效果，破产的效力和财产的分配。

◆ **能力目标**
1. 正确判断破产的界限；
2. 能够运用破产法知识分析和解决现实问题。

◆ **素养目标**

让学生了解在法律允许的范围内，如何利用法律所赋予企业的权利，为企业争取复苏的机会，甚至是获得有条件豁免的机会。但是，为了自身的利益去逃避债务而钻法律空子甚至是做出违法的行为，却是不可取的。

导入案例

破产财产分配

2023年7月1日，法院裁定受理债务人甲公司的破产申请，并指定乙律师事务所担任破产管理人。在10月10日召开的第一次债权人会议上，管理人将甲公司的有关情况汇报如下：

1. 全部财产的变现价值为2 000万元。其中包括：

（1）已作为丁银行贷款等值担保物的财产价值为250万元；

（2）管理人发现甲公司于2022年11月1日无偿转让140万元财产，遂向法院申请予以撤销，并于2023年10月1日将该财产全部追回；

（3）甲公司综合办公楼价值800万元，已用于对所欠乙企业500万元货款的抵押担保,货款尚未支付。

2. 欠发职工工资及社会保险费用200万元,欠交税款100万元。

3. 管理人于7月15日解除了甲公司与丙公司所签的一份买卖合同,给丙公司造成了120万元的经济损失。

4. 人民法院的诉讼费用30万元,管理人报酬20万元,为继续营业而支付的职工工资及社会保险费40万元。

【分析】根据破产法律制度的规定,分别回答以下问题:

(1) 案例中哪些属于破产费用?哪些属于共益债务?

(2) 甲公司无偿转让财产的行为,是在人民法院受理破产申请之前,为什么管理人可以向法院申请撤销?

(3) 丙公司是否可就其120万元的经济损失申报债权?并说明理由。

(4) 如果有财产担保的债权人丁银行、乙企业均不放弃优先受偿权,在债权人会议上就破产财产分配方案的表决中是否享有表决权?

(5) 根据本题的具体数字,简述破产财产的清偿顺序。

(6) 如果丙公司自最后分配公告之日起满2个月仍不领取其破产财产分配额,其分配额应如何处理?并说明理由。

分析提示

第一节 破产法概述

一、破产的概念和特征

(一) 破产的概念

破产是指债务人不能清偿到期债务,并且资产不足以清偿全部债务或者明显缺乏清偿能力,又未能与债权人达成减免或延迟偿还债务的协议,经人民法院审理,强制执行其全部财产,使债权公平受偿,其余无力偿还的则予免除的法律制度。

(二) 破产的特征

1. 债务人不能清偿到期债务

到期债务是指已经到了履行还债义务期限的债务;"清偿"是指全部偿还。债务人资不抵债并不能当然认定为"不能清偿"。

2. 存在多数债权人

如果只有一个债权人,只需采取一般民事执行程序即可。当存在多数债权人时,如采取一般民事执行程序,由于债权人竞相请求对债务人财产强制执行,可能造成部分债权人得不到偿还或只得到少量偿还的情况,产生显失公平的结果,因而需要一种特殊的程序——破产程序,以保证各债权人的损益公平。

3. 债权人公平受偿

企业法人不能清偿到期债务，并且资产不足以清偿全部债务，这就决定了债权人无法实现全部债权。此时，必须依照法定顺序，按照同一清偿比例，将债务人的财产在各个债权人之间进行分配，以保证债权人之间的公平。破产清算是解决多个债权人之间因债务人财产不足清偿而发生矛盾的有效办法之一。

4. 免除未能清偿的债务

破产程序终结以后，债权人通过破产分配未能得到清偿的债权不再予以清偿，破产企业未偿清余债的责任依法免除，但破产程序终结后又发现破产财产的除外。

二、破产法的概念和适用范围

（一）破产法的概念

破产法是指调整破产债权人与债务人、人民法院、管理人以及其他破产参加人之间在破产过程中所发生的法律关系的法律规范的总称。狭义上的破产法仅指《中华人民共和国企业破产法》（以下简称《破产法》）。广义上的破产法除了包括《破产法》之外，还包括其他所有调整与破产相关联的社会关系的法律、规范，如《最高人民法院关于适用〈中华人民共和国企业破产法〉若干问题的规定（一）、（二）、（三）》等。

《中华人民共和国企业破产法》

（二）破产法的适用范围

《破产法》适用于所有的企业法人。其他法律规定企业法人以外的组织的清算，属于破产清算的，参照适用《破产法》规定的程序。

第二节 破产申请和受理

一、破产申请

（一）破产申请的概念

破产申请，是指具有破产申请资格的当事人，即债权人、债务人以及负有清算责任的人，向人民法院请求受理破产案件，并提出重整、和解或者破产清算的意思表示。

破产申请是人民法院受理破产案件的依据，也是破产程序开始的前提。

（二）破产申请人

1. 债务人提出破产申请

《破产法》规定，企业法人不能清偿到期债务，并且资产不足以清偿全部债务的，债务人可以向人民法院提出破产申请，启动重整、和解或者破产清算三种程序。一般情况下，债务人是不愿意破产的，如果仅仅是不能清偿到期债务，而资产大于负债，债务人可以通过处理部分资产来偿还债务；只有在全部资产不足以清偿债务时，债务人为了解脱自己，才会通过破产申请，寻求破产保护。

2. **债权人提出破产申请**

《破产法》规定，债务人不能清偿到期债务，债权人可以向人民法院提出对债务人进行重整或者破产清算的申请。欠债还钱是社会信用的基础。通过破产程序，可以督促债务人按时履行债务，保障交易活动正常进行。

3. **负有清算责任的人提出破产申请**

《破产法》规定，企业法人已解散但未清算或者未清算完毕，资产不足以清偿债务的，依法负有清算责任的人应当向人民法院申请破产清算。

二、破产案件的管辖和受理

（一）破产案件的管辖

《破产法》第三条规定，破产案件由债务人住所地人民法院管辖。这与民事诉讼不完全相同。这里还要明确两个问题：一是所谓"住所地"；二是由住所地哪一级人民法院管辖。《破产法》中没有破产案件级别管辖的具体规定。级别管辖问题（包括所谓"住所地"的确定）按照《最高人民法院〈关于审理企业破产案件若干问题的规定〉》办理：

（1）企业案件由债务人住所地人民法院管辖。债务人住所地指债务人的主要办事机构所在地。债务人无办事机构的，由其注册地人民法院管辖。

（2）基层人民法院一般管辖县、县级市或者区的市场监督管理部门核准登记企业的案件；中级人民法院一般管辖地区、地级市（含本级）以上的市场监督管理部门核准登记企业的案件；纳入国家计划调整的企业案件，由中级人民法院管辖。

（3）上级人民法院审理下级人民法院管辖的企业案件，或者将本院管辖的企业案件移交下级人民法院审理，以及下级人民法院需要将自己管辖的企业案件交由上级人民法院审理的，依照《民事诉讼法》第三十九条的规定办理；省、自治区、直辖市范围内因特殊情况需对个别企业案件的地域管辖作调整的，须经共同上级人民法院批准。

（二）破产案件的受理

破产案件的受理是指人民法院对破产申请进行审查后，认为符合法定立案条件而予以立案，并因此开始破产程序的行为。确定立案的行为，是破产从请求转化为事实，进入破产程序的开端。

债权人提出申请破产的，人民法院应当自收到申请之日起 5 日内通知债务人。债务人对申请有异议的，应当自收到人民法院通知之日起 7 日内向人民法院提出。人民法院应当自异议期满之日起 10 日内裁定是否受理。其他人提出破产申请的，人民法院应当自收到破产申请之日起 15 日内裁定是否受理。有特殊情况需要延长前两款规定的裁定受理期限的，经上一级人民法院批准，可以延长 15 日。

人民法院受理破产申请的，应当自裁定作出之日起 5 日内送达申请人。债权人提出申请的，人民法院应当自裁定作出之日起 5 日内送达债务人。债务人应当自裁定送达之日起 15 日内，向人民法院提交财产状况说明、债务清册、债权清册、有关财务会计报告以及职工工资的支付和社会保险费用的缴纳情况。

人民法院裁定不受理破产申请的，应当自裁定作出之日起 5 日内送达申请人并说明理由。申请人对裁定不服的，可以自裁定送达之日起 10 日内向上一级人民法院提起上诉。人民法院受理破产申请后至破产宣告前，经审查发现债务人不符合破产条件的，可以裁定驳回申请。申请人对裁定不服的，可以自裁定送达之日起 10 日内向上一级人民法院提起上诉。

（三）破产受理的法律效果

1. 对受理案件的人民法院的效力

人民法院裁定受理破产申请的，应当同时指定管理人。应当自裁定受理破产申请之日起 25 日内通知已知债权人，并予以公告。

人民法院受理破产申请后，应当确定债权人申报债权的期限。债权申报期限自人民法院发布受理破产申请公告之日起计算，最短不得少于 30 日，最长不得超过 3 个月。

2. 对债权人的效力

债权人应当在人民法院确定的债权申报期限内向管理人申报债权。

3. 对债务人的效力

自人民法院受理破产申请的裁定送达债务人之日起至破产程序终结之日，债务人的有关人员承担下列义务：

（1）妥善保管其占有和管理的财产、印章和账簿、文书等资料；
（2）根据人民法院、管理人的要求进行工作，并如实回答询问；
（3）列席债权人会议并如实回答债权人的询问；
（4）未经人民法院许可，不得离开住所地；
（5）不得新任其他企业的董事、监事、高级管理人员。

人民法院受理破产申请后，债务人对个别债权人的债务清偿无效。

4. 对债务人的债务人或财产持有人的效力

人民法院受理破产申请后，债务人的债务人或者财产持有人应当向管理人清偿债务或者交付财产。

5. 对管理人的效力

人民法院受理破产申请后，管理人对破产申请受理前成立而债务人和对方当事人均未履行完毕的合同有权决定解除或者继续履行，并通知对方当事人。管理人自破产申请受理之日起 2 个月内未通知对方当事人，或者自收到对方当事人催告之日起 30 日内未答复的，视为解除合同。

管理人决定继续履行合同的，对方当事人应当履行；但是，对方当事人有权要求管理人提供担保。管理人不提供担保的，视为解除合同。

6. 对其他民事诉讼程序的效力

（1）人民法院受理破产申请后，有关债务人财产的保全措施应当解除，执行程序应当中止。

（2）人民法院受理破产申请后，已经开始而尚未终结的有关债务人的民事诉讼或者仲裁应当中止；在管理人接管债务人的财产后，该诉讼或者仲裁继续进行。

（3）人民法院受理破产申请后，有关债务人的民事诉讼，只能向受理破产申请的人民法院提起。

第三节　管理人

一、管理人的含义

管理人，是指人民法院裁定受理破产案件后，由人民法院指定的接管债务人并处理债务人经营管理和破产事务的个人或组织。

二、管理人的种类

管理人可以由有关部门、机构的人员组成的清算组或者依法设立的律师事务所、会计师事务所、破产清算事务所等社会中介机构担任。

人民法院根据债务人的实际情况，可以在征询有关社会中介机构的意见后，指定该机构具备相关专业知识并取得执业资格的人员担任管理人。个人担任管理人的，应当参加执业责任保险。

有下列情形之一的，不得担任管理人：因故意犯罪受过刑事处罚；曾被吊销相关专业执业证书；与本案有利害关系；人民法院认为不宜担任管理人的其他情形。

三、管理人的职责　管理人履行下列职责：

（1）接管债务人的财产、印章和账簿、文书等资料；

（2）调查债务人财产状况，制作财产状况报告；

（3）决定债务人的内部管理事务；

（4）决定债务人的日常开支和其他必要开支；

（5）在第一次债权人会议召开之前，决定继续或者停止债务人的营业；

（6）管理和处分债务人的财产；

（7）代表债务人参加诉讼、仲裁或者其他法律程序；

（8）提议召开债权人会议；

（9）人民法院认为管理人应当履行的其他职责。

第四节 债务人财产

一、债务人财产的含义

债务人财产，是指破产申请受理时属于债务人的全部财产，以及破产申请受理后至破产程序终结前债务人取得的财产。

二、债务人财产的种类

第一种：破产申请时属于债务人的全部财产。既包括属于债务人所有的厂房、机器、设备等有形财产，也包括属于债务人所有的债权、股权、知识产权等无形的财产权利；既包括未设定担保权的财产，也包括设定担保权的财产；既包括债务人位于境内的财产，也包括债务人位于境外的财产。《破产法》第四十条规定，债权人在破产申请受理前对债务人负有债务的，可以向管理人主张抵销，即可以从其拥有的破产企业的债权中扣除。例如，2023年初以来，甲商场出现不能清偿到期债务，且资产不足清偿全部债务的情况。2023年12月16日，人民法院经审查裁定受理了甲商场的破产申请，并指定了管理人。在该破产案件中，存在下述情况：2022年6月，甲商场从乙空调厂购进空调若干台，共计400万元，货款未付；2022年10月，乙空调厂在甲商场开设销售专柜，双方签订租赁场地合同，租金共计200万元，未付。甲乙之间的债权债务关系，如图4-1所示。根据《破产法》规定，乙空调厂可以向管理人提出：把其对债务人负有的200万元从其对债务人拥有的400万元债权中抵销。

图 4-1　债权人的抵销权

但是，有下列情形之一的，不得抵销：

①债务人的债务人在破产申请受理后取得他人对债务人的债权的；

【案例】自2022年初以来，A公司出现不能清偿到期债务，且资产不足清偿全部债务的情况。2022年12月17日，人民法院经审查裁定受理了A公司的破产申请，并指定了管理人。在该破产案件中，存在下述情况：2021年10月，A公司欠刘某专利转让费29万元到期未付；2022年12月20日，刘某将该债权以15万元的价格转让给C公司。C公司现提出：以该债权与其所欠A公司的30万元货款在相同金额范围内抵销。A公司、刘某及C公司三者之间关系如图4-2所示。

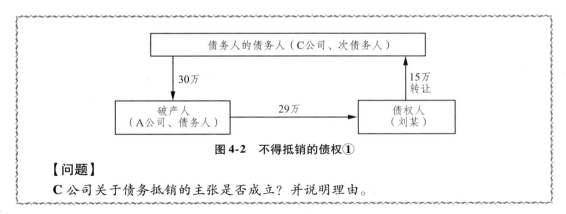

图 4-2　不得抵销的债权①

【问题】

C 公司关于债务抵销的主张是否成立？并说明理由。

②债权人已知债务人有不能清偿到期债务或破产申请的事实，对债务人负担债务的；但是，债权人因为法律规定或有破产申请一年前所发生的原因而负担债务的除外；

【案例】甲公司对乙公司有一笔尚未到期的债务（400 万元）。在清偿期到来之前，乙公司发现甲公司已经缺乏清偿能力，遂向甲公司赊购货物一批（200 万元）。两个月后，甲公司进入破产程序。乙公司主张以其对甲公司的债权抵销其欠甲公司的货款。甲、乙两公司之间关系如图 4-3 所示。

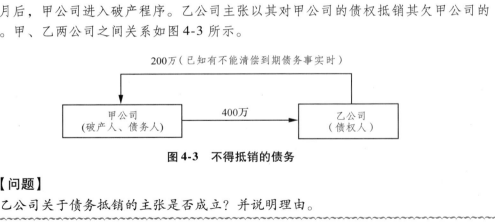

图 4-3　不得抵销的债务

【问题】

乙公司关于债务抵销的主张是否成立？并说明理由。

③债务人的债务人已知债务人有不能清偿到期债务或破产申请的事实，对债务人取得债权的；但是，债务人的债务人因为法律规定或有破产申请一年前所发生的原因而取得债权的除外。

【案例】甲公司对乙公司享有一笔尚未到期的债权（400 万元）。在清偿期到来之前，乙公司得知甲公司准备申请破产，遂向甲公司赊销一批积压的库存产品（200 万元）。一个月后，甲公司进入破产程序。乙公司主张以其对甲公司的货款请求权抵销其欠甲公司的债务。甲、乙两公司之间关系如图 4-4 所示。

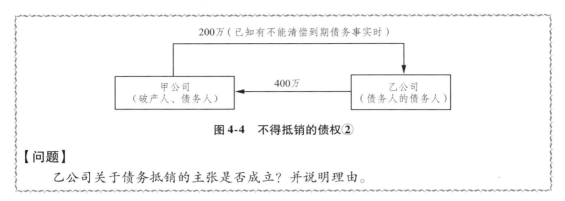

图4-4 不得抵销的债权②

【问题】
　　乙公司关于债务抵销的主张是否成立？并说明理由。

　　第二种：债务人在破产申请受理后到破产程序终结前所取得的财产。主要包括债务人的债务人清偿债务而取得的财产；因管理人决定继续履行债务人未履行合同而取得的财产；因债务人的无效行为或可撤销行为而由管理人追回的财产等。

涉及债务人财产的无效行为和可撤销行为

　　涉及债务人财产的下列行为无效：为逃避债务而隐匿、转移财产的；虚构债务或者承认不真实的债务的。
　　人民法院受理破产申请前1年内，涉及债务人财产的下列行为，管理人有权请求人民法院予以撤销：无偿转让财产的；以明显不合理的价格进行交易的；对没有财产担保的债务提供财产担保的；对未到期的债务提前清偿的；放弃债权的。

　　第三种：担保物的价款超过担保债务数额部分的担保财产。
　　第四种：应当由债务人行使的其他财产权利。

第五节　破产费用和共益债务

一、破产费用和共益债务的概念

（一）破产费用

　　破产费用，是指法院受理破产申请后，管理人为了全体债权人的共同利益，保障破产程序的顺利进行，以及对债务人财产或者破产财产的管理、变价、分配而必须支出的，需要从债务人财产或者破产财产中优先拨付的常规性费用。《破产法》规定，人民法院受理破产申请后发生的下列费用，为破产费用：

（1）破产案件的诉讼费用；
（2）管理、变价和分配债务人财产的费用；
（3）管理人执行职务的费用、报酬和聘用工作人员的费用。

（二）共益债务

共益债务，是指法院受理破产申请后，管理人为了全体债权人的共同利益，管理债务人财产时所负担或者产生的债务以及因债务人财产而产生的有关债务。《破产法》规定，人民法院受理破产申请后发生的下列债务，为共益债务：

（1）因管理人或者债务人请求对方当事人履行双方均未履行完毕的合同所产生的债务；
（2）债务人财产受无因管理所产生的债务；
（3）因债务人不当得利所产生的债务；
（4）为债务人继续营业而应支付的劳动报酬和社会保险费用以及由此产生的其他债务；
（5）管理人或者相关人员执行职务致人损害所产生的债务；
（6）债务人财产致人损害所产生的债务。

二、破产费用和共益债务的清偿

《破产法》规定，破产费用和共益债务由债务人财产随时清偿。

债务人财产不足以清偿所有破产费用和共益债务的，先行清偿破产费用。

债务人财产不足以清偿所有破产费用或者共益债务的，按照比例清偿。

债务人财产不足以清偿破产费用的，管理人应当提请人民法院终结破产程序。人民法院应当自收到请求之日起15日内裁定终结破产程序，并予以公告。

破产费用和共益债务清偿的总原则是"外部按先后，内部按比例"。具体可以作以下几个方面的理解：

（1）先清偿破产费用，有剩余的再清偿共益债务；
（2）当破产费用都不够清偿时，破产费用的各项费用按比例清偿；
（3）当足够清偿破产费用，但剩下的不足清偿全部的共益债务时，清偿破产费用后的财产按比例清偿共益债务；
（4）这里的"按比例"是指破产费用或共益债务中的各项费用按比例，不是破产费用和共益债务按比例。

例如：100元的债务人财产，120元的破产费用，130元的共益债务。在清偿时要注意：100元的债务人财产只能用来清偿破产费用，并且破产费用中的各项费用要按比例清偿。要强调的是这里是要终结破产程序的。

> 又如：100元的债务人财产，90元的破产费用，20元的共益债务。在清偿时要注意：100元的债务人财产是先用90元清偿破产费用，然后用再10元清偿共益债务，并且共益债务中的各项债务要按比例清偿。

第六节 债权人会议

一、债权人会议

（一）债权人会议的概念

破产程序是保障全体破产债权人得以公平受偿的法定程序。在破产程序中，除了要以法院为主导，以国家审判机关的公正和权威依法处理破产案件，维护全体债权人合法权益外，还应发挥破产债权人自身的作用，使他们也能在破产程序中行使自己的权利，维护自身的利益。

债权人会议，是全体债权人参加破产程序进行权利自治的临时机构，也是在人民法院监督下讨论决定破产事宜的最高决策机构。

（二）债权人会议的组成

《破产法》规定，依法申报债权的债权人都是债权人会议成员，有权参加债权人会议，享有表决权。债权人会议还应当有债务人的职工和工会代表参加，并对有关事项发表意见。债权人会议成员中，有的成员具有表决权，有的成员不具有表决权。

在债权人会议上有表决权的债权人包括：无财产担保的普通债权人，放弃了优先受偿权的有财产担保的债权人，有优先受偿权但优先权的行使未能就担保物获得足额清偿的债权人，代替债务人清偿了债务的保证人等。

在债权人会议上无表决权的债权人包括：未放弃优先权的有财产担保的债权人；债权附有停止条件，其条件尚未成就的债权人；尚未代替债务人清偿债务的保证人或者其他连带债务人。对于债权尚未确定的债权人，除人民法院能够为其行使表决权而临时确定债权额以外，不得行使表决权；对债务人的特定财产享有担保权的债权人，未放弃优先受偿权的，不享有表决通过和解协议和通过破产财产分配方案的权利。

债权人会议设主席一人，由人民法院从有表决权的债权人中指定，债权人会议主席主持债权人会议。

（三）债权人会议的召开

债权人会议分为两种：一是法律规定必须召开的债权人会议，如第一次债权人会议；二是在必要时召开的债权人会议。

第一次债权人会议由人民法院召集，自债权申报期限届满之日起15日内召开。以后的债权人会议，在人民法院认为必要时，或者管理人、债权人委员会、占债权总额1/4以上的债权人向债权人会议主席提议时召开。

召开债权人会议，管理人应当提前15日通知已知的债权人。

（四）债权人会议的职权

债权人会议的职权包括：（1）核查债权；（2）申请人民法院更换管理人，审查管理人的费用和报酬；（3）监督管理人；（4）选任和更换债权人委员会成员；（5）决定继续或者停止债务人的营业；（6）通过重整计划；（7）通过和解协议；（8）通过债务人财产的管理方案；（9）通过破产财产的变价方案；（10）通过破产财产的分配方案；（11）人民法院认为应当由债权人会议行使的其他职权。

（五）债权人会议的决议

1. 双重表决制

所谓双重表决制，就是同时规定了人数及其所代表的债权两个方面的要求。具体来说：

（1）一般事项须由出席会议的有表决权的债权人过半数通过，且由其所代表的债权额占无财产担保权总额要达1/2以上。

（2）涉及全体债权人重大利益的事项，如通过和解协议草案的决议，除要求债权人过半数以外，还要求其所代表的债权总额占无财产担保债权数额达2/3以上。

2. 需由人民法院裁定的情形

这种情形包括：

（1）债务人的财产管理方案和破产财产的变价方案，经债权人会议表决未通过；

（2）破产财产的分配方案，经债权人会议二次表决仍未通过。

债权人对上述第（1）项裁定不服的，或债权额占无财产担保债权总额1/2以上债权人对第（2）项裁定不服的，可以自裁定宣布之日起或收到通知之日起15日内向人民法院申请复议。复议期间不停止裁定的执行。

债权人会议的决议对全体债权人发生效力。债权人认为债权人会议的决议违反法律规定，损害其利益的，可以自债权人会议作出决议之日起15日内，请求人民法院裁定撤销该决议，责令债权人会议依法重新作出决议。

二、债权人委员会

债权人会议可以决定设立债权人委员会。债权人委员会由债权人会议选任的债权人代表和一名债务人的职工代表或工会代表组成，其成员不得超过9人。债权人委员会成员应当经人民法院书面决定认可。

债权人委员会的职权包括：监督债务人财产的管理和处分；监督破产财产分配；提议召开债权人会议；债权人会议委托的其他职权。

管理人实施下列行为，应当及时报告债权人委员会：（1）涉及土地、房屋等不动产权益的转让；（2）探矿权、采矿权、知识产权等财产权的转让；（3）全部库存或者营业的转让；（4）借款；（5）设定财产担保；（6）债权和有价证券的转让；（7）履行债务人和对方当事人均未履行完毕的合同；(8) 放弃权利；(9) 担保物的取回；(10) 对债权人利益有重大影响的其他财产处分行为。未设立债权人委员会的，管理人实施前项规定的行为应当及时报告人民法院。

第七节 重整与和解

一、重整

重整，是指债务人符合破产或可能破产的情形，但仍有挽救希望，债务人或债权人可向人民法院申请对债务人进行重新整顿、调整，以期在一定期限内恢复清偿能力的法律程序。即不对无偿付能力的债务人的财产进行立即清算，而是在法院主持下由债务人与债权人达成协议，制订重整计划，规定在一定期限内债务人按一定方式全部或部分清偿债务，同时债务人可以继续经营其业务的制度。

（一）重整申请

债权人申请对债务人进行破产清算的，在人民法院受理破产申请后、宣告债务人破产前，债务人或出资额占债务人注册资本 1/10 以上的出资人，可以向人民法院申请重整。

人民法院经审查认为重整申请符合《破产法》规定的，应当裁定债务人重整，并予以公告。自人民法院裁定债务人重整之日起至重整程序终止，为重整期间。

（二）重整的法律效力

重整的法律效力主要包括：

（1）在重整期间，经债务人申请，人民法院批准，债务人可以在管理人的监督下自行管理财产和营业事务。

（2）在重整期间，对债务人的特定财产享有担保权的债权人应暂停行使担保权。但是，如担保物有损坏或价值明显减少的可能，足以危害担保权人权利的，担保权人可以向人民法院请求恢复行使担保权。

（3）债务人合法占有的他人财产，该财产的权利人在重整期间要求取回的，应当符合事先约定的条件。

（4）债务人的出资人不得请求投资收益分配。债务人的董事、监事、高级管理人员不得向第三人转让其持有的债务人的股权。但是，经人民法院同意的除外。

（三）重整计划

1. 重整计划草案的制订

债务人或管理人应当自人民法院裁定债务人重整之日起 6 个月内，同时向人民法院和债权人会议提交重整计划草案。规定的期限届满，经债务人或者管理人请求，有正当理由的，人民法院可以裁定延期 3 个月。

债务人自行管理财产和营业事务的,由债务人制订重整计划草案。管理人负责管理财产和营业事务的,由管理人制订重整计划草案。

债务人或者管理人未按期提出重整计划草案的,人民法院应当裁定终止重整程序,并宣告债务人破产。

2. 重整计划草案的通过

人民法院应当自收到重整计划草案之日起 30 日内召开债权人会议,对重整计划草案进行表决。

债权人按不同的债权进行分组,分别对草案进行表决。出席会议的同一表决组的债权人过半数同意重整计划草案,并且其所代表的债权额占该组债权总额的 2/3 以上的,即为该组通过重整计划草案。

各表决组均通过重整计划草案时,重整计划即为通过。部分表决组未通过的,债务人或管理人可以同未通过的表决组协商。该表决组可以在协商后再表决一次。未通过的表决组拒绝再次表决或再次表决仍未通过,但重整计划草案符合一定条件的,债务人或管理人可以申请人民法院批准重整计划草案。

3. 重整计划的批准

自重整计划通过之日起 10 日内,债务人或管理人应向人民法院提出批准重整计划的申请。人民法院经审查认为符合规定的,应当自收到申请之日起 30 日内裁定批准,终止重整程序,并予以公告。

4. 重整计划的效力

经人民法院裁定批准的重整计划,对债务人和全体债权人均有约束力。

债权人未依规定申报债权的,在重整计划执行期间不得行使权利;在重整计划执行完毕后,可以按重整计划规定的同类债权的清偿条件行使权利。

债权人对债务人的保证人和其他连带债务人所享有的权利,不受重整计划的影响。

5. 重整计划的执行

重整计划由债务人负责执行。重整计划被人民法院批准后,已接管财产和营业事务的管理人应向债务人移交财产和营业事务。

自人民法院裁定批准重整计划之日起,在重整计划规定的监督期内,由管理人监督重整计划的执行。在监督期内,债务人应当向管理人报告重整计划执行情况和债务人财务状况。

按照重整计划减免的债务,自重整计划执行完毕时起,债务人不再承担清偿责任。

6. 重整计划的终止

发生下列情形之一的,人民法院应裁定终止重整程序,并宣告债务人破产:

(1)重整计划草案未通过且未获得人民法院批准,或已通过但未获得人民法院批准的。

(2)在重整期间,债务人的经营状况继续恶化;或债务人有欺诈、恶意减少财产或其他显著不利于债权人的行为;或债务人的行为致使管理人无法执行职务的;或债务人不执行重整计划的。

二、和解

和解，是指债务人不能清偿到期债务，但仍有挽救希望，为避免破产，由债务人和债权人双方达成谅解协议，并经人民法院认可的法律程序。

（一）和解申请

和解申请由债务人提起。债务人可以直接向人民法院申请和解，也可以在人民法院受理破产申请后、宣告债务人破产前，向人民法院申请和解。

（二）和解协议

债务人申请和解，应当提出和解协议草案。

人民法院经审查认为和解申请符合《破产法》规定的，应当裁定和解，予以公告，并召集债权人会议讨论和解协议草案。对债务人的特定财产享有担保权的权利人，自人民法院裁定和解之日起可以行使权利。

债权人会议通过和解协议的决议，应由出席会议的有表决权的债权人过半数同意，并且其所代表的债权额占无财产担保债权总额的2/3以上。

债权人会议通过和解协议的，由人民法院裁定认可，终止和解程序，并予以公告。管理人应当向债务人移交财产和营业事务。

和解协议草案经债权人会议表决未获得通过，或者已经债权人会议通过的和解协议未获得人民法院认可的，人民法院应当裁定终止和解程序，并宣告债务人破产。

（三）和解的效力

和解的效力主要有：

（1）经人民法院裁定认可的和解协议，对债务人和全体和解债权人均有约束力。和解债权人是指人民法院受理破产申请时对债务人享有无财产担保债权的人。

（2）和解债权人未依规定申报债权的，在和解协议执行期间不得行使权利；在和解协议执行完毕后，可以按照和解协议规定的清偿条件行使权利。

（3）和解债权人对债务人的保证人和其他连带债务人所享有的权利，不受和解协议的影响。

（4）按照和解协议减免的债务，自和解协议执行完毕时起，债务人不再承担清偿责任。

（四）和解的终止

和解的终止包括以下四种情形。

（1）和解协议未获得通过或未获得认可的终止。和解协议草案经债权人会议表决未获得通过，或者已经债权人会议通过的和解协议未获得人民法院认可的，人民法院应当裁定终止和解程序，并宣告债务人破产。

（2）和解协议无效的终止。因债务人的欺诈或者其他违法行为而成立的和解协议，人民法院应当裁定无效，并宣告债务人破产。

（3）和解协议未执行完毕的终止。和解协议没有强制执行效力，债务人不能执行或者不执行和解协议的，人民法院经和解债权人请求，应当裁定终止和解协议的执行，并宣告债务人破产。

（4）和解协议执行完毕的终止。

第八节 破产清算

破产清算包括破产宣告、破产财产的变价和分配、破产程序的终结3个阶段。

一、破产宣告

（一）破产宣告的概念与特征

破产宣告，是指人民法院依据当事人的申请裁定宣告债务人破产以清偿债务的活动。

破产宣告是破产清算开始的标志。

人民法院依照本法规定宣告债务人破产的，应当自裁定作出之日起5日内送达债务人和管理人，自裁定作出之日起10日内通知已知债权人，并予以公告。

债务人被宣告破产后，债务人被称为破产人，债务人财产成为破产财产，人民法院受理破产申请时对债务人享有的债权成为破产债权。

《破产法》规定，破产宣告前，有下列情形之一的，人民法院应当裁定终结破产程序，并予以公告：

（1）第三人为债务人提供足额担保或者为债务人清偿全部到期债务的；

（2）债务人已清偿全部到期债务的。

对破产人的特定财产享有担保权的权利人，对该特定财产享有优先受偿的权利。债权人行使优先受偿权利未能完全受偿的，其未受偿的债权作为普通债权；放弃优先受偿权利的，其债权作为普通债权。

（二）破产宣告的情形

主要包括：

（1）债务人在重整期间因出现法定情形，被人民法院裁定终止重整程序的；

（2）债务人或管理人未按期提出重整计划草案，被人民法院裁定终止重整程序的；

（3）重整计划草案未通过且未被批准，或已通过但未被批准，被人民法院裁定终止重整程序的；

（4）债务人不能执行或不执行重整计划，被人民法院裁定终止重整计划执行的；

（5）和解协议草案未获债权人会议的通过，或已通过但未获人民法院认可，被人民法院裁定终止和解程序的；

（6）因债务人欺诈或其他违法行为而成立的和解协议，被人民法院裁定无效的；

（7）债务人不能执行或者不执行和解协议，被人民法院裁定终止和解协议执行的；

（8）因债务人欺诈或其他违法行为而成立的和解协议，被人民法院裁定无效的；

（9）债务人不执行或不能执行和解协议的。

二、破产财产的变价和分配

（一）破产财产的概念

破产财产，是指破产宣告至破产程序终止期间，归管理人占有、支配并用于破产分配的破产人的全部财产。

（二）破产财产的变价和分配

1. 破产财产的确认

（1）债务人财产的范围。

债务人财产，是指破产申请受理时属于债务人的全部财产，以及破产申请受理后至破产程序终结前债务人取得的财产。债务人财产不等同于破产财产。一般情形下，破产财产是指债务人宣告破产以后用于破产清算的财产。具体来说，包括：

①破产申请受理时属于债务人的全部财产。既包括属于债务人所有的厂房、机器、设备等有形财产，也包括属于债务人所有的债权、股权、知识产权等无形的财产权利；既包括未设定担保权的财产，也包括设定担保权的财产；既包括债务人位于境内的财产，也包括债务人位于境外的财产。

②破产申请受理后至破产程序终结前债务人取得的财产。主要包括：债务人的债务人清偿债务而取得的财产；因管理人决定继续履行债务人未履行合同而取得的财产；因债务人的可撤销行为而由管理人追回的财产；因债务人的个别清偿行为而由管理人追回的财产；因债务人的无效行为而由管理人追回的财产；管理人追缴的出资人的出资；管理人追回的董事、监事等高级管理人员非正常收入和侵占财产；管理人通过债务清偿或者替代担保收回的质物及留置物等。

（2）债务人财产行为的撤销、无效及债务人财产的追回。

①《破产法》第三十一条规定，人民法院受理破产申请前1年内，涉及债务人财产的下列行为，管理人有权请求人民法院予以撤销：无偿转让财产的；以明显不合理的价格进行交易的；对没有财产担保的债务提供财产担保的；对未到期的债务提前清偿的；放弃债权的。

此外，《破产法》第三十二条规定，人民法院受理破产申请前6个月内，债务人有本法第二条第一款规定的情形，仍对个别债权人进行清偿的，管理人有权请求人民法院予以撤销。但是，个别清偿使债务人财产受益的除外。

②《破产法》第三十三条规定，涉及债务人财产的下列行为无效：为逃避债务而隐匿、转移财产的；虚构债务或者承认不真实的债务的。

③《破产法》第三十四条规定，因本法第三十一条、第三十二条或者第三十三条规定

的行为而取得的债务人的财产，管理人有权追回。

《破产法》第三十六条规定，债务人的董事、监事和高级管理人员利用职权从企业获取的非正常收入和侵占的企业财产，管理人应当追回。

（3）债务人财产的追缴。

《破产法》第三十五条规定，人民法院受理破产申请后，债务人的出资人尚未完全履行出资义务的，管理人应当要求该出资人缴纳所认缴的出资，而不受出资期限的限制。

（4）债务人财产的取回。

《破产法》第三十七条规定，人民法院受理破产申请后，管理人可以通过清偿债务或者提供为债权人接受的担保，取回质物、留置物。

前款规定的债务清偿或者替代担保，在质物或者留置物的价值低于被担保的债权额时，以该质物或者留置物当时的市场价值为限。

《破产法》第三十八条规定，人民法院受理破产申请后，债务人占有的不属于债务人的财产，该财产的权利人可以通过管理人取回。但是，本法另有规定的除外。

《破产法》第三十九条规定，人民法院受理破产申请时，出卖人已将买卖标的物向作为买受人的债务人发运，债务人尚未收到且未付清全部价款的，出卖人可以取回在运途中的标的物。但是，管理人可以支付全部价款，请求出卖人交付标的物。

（5）债权人的债务抵销。

《破产法》第四十条规定，债权人在破产申请受理前对债务人负有债务的，可以向管理人主张抵销（即可以从其拥有的破产企业的债权中扣除）。

但是，有下列情形之一的，不得抵销：

①债务人的债务人在破产申请受理后取得他人（即债务人的债权人）对债务人的债权的。

②债权人已知债务人有不能清偿到期债务或破产申请的事实，对债务人负担债务的；但是，债权人因为法律规定或有破产申请一年前所发生的原因而负担债务的除外。

③债务人的债务人已知债务人有不能清偿到期债务或破产申请的事实，对债务人取得债权的；但是，债务人的债务人因为法律规定或有破产申请一年前所发生的原因而取得债权的除外。

2. 破产财产的变价方案

（1）破产财产变价方案的拟订及破产财产的适时变现。

《破产法》规定，管理人应当及时拟订破产财产变价方案，提交债权人会议讨论。管理人应当按照债权人会议通过的或者人民法院依照《破产法》第六十五条第一款规定裁定的破产财产变价方案，适时变价出售破产财产。

（2）破产财产变价出售方式。

《破产法》规定，变价出售破产财产应当通过拍卖进行。但是，债权人会议另有决议的除外。

破产企业可以全部或者部分变价出售。企业变价出售时，可以将其中的无形资产和其他财产单独变价出售。

按照国家规定不能拍卖或者限制转让的财产（如枪支、弹药、黄金、白银、外汇、文物等），应当按照国家规定的方式处理。

3. 破产财产的分配方案

（1）破产财产的分配方式。

《破产法》规定，破产财产的分配应当以货币分配方式进行。但是，债权人会议另有决议的除外。

（2）分配方案的拟订与确认。

《破产法》规定，管理人应当及时拟订破产财产分配方案，提交债权人会议讨论。债权人会议通过破产财产分配方案后，由管理人将该方案提请人民法院裁定认可。

（3）分配方案的实施。

《破产法》规定，破产财产分配方案经人民法院裁定认可后，由管理人执行。

（4）债权的清偿顺序。

《破产法》规定，破产财产在优先清偿破产费用和共益债务后，依照下列顺序清偿：①破产人所欠职工的工资和医疗、伤残补助、抚恤费用，所欠的应当划入职工个人账户的基本养老保险、基本医疗保险费用，以及法律、行政法规规定应当支付给职工的补偿金；②破产人欠缴的除前项规定以外的社会保险费用和破产人所欠税款；③普通破产债权。

破产财产不足以清偿同一顺序的清偿要求的，按照比例分配。

破产企业的董事、监事和高级管理人员的工资按照该企业职工的平均工资计算。

对债务人的特定财产享有担保权的债权人，在一般情况下对债务人的特定财产享有法定的优先受偿权利，不受破产财产分配影响，可以在清偿破产费用和共益债务之前得到受偿。

《破产法》规定，对于附生效条件或者解除条件的债权，管理人应当将其分配额提存。管理人依照前款规定提存的分配额，在最后分配公告日，生效条件未成就或者解除条件成就的，应当分配给其他债权人；在最后分配公告日，生效条件成就或者解除条件未成就的，应当交付给债权人。

《破产法》规定，债权人未受领的破产财产分配额，管理人应当提存。债权人自最后分配公告之日起满2个月仍不领取的，视为放弃受领分配的权利，管理人或者人民法院应当将提存的分配额分配给其他债权人。

《破产法》规定，破产财产分配时，对于诉讼或者仲裁未决的债权，管理人应当将其分配额提存。自破产程序终结之日起满2年仍不能受领分配的，人民法院应当将提存的分配额分配给其他债权人。

三、破产程序的终结

破产程序的终结，就是指破产程序开始后，发生法律规定的使得破产程序继续进行已无必要的事由，由法院裁定终结破产程序，结束破产案件。

在破产清算程序中,破产程序终结可分为三种情况:一是破产人脱离破产境地;二是因破产程序无可供分配的财产而终结;三是破产程序因破产分配完毕而终结。

(一)破产人脱离破产境地

破产宣告前,有下列情形之一的,人民法院应当裁定终结破产程序,并予以公告:(1)第三人为债务人提供足额担保或者为债务人清偿全部到期债务的;(2)债务人已清偿全部到期债务的。

此外人民法院受理破产申请后,债务人与全体债权人就债权债务的处理自行达成协议的,也可以请求人民法院裁定认可,并终结破产程序。

(二)破产人财产不够分配

债务人被依法宣告破产后,应由管理人依法对破产财产进行清理、变价,如果管理人发现债务人的财产将不足以清偿破产费用和共益债务,可以提请法院终结破产程序。

(三)破产财产分配完毕

债务人被依法宣告破产后,应由管理人依法对破产财产进行清理、变价,按照经债权人会议讨论通过并经法院裁定认可的破产配方案向各破产债权人进行分配,以清偿债务。破产财产分配完毕后,即应终结破产程序。

人民法院收到管理人提出的请求后,应当在 15 日内作出终结破产案件的裁定并公告。企业破产清算结束,企业法人资格消失。管理人自破产程序终结之日起 10 天内,向破产人的原登记机关办理注销登记。

四、破产中的取回权、别除权、抵销权、追回权

(一)取回权

取回权是指财产权利人从管理人接管的财产中取回不属于债务人所有的财产的权利。如债务人借用、租用他人的财产。

(二)别除权

别除权是指不依赖破产程序而能从企业的特定财产得到单独优先受偿的权利。在破产程序开始之前,就债务人的特定财产设定了担保物权或者存在有其他特别优先权的,于债务人宣告破产后,权利人享有就该特定财产不依照破产清算程序而优先获得清偿和满足的权利。别除权的范围包括抵押权、留置权、质押权三种。

(三)抵销权

抵销权是指债权人在破产申请受理前对债务人负有债务的,可以向管理人主张抵销。即在破产宣告前债权人以其享有的债权抵销其所负债务的权利。

(四)追回权

债务人有损债权人共同利益而处分的财产,管理人可依法予以追回。

《破产法》规定,因下列行为之一而取得的债务人财产,管理人有权追回:

(1)涉及债务人财产的无效行为;

（2）涉及债务人财产的可撤销行为；

（3）人民法院受理破产申请前6个月内，债务人有不能清偿到期债务，并且资产不足以清偿全部债务或者明显缺乏清偿能力的情形，仍对个别债权人进行清偿的行为（个别清偿使债务人财产受益的除外）。

【案例】甲企业于2023年2月1日被债权人申请破产，2023年4月1日人民法院依法宣告其破产。甲企业破产时管理人对其财产评估变现价值为：（1）房屋价值158万元，属于租用乙公司的房屋；（2）对外投资150万元；（3）专利评估作价80万元；（4）2022年12月1日甲企业企业主动放弃对E公司的到期债权110万元。

债权人申报的债权情况为：（1）A银行对该破产企业发放的贷款，本息258万元；（2）B公司拥有到期债权680万元；（3）C公司因为破产企业担保，替破产企业偿还债务本息共340万元；（4）D公司因破产管理人解除合同造成直接损失150万元；（5）欠税款132万元。

另外，发现该破产企业对B公司拥有债权180万元，发生破产费用12万元。

【问题】
（1）该案例中哪些属于抵销权？金额为多少？
（2）该案例中哪些属于取回权？金额为多少？
（3）该案例中哪些属于撤销权？金额为多少？
（4）该案例中破产财产应按怎样的顺序分配？

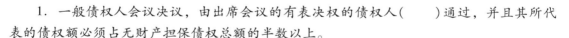

一、单项选择题

1. 一般债权人会议决议，由出席会议的有表决权的债权人（　　）通过，并且其所代表的债权额必须占无财产担保债权总额的半数以上。
   A. 半数　　　　　B. 过半数　　　　　C. 1/3　　　　　D. 2/3以上

2. 破产宣告后，破产企业的债务人和财产持有人，只能向（　　）清偿债务或交付财产。
   A. 人民法院　　　B. 清算组　　　　　C. 债权人会议　　D. 主管部门

3. 破产财产的分配方案由（　　）提出。
   A. 清算组　　　　B. 债权人会议　　　C. 职工代表大会　D. 人民法院

4. 在破产分配过程中，债权人逾期未领取财产的，清算组可将分配财产（　　）。
   A. 予以收缴　　　　　　　　　　　　B. 依法收购
   C. 予以提存　　　　　　　　　　　　D. 分配给其他债权人

5. 在破产程序中，债务人与债权人会议达成的和解协议产生效力后，应受和解协议约束的债权人是( )。

A. 和解协议成立前产生的无财产担保的债权人
B. 和解协议成立前产生的有财产担保的债权人
C. 和解协议成立后产生的无财产担保的债权人
D. 和解协议成立后产生的有财产担保的债权人

二、**多项选择题**

1. 下列各项中,( )属于破产财产。

A. 依法禁止扣押执行的财产
B. 破产企业内党团组织用其经费购置的财产
C. 职工在企业破产前作为资本金投资的款项
D. 破产企业作为出资投入的财产

2. 下列各项中,( )不属于破产财产。

A. 破产企业的债权　　　　　　B. 破产企业内属于他人所有的财产
C. 破产企业职工住房　　　　　D. 已作为担保物的财产

3. 下列各项中,( )属于破产费用,应从破产财产中优先拨付。

A. 清算组聘请清算人员的费用
B. 破产案件的诉讼费用
C. 职工工资、劳动保险费
D. 为债权人共同利益在破产程序中支付的费用

4. 破产财产在优先拨付破产费用后,按( )顺序清偿。

A. 所欠职工工资、劳动保险费　　B. 破产债权
C. 所欠税款　　　　　　　　　　D. 所欠银行贷款

5. 人民法院受理破产案件前6个月至破产宣告之日的期间内,破产企业下列行为无效的有( )。

A. 对原无财产担保的债务提供担保　　B. 对未到期的债务提前清偿
C. 放弃企业债权　　　　　　　　　　D. 无偿转让企业财产

三、**简答题**

1. 简述破产费用与共益债务的异同点。
2. 简述企业破产财产的分配顺序。
3. 简述破产案件的管辖。

第五章

合 同 法

学习目标

◆ **知识目标**
1. 理解合同的概念、特征和分类；
2. 掌握合同的订立过程及合同的法律效力；
3. 了解合同履行的规则及合同的变更、转让和终止；
4. 了解违约责任的概念及其构成要件，归责的原则及承担责任的方式。

◆ **能力目标**
1. 具备起草、审核合同的能力；
2. 能够运用合同法知识分析和解决相关案例。

◆ **素养目标**
让学生明白契约精神是一种自由、平等、守信、救济的精神，是契约关系内在的原则；明白契约精神对法治国家的构建和社会主义市场经济的良性运转都有着积极作用。

导入案例

不安抗辩权与合同的解除及争议处理

甲公司与乙公司签订加工承揽合同，加工服装5万套，单价100元。加工承揽合同中的部分条款如下：

（1）2021年10月30日前，甲公司向乙公司支付预付款100万元，乙公司在2021年12月1日前交付第一批服装2万套。

（2）2021年12月10日，甲公司支付乙公司款项200万元，乙公司在2022年1月15日前交付第二批服装3万套。

（3）甲公司在接到第二批服装15日内将余款200万元交付乙公司。

（4）一旦双方出现纠纷，即提交仲裁委员会仲裁。

2021年10月25日，甲公司按照合同约定向乙公司支付预付款100万元，乙公司于

2021年11月20日交付了第一批服装。

2021年12月5日,乙公司突发大火,厂房、布料和大部分设备被烧毁。甲公司知道后,便停止向乙公司支付第二批款项200万元。经与乙公司交涉,甲公司同意若乙公司在2022年1月5日前恢复生产能力,双方继续履行合同。

由于筹措资金困难,乙公司于2022年1月20日才恢复生产,请求甲公司继续履行合同。甲公司认为,由于服装销售季节性很强,这时再生产服装已错过了销售高峰期,很难卖掉,于是于2022年2月1日通知对方解除合同,同时表示可以结清乙公司已交付服装的款项。乙公司经多次与甲公司协商未果,遂向人民法院提起诉讼。

(资料来源:根据"法律快车/法律知识/司法考试整理/司法考试"网整理。)

根据上述案情,回答下列问题,并说明理由:

(1) 甲公司得知乙公司发生火灾时即中止履行合同是否合法?

(2) 乙公司于2022年1月20日恢复生产能力,而这时甲公司却提出解除合同,是否合法?

(3) 乙公司在发生合同争议时向人民法院提起诉讼是否合法?

(4) 本案应如何处理?

分析提示

第一节 合同法概述

一、合同的概念、特征和分类

(一) 合同的概念与特征

《民法典》第四百六十四条规定:"合同是民事主体之间设立、变更、终止民事法律关系的协议。婚姻、收养、监护等有关身份关系的协议,适用有关该身份关系的法律规定;没有规定的,可以根据其性质参照适用本编规定。"

(二) 合同的特征

合同的基本特征有以下几个方面。

1. 合同是一种民事法律行为

合同作为民事法律行为,只有在合同当事人所作出的意思表示是合法的、符合法律要求的情况下,合同才具有法律约束力,并受到国家法律的保护。民法关于民事法律行为的一般规定,如民事法律行为的形式、生效要件、无效和撤销等,均可适用于合同。

2. 合同是平等主体之间的协议

合同关系是民法中最具典型意义的平等关系,合同关系的当事人(即民事主体,包括自然人、法人和非法人组织)地位一律平等,自愿协商是订立合同的前提,是合同关系的灵魂,任何一方都不得将自己的意志强加给另一方,任何第三人也不得将自己的意志强加给合同当事人。

3. 合同以设立、变更或终止民事权利义务关系为目的

民事主体订立合同，是为了追求预期的目的，即在当事人之间引起民事权利和民事义务关系的产生、变更或消灭。民事权利义务关系的产生是指在当事人之间形成某种法律关系，从而具体地享受民事权利、承担民事义务；民事权利义务关系的变更是指当事人通过订立合同使原有的合同关系在内容上发生变化，如价款、质量标准、履行期限等方面的变更；民事权利义务关系的消灭或终止是指当事人通过订立合同消灭原合同关系。

4. 合同是当事人意思表示一致的协议

由于合同是合意的结果，因此它必须包括以下要素：

（1）合同的成立必须有两个以上的当事人；

（2）各方当事人必须互相作出意思表示；

（3）各个当事人意思表示是一致的。

（三）合同的分类

1. 双务合同和单务合同

以当事人一方还是双方承担义务为标准，可以将合同分为双务合同和单务合同。双务合同是指相互享有权利，互负给付义务的合同，如买卖合同、租赁合同等。单务合同是指一方负担义务，对方只享有权利不负担义务的合同，如赠与、无息借贷、无偿保管等合同。

2. 有偿合同和无偿合同

以当事人从合同中获取利益是否需要支付相应代价为标准，可以将合同分为有偿合同和无偿合同。有偿合同是指合同当事人双方任何一方均须给予另一方相应权益方能取得自己利益的合同，如买卖合同、租赁合同等。无偿合同的当事人一方无须给予相应权益即可从另一方取得利益，如赠与合同等。

特别提醒

有偿合同债务人的注意义务较无偿合同为重。如在保管合同中，对保管物的灭失，有偿保管人负过失赔偿责任；无偿保管人仅负重大过失责任。限制行为能力人订立与之行为能力不相适应的有偿合同，须经法定代理人同意或追认才有效；无偿合同下则可独立为之。

3. 有名合同和无名合同

以法律是否为合同规定了一定名称为标准，可以将合同分为有名合同和无名合同。有名合同，又称为典型合同，是指由法律赋予其特定名称及具体规则的合同，如《民法典》所规定的19类"典型合同"都属于有名合同。无名合同，又称非典型合同，是指法律上尚未确定一定的名称与规则的合同。无名合同只要不违反社会公德、社会公共利益和法律的禁止性规定，当事人可自主设立，法律承认其效力。

4. 诺成合同和实践合同

以合同成立是否需要以实际交付标的物为标准，可以将合同分为诺成合同和实践合

同。诺成合同是指一方意思表示经对方同意时即生效的合同,如买卖合同。实践合同是指合同生效除当事人意思表示一致外,还须交付标的物的合同,如财产保管合同、借款合同等。

5. 要式合同和不要式合同

以合同成立或生效是否应采取一定的形式为标准,可以将合同分为要式合同和不要式合同。要式合同是指法律规定应采取特定方式才能成立的合同,如技术开发合同、技术转让合同、技术许可合同、租赁期限6个月以上的租赁合同、融资租赁合同、保理合同、建设工程合同、物业服务合同和借款合同(当事人另有约定的除外)等。不要式合同是指只要当事人意思表示一致合同即可成立的合同,如买卖合同。

6. 主合同和从合同

以两个合同之间的主从关系为标准,可以将合同分为主合同和从合同。主合同是指以其他合同的存在为前提而能独立存在的合同,如借款合同。从合同是指必须以其他合同的存在为条件的合同,如抵押合同。

主合同是从合同的基础,没有主合同就没有从合同;主从合同存在制约关系,主合同无效,从合同也无效。

二、合同法的概念

合同法是调整民事主体之间设立、变更、终止合同关系的法律规范的总称。1999年3月15日,《中华人民共和国合同法》颁布,同年10月1日施行。2020年5月28日,第十三届全国人民代表大会第三次会议通过《中华人民共和国民法典》,合同法作为第三篇编入其中,2021年1月1日施行,《中华人民共和国合同法》同时废止。

三、合同法的基本原则

《民法典》中关于合同法的基本原则是合同当事人在合同活动中应当遵守的基本准则,也是人民法院、仲裁机构在审理、仲裁合同纠纷时应当遵循的基本准则。《民法典》中关于合同法的基本原则主要表现在以下几个方面。

(一)平等原则

《民法典》第四条规定:"民事主体在民事活动中的法律地位一律平等。"平等原则贯穿于合同的全过程,不论订立合同,还是履行合同或承担合同责任时,双方当事人法律地位都是平等的。

(二)自愿原则

《民法典》第五条规定:"民事主体从事民事活动,应当遵循自愿原则,按照自己的意思设立、变更、终止民事法律关系。"对于是否订立合同,和谁订立合同,合同的具体条款如何，在合同成立后是否需要变更或者解除合同等问题，都由当事人在法律规定的范围内，根据自愿自主地决定。但是，自愿并非随心所欲的自愿，必须遵守法律、行政法规，尊重社会公德，并不得损害他人的合法权益。

（三）公平原则

《民法典》第六条规定："民事主体从事民事活动，应当遵循公平原则，合理确定各方的权利和义务。"公平原则要求合同当事人应本着公平的观念实施合同行为，司法机关应根据公平的观念处理合同纠纷，合同当事人在合同订立、合同履行、合同解释等过程中，要根据公平的观念确定各自的权利、义务、风险分担及违约责任等。

（四）诚信原则

《民法典》第七条规定："民事主体从事民事活动，应当遵循诚信原则，秉持诚实，恪守承诺。"该原则要求合同当事人在订立和履行合同的过程中，所作出的意思表示要真实，行为要合法，要讲究信用，恪守诺言，不规避法律，不滥用权利，在不损害国家利益、社会利益和他人利益的前提下实现自己的利益。

（五）不得违反法律，不得违背公序良俗原则

《民法典》第八条规定："民事主体从事民事活动，不得违反法律，不得违背公序良俗。"合同的订立、履行都必须在法律规定的范围内进行，并不得违背公序良俗。只有这样，合同才会受到法律的保护，才会产生预期的法律效果。

第二节 合同订立

一、合同的形式

合同的形式是指合同当事人意思表示一致的外在表现形式，是合同内容的客观载体。《民法典》规定，当事人订立合同可以有书面形式、口头形式和其他形式。

（一）书面形式

《民法典》规定，书面形式是合同书、信件、电报、电传、传真等可以有形地表现所载内容的形式。以电子数据交换、电子邮件等方式能够有形地表现所载内容，并可以随时调取查用的数据电文，视为书面形式。

法律、行政法规规定或者当事人约定采用书面形式的，应当采用书面形式。

书面形式有据可查，有利于保障交易安全、减少纠纷，发生纠纷时也易于分清责任。在实践中，书面形式是当事人普遍采用的一种合同形式。

（二）口头形式

口头形式是指当事人通过口头交谈方式订立的合同。口头形式的合同比较简便、迅速，但是发生纠纷时难以取证，不易分清责任。适用于金额较小和可以即时清结的合同。

（三）其他形式

一般认为，不属于上述两种形式，但根据当事人的行为或者特定情形能够推定合同成立的其他形式，或者根据交易习惯所采用的其他形式，也是法律上认可的合同形式。

二、合同的内容

合同的内容是合同双方当事人权利和义务关系的具体表现，在形式上表现为合同的条款。合同的条款是否完备，对于合同是否有效，能否顺利履行，具有重要意义。根据《民法典》第四百七十条的规定，合同的内容由当事人约定，一般包括下列条款。

（一）当事人的名称或者姓名和住所

这是每一个合同的必备条款，是合同的主体——当事人的基本情况。合同中如果不写明当事人，就无法确定权利的享受者和义务的承担者。因此，订立合同时，要把各方当事人名称或者姓名和住所都记载准确、清楚。

（二）标的

标的是指合同当事人双方权利和义务所共同指向的对象。标的是合同的必备条款。没有标的，合同关系无法建立。合同的标的一般包括物、有价证券、智力成果、劳务、工作成果等。合同对标的的规定应当清楚明白，准确无误。

（三）数量

数量是指以计量单位和数字来衡量合同标的的计量尺度。在大多数合同中，数量是必备条款。合同的数量要准确，应选择使用双方当事人共同接受的计量单位、计量方法和计量工具，应根据不同情况要求不同的精确度、允许的尾差、磅差、超欠幅度、自然耗损率等。

（四）质量

质量是标的内在素质和外观形态的综合，如商品的品种、型号、规格、等级和工程项目的标准等。质量直接关系到合同标的能否满足当事人的要求，因此合同中必须对质量明确加以规定。国家有强制性标准规定的，必须按照规定的标准执行。如有多种质量标准的，应尽可能约定其适用的标准。当事人可以约定质量检验的方法、质量责任的期限和条件、对质量提出异议的条件与期限等。

（五）价款或者报酬

价款是指对提供财产的当事人支付的货币，如买卖合同的货款。报酬是对提供劳务或者工作成果的当事人支付的货币，如保管合同中的保管费。合同当事人在签订合同时，应明确约定价款或者报酬的总额、计算标准、结算方式、支付条件、支付日期等内容，还应符合国家有关价格和结算的规定。

（六）履行期限、地点和方式

履行期限，是指合同中规定的一方当事人向对方当事人履行义务的时间界限。履行地点，是指合同规定的当事人履行合同义务和对方当事人接受履行的地点。履行地点关系到履行合同的费用、风险由谁承担，有时还是确定所有权是否转移、何时转移的依据，也是发生纠纷后确定由哪一地人民法院管辖的依据。履行方式，是指合同当事人履行合同义务的具体做法。不同种类的合同，有着不同的履行方式。有的需要以转移一定财产的方式履行，如买卖合同；有的需要以提供某种劳务的方式履行，如运输合同；有的需要以交付一定的工作成果的方式履行，如承揽合同等。履行方式还包括价款或者报酬的支付方式、结算方式等。

（七）违约责任

违约责任，是指合同当事人一方或者双方不履行合同义务或者履行合同义务不符合约定时，按照法律或者合同的规定应当承担的法律责任。违约责任的约定有利于分清责任和及时解决纠纷，以保证当事人的合法权益得以实现。因此，当事人为了保证合同义务严格按照约定履行，为了及时地解决合同纠纷，可以在合同中明确规定违约责任条款，如约定定金或违约金，约定赔偿金额以及赔偿金的计算方法等。

（八）解决争议的方法

解决争议的方法是指合同当事人对合同的履行发生争议时解决的途径和方式。解决争议的方法主要有：当事人协商和解、第三人调解、仲裁、诉讼。解决争议的方法的选择对于纠纷发生后当事人利益的保护是非常重要的，应慎重对待。

知识链接

合同的格式条款

除上述合同主要条款外，合同当事人还可以根据具体情况协商确定其他条款，以满足订立合同的需要。

三、合同订立的方式

《民法典》规定，当事人订立合同，可以采取要约、承诺方式或者其他方式。

（一）要约

1. 要约的概念

要约是一方以缔结合同为目的，向对方提出订立合同的条件，希望对方接受的意思表示。发出要约的当事人称为要约人，要约的对方当事人称为受要约人。要约在不同情况下还可以称为发盘、出盘、发价、出价或报价等。

要约要取得法律效力，应当符合下列条件：

（1）内容具体确定。包括以下几层含义：要约必须是特定人的意思表示；受要约人一般也是特定的，但在一些场合，要约人也可以向不特定人发出要约（如满足一定条件的商业广告）；要约的内容必须具有足以决定合同内容的主要条款，包括标的、数量、质量、价款或者报酬及履行期限、地点和方式等，对方一经接受，合同即可成立。如果要约内容含混不清，即使受要约人同意，因权利义务不清，合同也无法确立。

（2）表明经受要约人承诺，要约是一种法律行为，要约人受到要约的约束。当要约已送达受要约人后，在要约的有效期限内，要约人不得擅自撤回要约或变更要约内容，也就是说，如对方接受要约，合同即告成立。

2. 要约邀请

要约邀请是希望他人向自己发出要约的意思表示。寄送的价目表、拍卖公告、招标公告、招股说明书、商业广告等为要约邀请。

《民法典》规定，商业广告一般为要约邀请，在其内容符合要约规定的情况下，视为要约。所谓符合要约规定，即商业广告表达了希望和收到广告者订立合同的愿望，并且其内容具体确定，表明一经相对人承诺，广告发出者即受该意思表示的约束。

要约邀请与要约不同，实践中要注意区别。要约是以订立合同为目的的法律行为，一经发出就会产生一定的法律效果；要约邀请的目的则是让他人向自己发出要约，本身不具有法律意义，不受所发邀请的约束。要约内容要明确具体，要约邀请的内容则不受此约束。

3. 要约的法律效力

（1）要约的生效时间。要约到达受要约人时生效。采用数据电文形式订立合同，收件人指定特定系统接收数据电文的，该数据电文进入该特定系统的时间，视为到达时间；未指定特定系统的，该数据电文进入收件人的任何系统的首次时间，视为到达时间。

（2）要约对要约人的效力。要约有效期间，要约人不得随意改变内容或撤销要约。

（3）要约对受要约人的效力。受要约人承诺，合同便成立，受要约人变为合同当事人，受其约束。

4. 要约的撤回

要约的撤回是要约人对其发出的尚未生效的要约阻止其生效的意思表示。《民法典》规定，要约可以撤回，但撤回要约的通知应当在要约到达受要约人之前或者与要约同时到达受要约人。

5. 要约的撤销

要约的撤销是要约人对已经生效但尚未获得对方承诺的要约消灭其效力的意思表示。《民法典》规定，要约可以撤销，但撤销要约的通知应当在受要约人发出承诺通知之前到达受要约人。有下列情形之一的，要约不得撤销：

（1）要约人确定了承诺期限或者以其他形式明示要约不可撤销；

（2）受要约人有理由认为要约是不可撤销的，并已经为履行合同做了准备工作。

6. 要约的失效

要约的失效，是指要约不再对要约人和受要约人具有法律约束力。有下列情形之一的，要约失效：

（1）要约被拒绝；

（2）要约被依法撤销；

（3）承诺期限届满，受要约人未作出承诺；

（4）受要约人对要约的内容作出实质性变更。

【案例】甲公司向乙公司发传真称：甲公司有钻石牌电视机 2 000 台，每台 1 000 元，可送货上门。收货无误后 10 个工作日内付款，实行"三包"。如有意购买，请 10 日内回复确认。乙公司收到传真后，在 10 日内回复表示：不愿购买电视机，但可以代销，按代销额的 3% 计收代销报酬。甲公司回复传真表示同意乙公司代销，但数量限于 500 台，按代销金额的 2% 计算代销报酬。乙公司回复同意。

【问题】
（1）甲公司与乙公司之间是否成立电视机买卖合同？
（2）甲公司与乙公司之间最后是否建立合同关系？

（二）承诺

1. 承诺的概念

承诺是受要约人同意要约的意思表示。承诺应当以通知的方式作出，但根据交易习惯或者要约表明可以通过行为作出承诺的除外。

承诺要取得法律效力，应当符合下列条件：

（1）必须由受要约人或其代理人向要约人作出。

（2）必须在要约规定的期限或合理期限内到达要约人。要约没有确定承诺期限的，承诺应当依照下列规定到达：

①要约以对话方式作出的，应当即时作出承诺，但当事人另有约定的除外。

②要约以非对话方式作出的，承诺应当在合理期限内到达。

要约以信件或者电报作出的，承诺期限自信件载明的日期或者电报交发之日开始计算。信件未载明日期的，自投寄该信件的邮戳日期开始计算。要约以电话、传真等快速通讯方式作出的，承诺期限自要约到达受要约人时开始计算。

（3）内容必须与要约的内容一致。即受要约人同意要约，且未对其内容作实质性变更的意思表示。

2. 承诺的生效

承诺通知到达要约人时生效。承诺不需要通知的，根据交易习惯或要约的要求作出承诺的行为时生效。采用数据电文形式订立合同的，关于承诺到达时间的规定与要约到达时间的规定是一样的。

3. 合同成立的时间与地点

承诺生效的时间即合同成立的时间。合同成立的时间与合同的订立方式有关，如表 5-1 所示。

知识链接

实质性变更与非实质性变更

表 5-1　合同订立形式与合同成立时间

合同订立形式	合同成立时间
对话方式	以对话方式作出承诺的，相对人知道其内容时
非对话方式	以非对话方式作出承诺的，到达相对人时
	以非对话方式作出的采用数据电文形式的承诺： （1）相对人指定特定系统接收数据电文的，该数据电文进入该特定系统时； （2）未指定特定系统的，相对人知道或者应当知道该数据电文进入其系统时； （3）当事人对采用数据电文形式的意思表示的生效时间另有约定的，按照其约定
合同书	自当事人均签名、盖章或者按指印时（当事人不在同一时间签名、盖章或者按指印的，以最后一方的签名、盖章或者按指印时间为准）
	在签名、盖章或者按指印之前，当事人一方已经履行主要义务，对方接受时
	法律、行政法规规定或者当事人约定合同应当采用书面形式订立，当事人未采用书面形式但是一方已经履行主要义务，对方接受时，该合同成立
确认书	当事人采用信件、数据电文等形式订立合同要求签订确认书的，签订确认书时合同成立。当事人一方通过互联网等信息网络发布的商品或者服务信息符合要约条件的，对方选择该商品或者服务并提交订单成功时合同成立，但是当事人另有约定的除外

《民法典》规定，承诺生效的地点为合同成立的地点。具体情形如表 5-2 所示。

表 5-2　合同形式与合同成立地点

合同形式	合同成立地点
不要式合同	承诺生效地
要式合同	完成法定或约定形式的地点
合同书	最后签名、盖章或者按指印的地点（当事人另有约定的除外）
数据电文	收件人的主营业地
	没有主营业地的，为其住所地
	当事人另有约定的，从其约定

4. **承诺的撤回**

承诺的撤回，是指受要约人发出承诺通知后，在承诺正式生效前撤回其承诺。《民法典》规定，承诺可以撤回。撤回承诺的通知应当在承诺通知到达要约人之前或与承诺通知同时到达要约人。

5. **承诺的迟延与迟到**

（1）承诺的迟延。受要约人超过承诺期限发出的承诺，除要约人及时通知受要约人该承诺有效的以外，迟延的承诺应视为新要约。这种因迟发而迟到的承诺，要约人可以随便处理。

（2）承诺的迟到。受要约人在承诺期限内发出承诺，按照通常情形能够及时到达要约人。但因其他原因使承诺到达要约人时超过承诺期限的，为迟到承诺，除要约人及时通知受要约人因承诺超过期限不接受该承诺的以外，迟到的承诺为有效承诺。

《民法典》第四百九十五条规定，当事人约定在将来一定期限内订立合同的认购书、订购书、预订书等，构成预约合同。当事人一方不履行预约合同约定的订立合同义务的，对方可以请求其承担预约合同的违约责任。

第三节 合同效力

一、合同效力的概念

合同效力，又称合同的法律效力，是指依法成立的合同具有法律赋予的约束当事人各方乃至第三方的强制力。

（一）合同成立与合同生效

合同成立与合同生效不同。合同成立与否主要取决于当事人之间是否就合同内容达成一致，而合同是否生效则取决于法律作出怎样的评价。合同成立之后，既可能因符合法律规定而生效，也可能因违反法律法规规定或者意思表示不真实而无效或效力待定。在多数情况下，合同成立时合同即生效。

合同一旦生效则意味着：当事人要承担必须履行的义务；当事人违约要承担违约责任；当事人不得擅自变更、解除合同，也不得擅自转让合同权利和义务；当事人还要承担其他随附义务。

（二）合同生效的要件

根据《民法典》规定，合同生效应同时具备以下条件：

1. 当事人具有相应的民事行为能力

《民法典》规定，行为人具有相应的民事行为能力时，民事法律行为有效。合同当事人具有相应的民事行为能力，即合同当事人必须具有独立订立合同并独立承担合同义务的主体资格。

2. 当事人意思表示真实

意思表示真实，是指当事人以一定形式表达于外部的意思与其内在的意图相一致的状态。合同本质上是当事人之间的一种合意，此种合意符合法律规定，依法产生法律拘束力。而当事人的意思表示能否产生此种拘束力，取决于此种意思表示是否同行为人的真实意思相符合，即意思表示是否真实。

3. 不违反法律、行政法规的强制性规定，不违背公序良俗

《民法典》规定，不违反法律、行政法规的强制性规定，不违背公序良俗时，民事法律行为有效。从合同的目的和内容来说，合同内容违法是指合同违反法律中的强制性规范，这种合同是无效的，如卖身契、买卖妇女或儿童的合同。同时，合同内容虽不违法但它的目的违法同样无效，如为开设赌场而签订的房屋租赁合同。

4. 必须具备法律所要求的形式

《民法典》规定，民事法律行为可以采用书面形式、口头形式或者其他形式；法律、行政法规规定或者当事人约定采用特定形式的，应当采用特定形式（如，建设工程合同应当采用书面形式等）。

5. 合同标的明确，有履行实现的可能性

当事人订立合同的目的在于追求某种合同利益的实现，因此合同的标的必须确定，同时具有履行可能性，合同才能发生效力。合同标的在合同成立时，必须确定或相对确定。合同的标的只有确定，或虽不确定但可能确定的，才能使合同利益的实现有所保障。

二、附条件和期限的合同的效力

（一）附条件的合同

附条件的合同，是指当事人在合同中特别规定一定的条件，以条件是否成就来决定合同效力的发生或消灭的合同。《民法典》规定，民事法律行为可以附条件，但是根据其性质不得附条件的除外。附生效条件的民事法律行为，自条件成就时生效。附解除条件的民事法律行为，自条件成就时失效。

《民法典》规定，附条件的民事法律行为，当事人为自己的利益不正当地阻止条件成就的，视为条件已经成就；不正当地促成条件成就的，视为条件不成就。例如，甲、乙约定，如甲分到住房就让乙装修队装修，则双方承揽合同的生效就是以甲分到住房为条件的。

（二）附期限的合同

附期限的合同，是指当事人在合同中设定一定的期限，并将此期限的到来作为合同生效或终止条件的合同。《民法典》规定，民事法律行为可以附期限，但是根据其性质不得附期限的除外。附生效期限的民事法律行为，自期限届至时生效。附终止期限的民事法律行为，自期限届满时失效。

三、无效合同的效力

（一）无效合同的概念

无效合同，是指虽已成立但因欠缺合同生效要件而不能按当事人的合意发生法律效力的合同。无效合同根据其无效程度和范围，分为部分无效合同和全部无效合同两种。对于部分无效合同，若该部分无效不影响其余部分效力时，其余部分仍然有效。

（二）无效合同的情形

根据《民法典》规定，合同无效主要有以下几种情形。

（1）无民事行为能力人签订的合同。《民法典》规定，无民事行为能力人实施的民事法律行为无效。

（2）以虚假的意思表示签订的合同。《民法典》规定，行为人与相对人以虚假的意思表示实施的民事法律行为无效。

（3）违反法律、法规强制性规定的合同。《民法典》规定，违反法律、行政法规的强制性规定的民事法律行为无效。但是，该强制性规定不导致该民事法律行为无效的除外。

（4）违背公序良俗的合同。《民法典》规定，违背公序良俗的民事法律行为无效。

（5）恶意串通，损害他人合法权益的合同。《民法典》规定，行为人与相对人恶意串通，损害他人合法权益的民事法律行为无效。

无效的民事法律行为自始没有法律约束力。

合同中的下列免责条款无效：造成对方人身伤害的；因故意或者重大过失造成对方财产损失的。

（三）合同无效的法律后果

《民法典》规定，民事法律行为无效、被撤销或者确定不发生效力后，行为人因该行为取得的财产，应当予以返还；不能返还或者没有必要返还的，应当折价补偿。有过错的一方应当赔偿对方由此所受到的损失；各方都有过错的，应当各自承担相应的责任。法律另有规定的，依照其规定。

根据上述规定，合同无效的法律后果主要表现为以下三种情况：（1）返还财产；（2）折价补偿；（3）赔偿损失。

四、可撤销合同的效力

（一）可撤销合同的概念

可撤销合同，是指当事人订立合同时，因意思表示不真实，一方行使撤销权而使已经生效的合同归于无效的合同。可撤销合同的特征是：

（1）一方意思表示不真实所致；

（2）须由一方行使撤销权，请求撤销合同；

（3）合同在未被撤销以前有效。

（二）可撤销合同的情形

根据《民法典》规定，可撤销合同主要有以下几种情形。

（1）因重大误解订立的合同。《民法典》规定，基于重大误解实施的民事法律行为，行为人有权请求人民法院或者仲裁机构予以撤销。

重大误解是指行为人在订立合同时，因对行为的性质，对方当事人，标的物的品种、质量、规格或数量等错误认识，使行为的后果与自己的意思相悖，其后果是使其利益受到重大损失或者达不到其订立合同的目的。

（2）因当事人欺诈订立的合同。《民法典》规定，一方以欺诈手段，使对方在违背真实意思的情况下实施的民事法律行为，受欺诈方有权请求人民法院或者仲裁机构予以撤销。

《民法典》规定，第三人实施欺诈行为，使一方在违背真实意思的情况下实施的民事法律行为，对方知道或者应当知道该欺诈行为的，受欺诈方有权请求人民法院或者仲裁机构予以撤销。

具体来说，第三人实施欺诈行为，只有在受欺诈人的相对方不属于善意时，受诈人才能行使撤销权。此规定体现了对善意相对人的保护。

（3）因胁迫订立的合同。《民法典》规定，一方或者第三人以胁迫手段，使对方在违背真实意思的情况下实施的民事法律行为，受胁迫方有权请求人民法院或者仲裁机构予以撤销。

（4）因显失公平订立的合同。《民法典》规定，一方利用对方处于危困状态、缺乏判断能力等情形，致使民事法律行为成立时显失公平的，受损害方有权请求人民法院或者仲裁机构予以撤销。

被撤销的民事法律行为自始没有法律约束力。

（三）撤销权的行使

可撤销合同最终是否被撤销取决于享有撤销权的人在撤销期限内是否行使撤销权。撤销权一般是由受损失人或者受害人行使。

《民法典》规定，有下列情形之一的，撤销权消灭：

（1）当事人自知道或者应当知道撤销事由之日起1年内、重大误解的当事人自知道或者应当知道撤销事由之日起90日内没有行使撤销权；

（2）当事人受胁迫，自胁迫行为终止之日起1年内没有行使撤销权；

（3）当事人知道撤销事由后明确表示或者以自己的行为表明放弃撤销权。

当事人自民事法律行为发生之日起5年内没有行使撤销权的，撤销权消灭。

《民法典》规定，合同不生效、无效、被撤销或者终止的，不影响合同中有关解决争议方法的条款的效力。

五、效力待定的合同

效力待定的合同，是指合同已经成立，因其不完全符合生效要件，其效力尚未确定，须经权利人追认才能生效的合同。主要有以下两类：

1. 限制民事行为能力人订立的合同

"纯获利益"的合同

《民法典》规定，限制民事行为能力人实施的纯获利益的民事法律行为或者与其年龄、智力、精神健康状况相适应的民事法律行为有效；实施的其他民事法律行为经法定代理人同意或者追认后有效。相对人可以催告法定代理人自收到通知之日起 30 日内予以追认。法定代理人未作表示的，视为拒绝追认。民事法律行为被追认前，善意相对人有撤销的权利。撤销应当以通知的方式作出。

【案例】15 岁的中学生李某私自到商场购买了一台价值 11 万元的笔记本电脑。当日拿回家后，被李父发现。李父得知实情后，不同意购买该笔记本电脑。次日，李父便拿着笔记本电脑到商场要求退货，该商场以笔记本电脑已经售出且无任何质量问题为由拒绝退货。

【问题】
（1）李某与商场之间的电脑买卖合同在其父知情之前效力如何？
（2）李某的父亲到商场要求退货后，该买卖合同的效力如何？
（3）商场是否有义务退货？

2. 无权代理人订立的合同

《民法典》规定，行为人没有代理权、超越代理权或者代理权终止后，仍然实施代理行为，未经被代理人追认的，对被代理人不发生效力。相对人可以催告被代理人自收到通知之日起 30 日内予以追认。被代理人未作表示的，视为拒绝追认。行为人实施的行为被追认前，善意相对人有撤销的权利。撤销应当以通知的方式作出。可见，无权代理人订立的合同包括 3 类：

（1）没有代理权而以他人名义订立的合同；
（2）超越代理权而以他人名义订立的合同；
（3）代理权终止后而以他人名义订立的合同。

表见代理

行为人实施的行为未被追认的，善意相对人有权请求行为人履行债务或者就其受到的损害请求行为人赔偿。但是，赔偿的范围不得超过被代理人追认时相对人所能获得的利益。相对人知道或者应当知道行为人无权代理的，相对人和行为人按照各自的过错承担责任。

效力待定的合同经被代理人追认的，合同有效；未经追认的，对被代理人不发生效力，由行为人自己承担责任，但"表见代理"除外。表见代理，是指行为人没有代理权、超越代理权或者代理权终止后，仍然实施代理行为，相对人有理由相信行为人有代理权的，代理行为有效。

第四节 合同履行

一、合同履行的概念和原则

(一) 合同履行的概念

合同履行,是指当事人按照合同的约定履行自己义务的行为。当事人履行了自己应尽的全部义务,称为全部履行;当事人履行了自己应尽义务的一部分,称为部分履行。当事人订立合同的目的,在于通过履行获得相应的经济利益,因此,合同的履行是实现合同目的的必经途径。

(二) 合同履行的原则

合同履行的原则,是指当事人在履行合同债务时应当遵循的基本准则。当事人在履行合同债务中,只有遵守这些基本准则,才能够实现债权人的债权,当事人期待的合同利益才能实现。

从《民法典》第五百零九条的规定来看,合同履行的原则有三个方面。

1. 遵守约定原则

合同当事人在履行合同过程中要一切服从于约定,信守约定,约定的内容是什么就履行什么。遵守约定原则具体包括两个方面:

(1) 适当履行原则。合同当事人要按照合同约定的履行主体、标的、时间、地点以及方式等履行,且均须适当,完全符合合同约定的要求。

(2) 全面履行原则。合同当事人要按照合同所约定的各项条款,全部而完整地完成合同义务。

2. 诚实信用原则

合同当事人要根据合同的性质、目的和交易习惯履行合同义务。诚实信用原则也包括两个方面:

(1) 协作履行原则。当事人要基于诚实信用原则的要求,对对方当事人的履行债务行为给予协助,一是及时通知,二是相互协助,三是予以保密。

(2) 经济合理原则。当事人要在履行合同时讲求经济效益,付出最小的成本,取得最佳的合同利益。

3. 绿色原则

履行合同应当避免浪费资源、污染环境和破坏生态。

二、合同履行的规则

合同履行应该遵循的基本规则很多,主要规则有以下几个方面。

（一）对不明条款的处理规则

《民法典》第五百一十条规定，合同生效后，当事人就质量、价款或者报酬、履行地点等内容没有约定或者约定不明确的，可以协议补充；不能达成补充协议的，按照合同相关条款或者交易习惯确定。按上述方法仍不能确定的，适用《民法典》第五百一十一条的规定：

（1）质量要求不明确的，按照强制性国家标准履行；没有强制性国家标准的，按照推荐性国家标准履行；没有推荐性国家标准的，按照行业标准履行；没有国家标准、行业标准的，按照通常标准或者符合合同目的的特定标准履行。

（2）价款或者报酬不明确的，按照订立合同时履行地的市场价格履行；依法应当执行政府定价或者政府指导价的，依照规定履行。

（3）履行地点不明确，给付货币的，在接受货币一方所在地履行；交付不动产的，在不动产所在地履行；其他标的，在履行义务一方所在地履行。

（4）履行期限不明确的，债务人可以随时履行，债权人也可以随时请求履行，但是应当给对方必要的准备时间。

（5）履行方式不明确的，按照有利于实现合同目的的方式履行。

（6）履行费用的负担不明确的，由履行义务一方负担；因债权人原因增加的履行费用，由债权人负担。

（二）价格发生变化时的履行规则

《民法典》规定，执行政府定价或者政府指导价的，在合同约定的交付期限内政府价格调整时，按照交付时的价格计价。逾期交付标的物的，遇价格上涨时，按照原价格执行；价格下降时，按照新价格执行。逾期提取标的物或者逾期付款的，遇价格上涨时，按照新价格执行；价格下降时，按照原价格执行。可见，总的履行规则是按照不利于违约的一方去执行。

（三）涉及第三人的合同履行规则

（1）当事人约定由债务人向第三人履行债务，债务人未向第三人履行债务或者履行债务不符合约定的，应当向债权人承担违约责任。

法律规定或者当事人约定第三人可以直接请求债务人向其履行债务，第三人未在合理期限内明确拒绝，债务人未向第三人履行债务或者履行债务不符合约定的，第三人可以请求债务人承担违约责任；债务人对债权人的抗辩，可以向第三人主张。

（2）当事人约定由第三人向债权人履行债务，第三人不履行债务或者履行债务不符合约定的，债务人应当向债权人承担违约责任。

（3）债务人不履行债务，第三人对履行该债务具有合法利益的，第三人有权向债权人代为履行；但是，根据债务性质、按照当事人约定或者依照法律规定只能由债务人履行的除外。

债权人接受第三人履行后，其对债务人的债权转让给第三人，但是债务人和第三人另有约定的除外。

（四）债务提前履行的规则

《民法典》规定，债权人可以拒绝债务人提前履行债务，但是提前履行不损害债权人利益的除外。债务人提前履行债务给债权人增加的费用，由债务人负担。

（五）债务人部分履行债务的规则

《民法典》规定，债权人可以拒绝债务人部分履行债务，但是部分履行不损害债权人利益的除外。债务人部分履行债务给债权人增加的费用，由债务人负担。

（六）电子合同履行的规则

《民法典》规定，通过互联网等信息网络订立的电子合同的标的为交付商品并采用快递物流方式交付的，收货人的签收时间为交付时间。电子合同的标的为提供服务的，生成的电子凭证或者实物凭证中载明的时间为提供服务时间；前述凭证没有载明时间或者载明时间与实际提供服务时间不一致的，以实际提供服务的时间为准。

电子合同的标的物为采用在线传输方式交付的，合同标的物进入对方当事人指定的特定系统且能够检索识别的时间为交付时间。

电子合同当事人对交付商品或者提供服务的方式、时间另有约定的，按照其约定。

（七）合同基础条件发生重大变化的处理规则

《民法典》规定，合同成立后，合同的基础条件发生了当事人在订立合同时无法预见的、不属于商业风险的重大变化，继续履行合同对于当事人一方明显不公平的，受不利影响的当事人可以与对方重新协商；在合理期限内协商不成的，当事人可以请求人民法院或者仲裁机构变更或者解除合同。人民法院或者仲裁机构应当结合案件的实际情况，根据公平原则变更或者解除合同。

三、双务合同履行中的抗辩权

双务合同履行中的抗辩权是指在符合法律规定的条件下，合同当事人一方对抗对方当事人的履行请求权，暂时拒绝履行其债务的权利。双务合同履行中的抗辩权主要包括以下几个方面。

（一）同时履行抗辩权

同时履行抗辩权是指当事人互负债务，没有先后履行顺序的，应当同时履行。一方在对方履行之前或履行债务不符合约定时，有权拒绝其相应的履行要求。

同时履行抗辩权的行使，应具备以下条件：

（1）基于同一双务合同。双方当事人因同一合同互负债务，在履行上存在关联性，形成对价关系。单务合同因只有一方有履行义务，无法发生抗辩权。

（2）双方债务均已到期。如果双方义务履行有先后之分，则无从主张同时履行抗辩权。

（3）对方当事人未履行或未适当履行合同。同时履行抗辩权只是暂时阻止对方当事人请求权的行使，非永久的抗辩权。当对方当事人履行了合同义务，同时履行抗辩权即消灭，主张抗辩权的当事人就应当履行自己的义务。

(二) 后履行抗辩权

后履行抗辩权是指当事人互负债务,有先后履行顺序,先履行一方未履行的或履行债务不符合约定的,后履行一方有权拒绝其相应的履行要求。

后履行抗辩权的行使须同时具备以下三个条件:

(1) 基于同一双务合同;
(2) 一方当事人有先履行合同的义务;
(3) 先履行一方未履行或未适当履行。

【案例】甲公司与乙公司签订一份买卖水泥合同,合同约定买方甲公司应在合同生效后10日内向卖方乙公司支付30%的预付款,乙公司收到预付款后3日内发货至甲公司,甲公司收到货物验收后即结清余款。随后,乙公司收到甲公司30%的预付款,并于2日内发货至甲公司。甲公司收到货物后经验收发现水泥质量不符合合同约定,遂及时通知乙公司并拒绝支付余款。

【问题】
(1) 甲公司拒绝支付余款是否合法?
(2) 甲公司行使的是什么权利?

(三) 不安抗辩权

不安抗辩权又称先履行抗辩权,是指双务合同成立后,应当先履行债务的当事人,有确切证据证明对方不能履行债务或者有不能履行债务的可能时,在对方没有提供担保之前,有权中止履行合同义务。

《民法典》第527条规定,应当先履行债务的当事人,有确切证据证明对方有下列情形之一的,可以中止履行:

(1) 经营状况严重恶化;
(2) 转移财产、抽逃资金,以逃避债务;
(3) 丧失商业信誉;
(4) 有丧失或者可能丧失履行债务能力的其他情形。

不安抗辩权的行使应同时具备以下条件:

(1) 基于同一双务合同;
(2) 一方当事人应先履行合同义务;
(3) 先履行一方尚未履行合同义务;
(4) 后履行一方丧失或者可能丧失履行债务的能力。

 **特 别 提 醒**

《民法典》对行使不安抗辩权的当事人规定了两项义务：(1) 举证义务。应当先履行债务的当事人，只有在有确切证据证明对方丧失或者可能丧失履约能力时，才可中止履行合同。没有确切证据而中止履行的，应当承担违约责任。(2) 通知义务。不安抗辩权的行使无须征得对方的同意，但为了避免对方因此受到损害，行使不安抗辩权要及时通知对方。中止履行合同是指暂停履行或延期履行合同，而非终止合同。对方提供适当担保或在合同期限内恢复履行能力时，应当恢复合同的履行，不安抗辩权即归于消灭。只有当对方在合理期限内未恢复履行能力并且未提供适当担保的，中止履行的一方才可以解除合同。

【案例】甲企业与乙企业签订了一份关于通用机械配件的加工承揽合同。双方约定：由甲企业 2023 年 5 月 1 日交货，验货合格后 10 日内乙企业支付货款。4 月 1 日，甲企业有确切证据证明乙企业经营状况严重恶化，已丧失了履行债务的能力，遂停止为其生产配件，并与乙企业交涉要求其在一个月内提供担保，否则无法继续履行该合同。4 月 25 日，甲企业在乙企业仍未恢复履行能力且未提供任何担保的情况下通知与其解除合同。

【问题】
(1) 甲企业单方中止履行合同的行为是否合法？为什么？
(2) 甲企业单方中止履行合同应符合什么条件？

四、合同履行中的保全措施

合同履行中的保全措施是指为了防止因债务人的财产不当减少而危害债权人的债权利益，允许债权人为保全其债权的实现而采取的法律措施。

合同履行中的保全措施包括行使代位权和行使撤销权。

（一）行使代位权

1. 代位权的概念和特点

代位权是指因债务人怠于行使其到期债权，对债权人造成损害的，债权人可以向人民法院请求以自己的名义代位行使债务人的债权的权利。债权人行使代位权的目的在于使自己的债权得以实现。

代位权的特点是：

(1) 代位权是债权人代债务人向债务人的债务人主张权利，债权人的债权对第三人产生了拘束力。如图 5-1 所示，代位权是债权人（乙）代债务人（甲）向债务人（甲）的债务人（丙）主张权利。

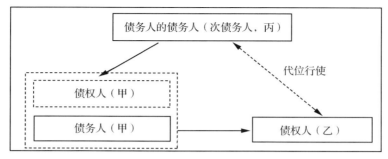

图 5-1 债权人的代位权行使示意图

（2）代位权是债权人以自己的名义而不是以债务人的名义行使债务人的权利。

（3）代位权必须通过向人民法院提起诉讼方式来行使，不可直接向第三人行使。

2. 代位权的行使条件

（1）债权人对债务人的债权和债务人对次债务人的债权均应合法且到期。

（2）债务人对次债务人享有的债权是非专属于债务人自身的债权。

（3）债务人怠于行使其到期债权，对债权人造成损害。

知识链接

专属于债务人自身的债权

> **特别提醒**
>
> "债务人怠于行使其到期债权，对债权人造成损害的"，是指债务人不履行其对债权人的到期债务，又不以诉讼方式或者仲裁方式向其债务人主张其享有的具有金钱给付内容的到期债权，致使债权人的到期债权未能实现。次债务人（即债务人的债务人）不认为债务人有怠于行使其到期债权情况的，应当承担举证责任。

（4）债务人构成迟延履行。即债务人没有及时对债权人清偿债务。

代位权的行使范围以债权人的债权为限。在代位权诉讼中，债权人行使代位权的请求数额超过债务人所负债务额或者超过次债务人对债务人所负债务额的，对超出部分人民法院不予支持。例如，债务人对第三人的债权为100万元，债权人对债务人的债权为200万元，债权人只能请求第三人向债务人清偿100万元，而不能请求偿还200万元。又如，债务人对第三人的债权为100万元，债权人对债务人的债权为60万元，债权人行使代位权的请求额只能是60万元，而不能再请求偿还其余的40万元。

债权人行使代位权的必要费用，由债务人负担。

（二）行使撤销权

1. 撤销权的概念

撤销权是指债权人对于债务人实施有害债权的行为，有权请求人民法院予以撤销。

根据《民法典》规定，债权人的撤销权主要有以下两种情形。

（1）无偿处分财产权益或恶意延长债权履行期限。《民法典》规定，债务人以放弃其债权、放弃债权担保、无偿转让财产等方式无偿处分财产权益，或者恶意延长其到期债权的履行期限，影响债权人的债权实现的，债权人可以请求人民法院撤销债务人的行为。

（2）以明显不合理的价格转让、受让财产或为他人债务提供担保。《民法典》规定，债务人以明显不合理的低价转让财产、以明显不合理的高价受让他人财产或者为他人的债务提供担保，影响债权人的债权实现，债务人的相对人知道或者应当知道该情形的，债权人可以请求人民法院撤销债务人的行为。

2. **行使撤销权的条件**
（1）客观要件：债务人实施了有害于债权的行为。
（2）主观要件：债务人实施有害债权的行为时，受益人存在恶意（已经知道）。

3. **行使撤销权的方式和期限**
行使撤销权时，债权人必须以自己的名义向人民法院提起诉讼。撤销权的行使范围以债权人的债权为限。债权人行使撤销权的必要费用，由债务人负担。撤销权的行使是有时效限制的。撤销权自债权人知道或者应当知道撤销事由之日起 1 年内行使。自债务人的行为发生之日起 5 年内没有行使撤销权的，该撤销权消灭。

> 【案例】甲公司在乙公司处有一笔 290 万元的债权，虽然已经到期，但乙公司以缺乏资金为由一拖再拖，拒不还款。其间乙公司悄悄将一栋价值 300 多万元的门面房以 70 万元转让给丙公司，还无偿赠送了一个价值 15 万元的车库。丙公司购得该门面房后投资数万元将其装修改建成酒店。甲公司得知后，催乙公司还债未果，认为乙公司的上述行为侵犯了其合法权益，遂向人民法院提起诉讼请求撤销乙公司低价转让门面房和无偿赠送车库的行为。
>
> 【问题】
> 甲公司的诉讼请求能否得到支持？

第五节　合同变更、转让和终止

一、合同变更

《民法典》规定，当事人协商一致，可以变更合同。

合同的变更包括广义的合同变更和狭义的合同变更。广义的合同变更包括合同主体的变更（即通常所称的合同的转让）和合同内容的变更；狭义的合同变更仅指合同内容的变更。《民法典》采用的是狭义的合同变更的概念，即在合同生效后，在不改变合同主体的前提下，当事人依法对合同内容进行修改或者补充的行为。

《民法典》规定，当事人对合同变更的内容约定不明确的，推定为未变更。

二、合同转让

合同转让是指合同主体的变更，是指合同当事人将其合同权利或者义务全部或者部分地转让给第三人。合同转让包括合同权利的转让、合同义务的转移和合同权利义务的概括转让。

（一）合同权利的转让

合同权利的转让，又称为合同债权的让与，是指不改变合同的内容，合同债权人将其享有的合同权利全部或者部分地转让给第三人。原债权人称为让与人，第三人称为受让人。例如，乙空调厂对甲商场拥有债权 6 万元（甲商场购置空调的余款），但乙空调厂对丙银行负有债务 6 万元，乙空调厂（让与人）就可以将其对甲商场所拥有的 6 万元债权转让给丙银行（受让人）。但乙空调厂要给甲商场发出转让通知。

合同权利全部转让的，受让人取代原债权人的地位，成为新的债权人，原债权人脱离合同关系。合同权利部分转让的，受让人作为第三人加入合同关系中，与原债权人共同享有债权。

《民法典》规定，债权人可以将合同的权利全部或者部分转让给第三人，但有下列情形之一的除外：

（1）根据合同性质不得转让（如演出合同）；

（2）根据当事人约定不得转让；

（3）依照法律规定不得转让（如人寿保险合同、民航客运合同等）。

债权人转让权利的，应当通知债务人。未经通知，该转让对债务人不发生效力。债权人转让权利的通知不得撤销，但经受让人同意的除外。

债权转让后，受让人取代原债权人成为该债权的新债权人，同时取得与该债权有关的从权利，但该从权利专属于债权人自身的除外。

原债权人（让与人）转让债权的，债务人接到债权转让通知时，若债务人对让与人享有债权，并且该债权先于让与人转让的债权到期或者同时到期的，债务人可以向受让人主张抵销。债务人可以以对抗原债权人的抗辩权对抗受让人。例如，在上一案例中，乙空调厂债权转让给丙银行以后，甲商场就承担向丙银行履行 6 万元债务的义务，但甲商场同时还对乙空调厂拥有债权 5 万元（乙空调厂租赁场地的费用），只要这个 5 万元的债权先于转让的债权（6 万元）到期或者同时到期，甲商场就可以向丙银行主张抵销，即甲商场只需向丙银行履行两个债权的差额（1 万元）即可。如图 5-2 所示。

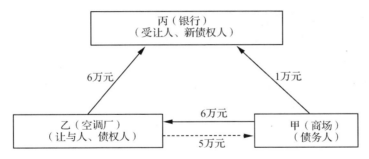

图 5-2 债务人的抵销权行使示意图

(二) 合同义务的转移

合同义务的转移，又称为合同债务的承担，是指债务人将合同的义务全部或者部分转移给第三人。债务人将合同债务转移给第三人时，除不得违反法律禁止性规定外，还必须征得债权人同意，债务转移方为有效。合同义务的转移须同时具备以下要件：

(1) 存在有效债务；
(2) 债务具有可转移性；
(3) 债务人与第三人之间达成协议；
(4) 须取得债权人的同意。

债务人转移义务的，新债务人应当承担与主债务有关的从债务，但该从债务专属于原债务人自身的除外；新债务人也可以以原债务人的抗辩权向债权人主张。

债务人既可以将债务全部转移，也可以将债务部分转移。债务全部转移的，第三人完全取代债务人承担全部债务，原债务人脱离债务关系，不再承担合同债务。债务部分转移的，第三人与债务人共同承担合同债务。

【案例】2023年4月，某市百货商场与该市第一服装厂签订服装供应合同，约定于当年9月底以前，由第一服装厂一次供应给百货商场羽绒服1 000件，合同总价款20万元，交货付款。6月，第一服装厂接到一项外贸服装订货，时间要求很紧，且此项订货与百货商场的订货在时间、原料等方面均发生冲突。第一服装厂向百货商场提出变更合同，但百货商场认为羽绒服系季节性商品，变更于己不利，便予以拒绝。第一服装厂无奈，遂与外地一服装厂联系，由外地服装厂为百货商场赶制1 000件与原订合同相同质量、规格、花色的羽绒服，双方签订了合同。第一服装厂事后向百货商场讲明了情况，但百货商场因对外地服装厂情况不了解，拒绝承认。9月底，外地服装厂将加工好的1 000件羽绒服送到百货商场，百货商场拒绝收货，并要求第一服装厂支付违约金并赔偿由此给自己造成的损失。第一服装厂认为百货商场拒收无理，拒绝承担违约责任。百货商场遂向人民法院提起诉讼。

【问题】
百货商场是否有权拒收，并要求第一服装厂承担违约责任。

(三) 合同权利义务的概括转让

合同权利义务的概括转让,又称为合同承受,是指当事人一方经对方同意,可以将自己在合同中的权利和义务一并转让给第三人。其结果是第三人取得让与人在合同中的地位,成为合同权利和义务的主体。合同权利义务的概括转让实质上相当于终止与对方的合同,成立新的合同关系,因此转让时须经合同对方当事人同意。《民法典》规定,当事人订立合同后合并的,由合并后的法人或者其他组织行使合同权利,履行合同义务。当事人订立合同后分立的,除债权人和债务人另有约定的以外,由分立的法人或者其他组织对合同的权利和义务享有连带债权,承担连带债务。

【案例】2021年4~7月,某市工商行、某国有企业先后签订了流动资金贷款合同30份,由某市工商行贷款给某国有企业款额共计1 200万元,全部由某国有企业以其房产抵押。合同生效后,某市工商行依约向某国有企业提供了贷款。但借款期限届满时,某国有企业仅归还少量本金。后某市工商行多次向某国有企业催收本息未果。

2023年1月19日,某国有企业与甲公司合并成立一家新公司乙公司。2023年3月28日,某市工商行向乙公司催还本息未果,遂向人民法院起诉。诉称,原某国有企业欠贷不还,应由合并后的乙公司承担还本付息义务。

【问题】
某市工商行的主张是否成立?请说明理由。

三、合同终止

合同终止又称为合同的消灭,是指合同关系基于一定法律事实的出现而归于消灭,合同规定的权利义务关系不复存在,或者是义务不再履行。

《民法典》规定,合同权利义务终止的具体情形有以下几种。

(一) 债务已经履行

当事人在合同生效后应当按照约定履行自己的义务。如果债务人完全履行了自己的义务,债权人实现了自己的全部权利,订立合同的目的已经实现,合同确立的权利义务关系自然就消灭了,合同因此终止。

(二) 合同解除

合同解除是指合同成立之后,基于双方协商一致或者一方行使合同解除权,而使合同关系归于消灭的情形。

合同解除有以下两种情况。

1. 约定解除

约定解除,是指由合同当事人协商一致解除合同。具体包括两种情形:

(1) 单方解除。即约定解除条件的解除,是指事先在合同中约定合同解除的条件,条件成就时,一方可以行使解除权。

(2) 协议解除。即事后协商一致解除,是指事先没有在合同中约定合同解除的条件,事后经当事人协商一致的解除。

2. 法定解除

法定解除，是指合同当事人在合同成立后，没有履行或者没有完全履行完之前，由于出现了法定解除情形，当事人一方行使法定解除权而使合同终止。

《民法典》规定，有下列情形之一的，当事人可以解除合同：

（1）因不可抗力致使不能实现合同目的；

（2）在履行期限届满之前，当事人一方明确表示或者以自己的行为表明不履行主要债务；

（3）当事人一方迟延履行主要债务，经催告后在合理期限内仍未履行；

（4）当事人一方迟延履行债务或者有其他违约行为致使不能实现合同目的；

（5）法律规定的其他情形。

特别提醒

当事人一方主张解除合同时，应当通知对方。合同自通知到达对方时解除。对方有异议的，可以请求人民法院或者仲裁机构确认解除合同的效力。

法律规定或者当事人约定解除权行使期限，期限届满当事人不行使的，该权利消灭。法律没有规定或者当事人没有约定解除权行使期限，经对方催告后在合理期限内不行使的，该权利消灭。

合同解除后，尚未履行的，终止履行；已经履行的，根据履行情况和合同性质，当事人可以要求恢复原状、采取其他补救措施，并有权要求赔偿损失。

（三）债务相互抵销

当事人互负到期债务，该债务的标的物种类、品质相同的，任何一方可以将自己的债务与对方的债务抵销，但依照法律规定或者合同性质不得抵销的除外。当事人主张抵销的，应当通知对方。通知自到达对方时生效。抵销不得附条件或者附期限。当事人互负债务，标的物种类、品质不相同的，经双方协商一致，也可以抵销。

【案例】甲商场4月份欲从乙空调厂购进空调50台，每台2 400元，共计12万元。双方约定5月份货到后甲商场先付6万元，余下6万元在3个月后付清。后乙空调厂想在甲商场开设销售专柜，打开销路。双方遂签订租赁场地合同，约定租赁期为1年，自同年5月起至次年5月止，月租金2万元，共计24万元。由乙空调厂3个月付1次，分4次付清。8月份乙空调厂通知甲商场，称用应收甲商场的6万元空调货款抵销其5月至7月的租金。

【问题】

乙空调厂的做法是否合法？

（四）债务人依法将标的物提存

提存，是指由于债权人的原因，债务人无法向其交付合同标的物而将该标的物交给提存机关，从而消灭合同的制度。债务的履行往往需要债权人的协助，如果债权人无正当理由拒绝受领或不能受领，债权人虽应负担受领迟延的责任，但债务人的债务却不能消灭，债务人仍得随时准备履行，这对债务人是不公平的，因此法律规定在一定情形下债务人可以通过提存标的物终止合同。

1. 适用情形

《民法典》规定，有下列情形之一，难以履行债务的，债务人可以将标的物提存：

（1）债权人无正当理由拒绝受领；
（2）债权人下落不明；
（3）债权人死亡未确定继承人、遗产管理人，或者丧失民事行为能力未确定监护人；
（4）法律规定的其他情形。

标的物不适于提存或者提存费用过高的，债务人依法可以拍卖或者变卖标的物，提存所得的价款。

2. 提存的效力

（1）在债务人与债权人之间，债务因提存而消灭，债务人不再负清偿责任。为了使债权人及时得知提存的事实，除债权人下落不明外，提存人应通知债权人或其继承人、监护人。标的物提存后，毁损、灭失的风险由债权人承担。提存期间，标的物的孳息（指由标的物产生的收益）归债权人所有，提存费用由债权人负担。

（2）在提存人与提存部门之间，提存部门有保管提存物的权利和义务，在提存有效成立期间，提存人不得取回提存物。

（3）在提存部门与债权人之间，标的物提存后，债权人可以随时领取提存物，但债权人对债务人负有到期债务的，在债权人未履行债务或者提供担保之前，提存部门根据债务人的要求应当拒绝其领取提存物。债权人领取提存物的权利，自提存之日起5年内不行使而消灭，提存物扣除提存物费用后归国家所有。

（五）债权人免除债务

债权人自愿放弃了债权，债务人的债务即被解除，合同即告终止。

（六）债权债务同归于一人

《民法典》规定，债权和债务同归于一人的，合同的权利义务终止，但涉及第三人利益的除外。债权和债务同归于一人又称为混同。

由于某种事实的发生，使一项合同中原本由一方当事人享有的债权和由另一方当事人承担的债务统归于一人时，合同的履行就失去了实际意义，合同的权利义务终止。例如，由于甲、乙两企业合并，甲、乙两企业之间原先订立的合同中的权利义务同归于合并后的企业，债权债务关系自然终止。

（七）法律规定或者当事人约定终止的其他情形

第六节 合同担保

一、合同担保的概念

合同担保,是指法律规定或当事人约定,由债务人或第三人向债权人提供的以确保债权实现和债务履行为目的的法律措施,如保证、抵押、质押、留置等。

合同的担保,一般在订立合同的同时成立,既可以是单独订立的书面担保合同,也可以是主合同中的担保条款。担保合同是主合同的从合同,合同担保以主合同的存在为前提,因主合同的变更而变更,因主合同的消灭而消灭,因主合同的无效而无效。

二、合同担保的主要方式

(一) 保证

1. 保证的概念

保证是指保证人和债权人约定,当债务人不履行债务时,保证人按照约定履行债务或者承担责任的行为。

《民法典》规定,机关法人不得为保证人,但是经国务院批准为使用外国政府或者国际经济组织贷款进行转贷的除外。以公益为目的的非营利法人、非法人组织不得为保证人。

2. 保证内容

保证的内容,应当由保证人与债权人在以书面形式订立的保证合同书中确定,具体包括被保证的主债权(即主合同债权,下同)种类、数额,债务人履行债务的期限,保证的方式,保证担保的范围,保证的期间,以及双方认为需要约定的其他事项。保证合同不完全具备以上规定内容的,可以补正。

3. 保证的方式

保证的方式,分为一般保证和连带责任保证两种。

(1) 一般保证。当事人在保证合同中约定,债务人不能履行债务时,由保证人承担保证责任的,为一般保证。一般保证的保证人在主合同纠纷未经审判或者仲裁,并就债务人财产依法强制执行仍不能履行债务前,对债权人可以拒绝承担保证责任,但是有下列情形之一的除外:

①债务人下落不明,且无财产可供执行;

②人民法院已经受理债务人破产案件;

③债权人有证据证明债务人的财产不足以履行全部债务或者丧失履行债务能力;

④保证人书面表示放弃规定的权利。

(2) 连带责任保证。当事人在保证合同中约定保证人与债务人对债务承担连带责任的，为连带责任保证。连带责任保证的债务人在主合同规定的债务履行期届满没有履行债务的，债权人可以要求债务人履行债务，也可以要求保证人在其保证范围内承担保证责任。当事人对保证方式没有约定或者约定不明确的，按照连带责任保证承担保证责任。

《民法典》规定，当事人在保证合同中对保证方式没有约定或者约定不明确的，按照一般保证承担保证责任。

4. 保证责任

（1）保证范围。《民法典》规定，保证的范围包括主债权及其利息、违约金、损害赔偿金和实现债权的费用。当事人另有约定的，按照其约定。

（2）保证期间。《民法典》规定，保证期间是确定保证人承担保证责任的期间，不发生中止、中断和延长。

债权人与保证人可以约定保证期间，但是约定的保证期间早于主债务履行期限或者与主债务履行期限同时届满的，视为没有约定；没有约定或者约定不明确的，保证期间为主债务履行期限届满之日起六个月。债权人与债务人对主债务履行期限没有约定或者约定不明确的，保证期间自债权人请求债务人履行债务的宽限期届满之日起计算。

一般保证的债权人未在保证期间对债务人提起诉讼或者申请仲裁的，保证人不再承担保证责任。连带责任保证的债权人未在保证期间请求保证人承担保证责任的，保证人不再承担保证责任。

（3）主债权债务合同的变更。《民法典》规定，债权人和债务人未经保证人书面同意，协商变更主债权债务合同内容，减轻债务的，保证人仍对变更后的债务承担保证责任；加重债务的，保证人对加重的部分不承担保证责任。债权人和债务人变更主债权债务合同的履行期限，未经保证人书面同意的，保证期间不受影响。

（4）债权转让或债务转移。《民法典》规定，债权人转让全部或者部分债权，未通知保证人的，该转让对保证人不发生效力。保证人与债权人约定禁止债权转让，债权人未经保证人书面同意转让债权的，保证人对受让人不再承担保证责任。

债权人未经保证人书面同意，允许债务人转移全部或者部分债务，保证人对未经其同意转移的债务不再承担保证责任，但是债权人和保证人另有约定的除外。第三人加入债务的，保证人的保证责任不受影响。

（5）其他规定。《民法典》规定，同一债务有两个以上保证人的，保证人应当按照保证合同约定的保证份额，承担保证责任；没有约定保证份额的，债权人可以请求任何一个保证人在其保证范围内承担保证责任。

保证人承担保证责任后，除当事人另有约定外，有权在其承担保证责任的范围内向债务人追偿，享有债权人对债务人的权利，但是不得损害债权人的利益。

保证人可以主张债务人对债权人的抗辩。债务人放弃抗辩的，保证人仍有权向债权人主张抗辩。

【案例】甲公司向乙公司购买价值 50 万元的彩电,合同约定甲公司先预付 20 万元货款,其余 30 万元货款在提货后 3 个月内付清,并由丙公司提供连带保证担保,但未约定保证范围。提货 1 个月后,甲公司在征得乙公司同意后,将 30 万元债务转移给欠甲公司 30 万元货款的丁公司。对此,丙公司完全不知情。至债务清偿期届满时,乙公司要求丁公司偿还 30 万元货款及其利息,而丁公司因违法经营被依法查处,法定代表人不知去向,公司的账户被冻结。于是,乙公司找到丙公司,要求其承担保证责任,丙公司至此才知道甲公司已将其债务转移给丁公司,遂以此为由拒绝承担责任。双方为此发生争议,乙公司诉诸人民法院。

【问题】
(1)丙公司保证担保的范围应如何确定?
(2)甲公司转移债务的行为是否有效?
(3)丙公司是否应继续承担保证责任?
(4)若乙公司将其 30 万元债权依法转让给戊公司,而未经保证人丙公司同意,则丙公司是否继续承担保证责任?

(二)抵押

1. 抵押的概念

抵押是指债务人或者第三人不转移对其确定的财产的占有,将该财产作为债权的担保。当债务人不履行债务时,债权人有权依照法律规定,以该财产折价或者以拍卖、变卖该财产的价款优先受偿。该债务人或者第三人为抵押人,债权人为抵押权人,提供担保的财产为抵押物。抵押当事人及其相互关系如图 5-3 所示。

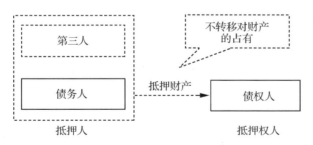

图 5-3 抵押当事人及其相互关系

抵押人所担保的债权不得超出其抵押物的价值。财产抵押后,该财产的价值大于所担保债权的余额部分,可以再次抵押,但不得超出其余额部分。

2. 抵押合同和抵押物登记

《民法典》规定,设立抵押权,当事人应当采用书面形式订立抵押合同。抵押合同一般包括下列条款:被担保债权的种类和数额;债务人履行债务的期限;抵押财产的名称、数量等情况;担保的范围。

《民法典》规定,以建筑物和其他土地附着物、建设用地使用权、海域使用权或正在建造的建筑物抵押的,应当办理抵押登记。抵押权自登记时

知识链接

抵押财产

设立。

《民法典》规定，以动产抵押的，抵押权自抵押合同生效时设立；未经登记，不得对抗善意第三人。

3. 抵押的范围和效力

根据《民法典》第三百八十九条规定，抵押担保的范围包括主债权及其利息、违约金、损害赔偿金、保管担保财产和实现担保物权的费用。当事人另有约定的，按照其约定。

《民法典》规定，抵押期间，抵押人可以转让抵押财产。当事人另有约定的，按照其约定。抵押财产转让的，抵押权不受影响。

《民法典》规定，抵押人转让抵押财产的，应当及时通知抵押权人。抵押权人能够证明抵押财产转让可能损害抵押权的，可以请求抵押人将转让所得的价款向抵押权人提前清偿债务或者提存。转让的价款超过债权数额的部分归抵押人所有，不足部分由债务人清偿。

4. 抵押权的实现

《民法典》规定，债务人不履行到期债务或者发生当事人约定的实现抵押权的情形，抵押权人可以与抵押人协议以抵押财产折价或者以拍卖、变卖该抵押财产所得的价款优先受偿。协议损害其他债权人利益的，其他债权人可以请求人民法院撤销该协议。

抵押权人与抵押人未就抵押权实现方式达成协议的，抵押权人可以请求人民法院拍卖、变卖抵押财产。

抵押财产折价或者变卖的，应当参照市场价格。

《民法典》规定，提供抵押担保的第三人承担担保责任后，有权向债务人追偿。

（三）质押

1. 质押的概念

质押包括动产质押和权利质押。

（1）动产质押。动产质押是指债务人或者第三人将其动产移交债权人占有，将该动产作为债权的担保。当债务人不履行债务时，债权人有权依照法律规定，以该动产折价或者以拍卖、变卖该动产的价款优先受偿。该债务人或者第三人为出质人，债权人为质权人，移交的动产为质物。质押当事人及其相互关系如图5-4所示。

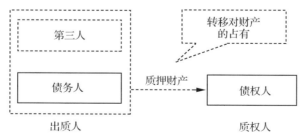

图5-4 质押当事人及其相互关系

（2）权利质押。权利质押是指以汇票、支票、本票、债券、存款单、仓单、提单；依法可以转让的股份、股票；依法可以转让的商标专用权，专利权、著作权中的财产权；依法可以质押的其他权利等作为质权标的担保。

2. 质押的范围和效力

《民法典》规定，质押担保的范围包括主债权及其利息、违约金、损害赔偿金、保管担保财产和实现担保物权的费用。当事人另有约定的，按照其约定。

（1）有关动产质权的规定。《民法典》规定，质权人有权收取质押财产的孳息，但是合同另有约定的除外。上述规定的孳息应当先充抵收取孳息的费用。

《民法典》规定，质权人在质权存续期间，未经出质人同意，擅自使用、处分质押财产，造成出质人损害的，应当承担赔偿责任。

《民法典》规定，质权人负有妥善保管质押财产的义务；因保管不善致使质押财产毁损、灭失的，应当承担赔偿责任。

质权人的行为可能使质押财产毁损、灭失的，出质人可以请求质权人将质押财产提存，或者请求提前清偿债务并返还质押财产。

《民法典》规定，出质人与质权人可以协议设立最高额质权。

（2）有关权利质权的规定。《民法典》规定，以汇票、本票、支票、债券、存款单、仓单、提单出质的，质权自权利凭证交付质权人时设立；没有权利凭证的，质权自办理出质登记时设立。法律另有规定的，依照其规定。

《民法典》规定，汇票、本票、支票、债券、存款单、仓单、提单的兑现日期或者提货日期先于主债权到期的，质权人可以兑现或者提货，并与出质人协议将兑现的价款或者提取的货物提前清偿债务或者提存。

《民法典》规定，以基金份额、股权出质的，质权自办理出质登记时设立。

基金份额、股权出质后，不得转让，但是出质人与质权人协商同意的除外。出质人转让基金份额、股权所得的价款，应当向质权人提前清偿债务或者提存。

《民法典》规定，以注册商标专用权、专利权、著作权等知识产权中的财产权出质的，质权自办理出质登记时设立。

知识产权中的财产权出质后，出质人不得转让或者许可他人使用，但是出质人与质权人协商同意的除外。出质人转让或者许可他人使用出质的知识产权中的财产权所得的价款，应当向质权人提前清偿债务或者提存。

《民法典》规定，以应收账款出质的，质权自办理出质登记时设立。

应收账款出质后，不得转让，但是出质人与质权人协商同意的除外。出质人转让应收账款所得的价款，应当向质权人提前清偿债务或者提存。

权利质权除适用以上规定外，适用动产质权的有关规定。

2. 质权的实现

《民法典》规定，因不可归责于质权人的事由可能使质押财产毁损或者价值明显减少，足以危害质权人权利的,质权人有权请求出质人提供相应的担保;出质人不提供的,质权人可以拍卖、变卖质押财产,并与出质人协议将拍卖、变卖所得的价款提前清偿债务或者提存。

《民法典》规定,债务人履行债务或者出质人提前清偿所担保的债权的,质权人应当返还质押财产。

债务人不履行到期债务或者发生当事人约定的实现质权的情形,质权人可以与出质人协议以质押财产折价,也可以就拍卖、变卖质押财产所得的价款优先受偿。

质押财产折价或者变卖的,应当参照市场价格。

《民法典》规定,质押财产折价或者拍卖、变卖后,其价款超过债权数额的部分归出质人所有,不足部分由债务人清偿。

根据《民法典》第三百九十二条规定,提供质押担保的第三人承担担保责任后,有权向债务人追偿。

(四) 留置

留置权,是指在债务人不履行到期债务时,债权人可以留置已经合法占有的债务人的动产,并有权就该动产优先受偿。债权人为留置权人,占有的动产为留置财产。留置权的效力主要体现为留置权人的占有权和优先受偿权。

《民法典》规定,法律规定或者当事人约定不得留置的动产,不得留置。

《民法典》规定,留置权人负有妥善保管留置财产的义务;因保管不善致使留置财产毁损、灭失的,应当承担赔偿责任。

《民法典》规定,留置权人有权收取留置财产的孳息。该孳息应当先充抵收取孳息的费用。

《民法典》规定,留置权人与债务人应当约定留置财产后的债务履行期限;没有约定或者约定不明确的,留置权人应当给债务人60日以上履行债务的期限,但是鲜活易腐等不易保管的动产除外。债务人逾期未履行的,留置权人可以与债务人协议以留置财产折价,也可以就拍卖、变卖留置财产所得的价款优先受偿。

留置财产折价或者变卖的,应当参照市场价格。

《民法典》规定,留置财产折价或者拍卖、变卖后,其价款超过债权数额的部分归债务人所有,不足部分由债务人清偿。

《民法典》规定,同一动产上已经设立抵押权或者质权,该动产又被留置的,留置权人优先受偿。

《民法典》规定,留置权人对留置财产丧失占有或者留置权人接受债务人另行提供担保的,留置权消灭。

(五) 定金

《民法典》规定,当事人可以约定一方向对方给付定金作为债权的担保。定金合同自实际交付定金时成立。定金的数额由当事人约定,但是不得超过主合同标的额的20%,超过部分不产生定金的效力。实际交付的定金数额多于或者少于约定数额的,视为变更约定的定金数额。

《民法典》规定，债务人履行债务的，定金应当抵作价款或者收回。给付定金的一方不履行债务或者履行债务不符合约定，致使不能实现合同目的的，无权请求返还定金；收受定金的一方不履行债务或者履行债务不符合约定，致使不能实现合同目的的，应当双倍返还定金。

第七节　违约责任

一、违约责任的概念和特征

（一）违约责任的概念

违约责任，又称违反合同的民事责任，是指合同当事人一方不履行合同义务或者履行合同义务不符合约定时，依照法律规定或者合同约定所应承担的法律责任。当事人双方都违反合同的，应当各自承担相应的责任。

依法成立的合同具有法律效力，当事人应当认真履行合同义务。当事人不履行合同义务或者履行合同义务不符合约定的，应当承担相应的法律责任。

（二）违约责任的法律特征

1. 违约责任具有相对性

违约责任只能在特定的当事人之间产生，不涉及合同关系以外的人。合同当事人不得为他人设定合同义务，所以，合同关系以外的第三人不负违约责任。

2. 违约责任具有任意性

违约责任的任意性也就是违约责任的可约定性。根据合同自愿原则，合同当事人可以在合同中约定违约责任的方式、违约金的数额幅度、损害赔偿的计算方法、免责条件等。但是约定的违约责任不符合法律法规规定将被宣告无效或被撤销。

3. 违约责任具有补偿性和制裁性双重属性

法律确定违约责任的重要目的之一是弥补或补偿因违约方的违约行为所造成的损害后果，补偿受害人的损失，因此违约责任具有补偿性，一般通过支付违约金、赔偿金和其他方式使受害人的实际损失得到全部补偿或部分补偿。同时，在合同当事人有过错时，违约责任还体现了对责任人的制裁性，一般通过支付相当于实际损失数额的赔偿金或高于或等于实际损失数额的违约金来体现，还可以通过强制实际履行同时支付违约金或赔偿金来体现。

二、违约责任的一般构成要件

违约责任的构成要件是指合同当事人因违约必须承担法律责任的法定要素，可分为一般构成要件和特殊构成要件。一般构成要件是指违约当事人承担任何违约责任形式都必须具备的要件。特殊构成要件是指各种具体的违约责任形式所要求的构成要件。本节仅介绍一般构成要件。

违约责任的一般构成要件包括如下内容。

（一）有违约行为

违约行为是指合同当事人不履行或者不适当履行合同义务的客观事实。违约行为是违约责任的基本构成要件，没有违约行为，就没有违约责任。违约行为根据发生的时间不同可以分为预期违约和实际违约。

1. 预期违约

预期违约又称先期违约，是指在合同履行期限到来之前，一方虽无正当理由但明确表示其在履行期到来后将不履行合同，或者其行为表明在履行期到来后将不可能履行合同。作为违约行为的形态之一，预期违约当然要负违约责任。

预期违约行为发生在合同依法成立以后、履行期到来之前，是未来不履行义务，而非现实地违反义务；侵害的是期待债权，而非现实的债权。

2. 实际违约

实际违约，是指合同履行期限届满后发生的违约。其形态表现为以下几种：

（1）不履行。不履行即完全不履行，是指当事人根本未履行任何合同义务的违约情形。包括拒绝履行和履行不能。

（2）迟延履行。迟延履行是指在履行期届满后的履行。即债务人无正当理由，在合同规定的履行期届满时，仍未履行合同债务。

（3）不适当履行。不适当履行是指虽有履行但履行质量不符合合同约定或法律规定的违约情形，包括瑕疵履行和加害给付。瑕疵履行即履行质量不合格的违约情形。加害给付是指债务人的履行行为不仅导致债权人履行利益的损失，而且导致履行利益以外的其他损失的情形。例如，债务人交付的家畜患有传染病，致使债权人的其他家畜受传染而死亡；因债务人交付的家电质量不合格，致使使用人在使用过程中受到损害等。

（4）其他违约行为。其他违约行为表现为违反履行数量、地点、方式或其他附随义务等情形。

（二）不存在法定和约定的免责事由

仅有违约行为这一积极要件还不足以构成违约责任，违约责任的构成还需要具备另一消极要件，即不存在法定和约定的免责事由。免责事由，又称免责条件，是指法律规定或者合同中约定的当事人对其不履行或者不适当履行合同义务免于承担违约责任的条件。《民法典》规定，免责事由主要有不可抗力和当事人约定的免责条款。

1. 不可抗力

不可抗力是指不能预见、不能避免并且不能克服的客观情况。不可预见是指合同当事人以现有的技术水平、经验无法预知。不可避免是指不可抗力及其损害后果的发生具有必然性，而且当事人虽尽最大努力仍不能加以避免。不可克服是指不可抗力及其损害后果发生后，当事人虽尽最大努力仍不能加以克服，因而无法履行或者适当履行合同义务。不可抗力通常包括自然灾害（如台风、地震、水灾等）和社会事件（如战争、暴乱、罢工、禁运等）两大类。

当事人一方因不可抗力不能履行合同的，根据不可抗力的影响，部分或者全部免除责任，但法律另有规定的除外。如果不可抗力发生在当事人延迟履行合同后，则违约方不能免除责任。不可抗力发生后，当事人一方因此而不能履行合同的，应当及时通知对方，以减轻可能给对方造成的损失，并应当在合理的期限内提供有关机关出具的证明。当事人不履行上述义务，应承担相应的法律责任。

2. 免责条款

免责条款是指当事人在合同中约定的免除或者限制其未来责任的条款。免责条款是合同的组成部分，必须经当事人双方充分协商，并以明示的方式做出。

免责条款作为合同的组成部分，其内容必须符合法律规定才具有法律效力。如果免责条款违反法律、行政法规的强制性规定，扰乱社会秩序，损害社会公共利益，该条款不具有法律效力。如果免责条款是在一方当事人违背真实意思的情况下订入合同的，可能对该当事人产生明显不利的后果，该条款可以被申请撤销。

三、违约责任的归责原则

不同的归责原则，违约责任的构成要件也不同。《民法典》在确定违约责任时，采用的是"以严格责任原则为主，以过错责任原则为辅"的归责体系。

严格责任原则是指不管合同当事人主观上有无过错，只要其有违约行为，就应当承担违约责任。

过错责任原则是指追究合同当事人的违约责任必须以其主观上有过错为必要条件，如果当事人主观上没有过错，即使出现了违约情况，当事人也不承担违约责任。

实践中，究竟应运用过错责任原则，还是严格责任原则，须依合同性质和约定及违约事实来确定运用。

四、违约责任的承担方式

依据《民法典》规定，违约方承担违约责任的方式有继续履行、采取补救措施、赔偿损失或者支付违约金等。

（一）继续履行

1. 继续履行的目的与种类

订立合同的目的是实现合同的约定，即实际履行合同。继续履行合同，是为了实现合同目的。当事人一方违反合同约定，不履行或者履行不符合约定，对方当事人有权要求其继续履行，以维护自己的合法权益。

继续履行可以分为金钱债务违约的继续履行和非金钱债务违约的继续履行两类。《民法典》规定，当事人一方未支付价款、报酬、租金、利息，或者不履行其他金钱债务的，对方可以请求其支付。

《民法典》规定，当事人一方不履行非金钱债务或者履行非金钱债务不符合约定的，对方可以请求履行，但是有下列情形之一的除外：

（1）法律上或者事实上不能履行；

（2）债务的标的不适于强制履行或者履行费用过高；

（3）债权人在合理期限内未请求履行。

2. 继续履行的适用条件

（1）依据法律和合同的性质能够履行。合同约定的标的适于强制履行时才可追究违约方继续履行的责任。在非金钱债务中，如果依据法律和合同的性质不能继续履行，违约方可以拒绝非违约方继续履行的要求。例如，对于提供个人服务的合同，在法律上不能采取实际履行的补救措施。如果采取实际履行措施，则无异于对个人实施某种人身强制，这与我国宪法和法律关于公民人身自由不受伤害的规定是相违背的。

一些基于人身依赖关系而产生的合同，如委托合同、依托合同、合伙合同等，往往是因信任对方的特殊技能、业务水平、忠诚等产生的，因此具有严格的人身性质，如果强制债务人履行这些合同义务，则与合同的根本性质是违背的。

（2）继续履行在事实上是可能的，在经济上是合理的。强制实际履行的目的，是促使违约方履行原合同规定的义务，但如果因违约方的违约使合同丧失了履行的可能性（如合同的标的物是特定物并已遭受毁损、灭失），则继续履行就是不可能的。

此处所说的事实上的不可能，不包括以下情形：履行的标的客观上不是永久不可能，如果债务人采取一定的行为或作出一定的努力仍可以履行合同，或者合同只是部分不能履行或暂时不能履行，则合同仍可以实际履行。

任何合同的履行都要体现经济上的合理性。对于违约的补救来说，也应当如此。如果采取损害赔偿等方式可以充分弥补债权人的损失，尤其是债权人能够在获得一笔金钱后从市场上获得与合同标的同种类的商品，而采用实际履行的方式又费用过高，法律不会要求违约方采取继续履行的方式。

（3）债权人在合理期限内请求继续履行。《民法典》从保护债权人的利益出发，将是否请求实际履行的选择权交给非违约方，由非违约方决定是否采取实际履行的方式。如果非违约方决定采取实际履行的补救措施，则必须在合理的期限内向违约方提出继续履行的要求，否则即丧失请求违约方继续履行的权利。

是否请求实际履行是债权人享有的一项权利。一方违约后，另一方有权要求违约方继续履行合同，也有权要求违约方承担支付违约金和损害赔偿金等责任。违约方非依法律规定，无权选择违约责任的承担形式，否则将置债权人于不利地位，违反公平诚信的基本原则。只要债权人要求实际履行，又有履行可能，债务人应实际履行。

继续履行可以与违约金、损害赔偿和定金责任并用。

（二）采取补救措施

《民法典》规定，履行不符合约定的，应当按照当事人的约定承担违约责任。对违约责任没有约定或者约定不明确，当事人可以协议补充或者按照合同有关条款或者交易习惯确定，仍不能确定的，受损害方根据标的的性质以及损失的大小，可以合理选择请求对方承担修理、重作、更换、退货、减少价款或者报酬等违约责任。

（三）赔偿损失

当事人一方不履行合同义务或者履行合同义务不符合约定的，在履行义务或者采取补救措施后，对方还有其他损失的，应当赔偿损失。

当事人一方不履行合同义务或者履行合同义务不符合约定，给对方造成损失的，损失赔偿额应当相当于因违约所造成的损失，包括合同履行后可以获得的利益，但不得超过违反合同一方订立合同时预见到或者应当预见到的因违反合同可能造成的损失。

当事人一方违约后，对方应当采取适当措施防止损失的扩大；没有采取适当措施致使损失扩大的，不得就扩大的损失要求赔偿。当事人因防止损失扩大而支出的合理费用，由违约方承担。

（四）支付违约金

违约金，是指合同当事人一方由于不履行合同或者履行合同不符合约定时，按照合同的约定，向对方支付一定数额的货币。为了保证合同的履行，保护自己的利益不受损失，合同当事人可以约定一方违约时应当根据情况向对方支付一定数额的违约金，也可以约定因违约产生的损失赔偿额的计算方法。

违约金是对不能履行或者不能完全履行合同行为的一种带有惩罚性质的经济补偿手段，不论违约的当事人一方是否已给对方造成损失，都应当支付。

约定的违约金低于造成的损失的，当事人可以请求人民法院或者仲裁机构予以增加；约定的违约金过分高于造成的损失的，当事人可以请求人民法院或者仲裁机构予以适当减少。

当事人就迟延履行约定违约金的，违约方支付违约金后，还应当履行债务。

（五）支付定金

《民法典》规定，当事人可以约定一方向对方给付定金作为债权的担保。定金合同自实际交付定金时成立。定金的数额由当事人约定，但是，不得超过主合同标的额的20%，超过部分不产生定金的效力。实际交付的定金数额多于或者少于约定数额的，视为变更约定的定金数额。

定金具有惩罚性，因为支付定金的一方如果不履行合同，无权要求返还定金，接受定金的一方不履行合同的，则双倍返还定金。

《民法典》规定，当事人既约定违约金，又约定定金的，一方违约时，对方可以选择适用违约金或者定金条款。二者不能同时并用，只能选择其一。

定金不足以弥补一方违约造成的损失的，对方可以请求赔偿超过定金数额的损失。

特别提醒

一方违约后，另一方有权要求违约方继续履行合同，也有权要求违约方承担支付违约金和损害赔偿金等责任；违约方非依法律规定，无权选择违约责任的承担形式；只要债权人要求实际履行，又有履行可能，债务人应实际履行；继续履行可以与违约金、损害赔偿和定金责任并用。

五、违约责任和侵权责任的区别和竞合

（一）侵权责任与违约责任的区别

违约责任和侵权责任的区别主要体现在不法行为人与受害人之间是否存在着合同关系，此合同关系也是违约责任与侵权责任竞合产生的基础法律关系。具体来说，这两类责任的主要区别，如表5-3所示。

表5-3 侵权责任与违约责任的区别

	侵权责任	违约责任
当事人之间的关系	不法行为人与受害人之间不一定存在合同关系	不法行为人与受害人之间存在有效的合同关系
归责原则	以过错责任原则为主，以无过错责任原则为辅。仅产品责任、高度危险责任、环境污染和生态破坏责任等为无过错责任	以严格责任原则为主，以过错责任原则为辅。仅租赁合同中承租人的赔偿责任、客运合同中承运人的赔偿责任、有偿委托合同中受托人的赔偿责任等为过错责任
构成要件	存在损害事实	存在违约行为。不论是否有损害
承担方式	不仅包括财产损害的赔偿，也包括人身伤害和精神损害的赔偿。损害赔偿方式、范围不能由当事人事先约定，通常不包括可得利益的丧失	主要是财产损害的赔偿。损害赔偿方式、范围可由当事人事先约定。一般不包括对人身伤害的赔偿和精神损害赔偿，但包括合同履行后可以获得的利益
举证责任	在一般侵权责任中，受害人有义务对加害人的过错举证，在特殊侵权责任中，由加害人反证自己没有过错	违约方应当证明自己没有过错，否则应承担违约责任
免责条件	免责条件或原因只能是法定的，当事人不能事先约定，也不能对不可抗力的范围事先约定	除了法定的免责条件即不可抗力以外，当事人还可以事先约定不承担责任的情况（故意或重大过失的责任除外）
对第三人的责任要求	行为人仅对因自己的过错致使他人受损害的后果负责	如果是第三人的原因造成违约的，当事人仍需向对方承担责任。当事人承担责任后可以向第三人追偿

(二) 违约责任与侵权责任的竞合

侵权责任与违约责任竞合，是指同一个行为既符合侵权行为的构成要件，又符合违约责任的构成要件，因此产生了侵权的民事责任与违约的民事责任相互冲突的现象。例如，某消费者买了一个热水器，后因热水器的质量问题发生爆炸，使消费者的财产受到了损失，此种场合下，消费者既可以要求商家或厂家承担侵权责任，也可以要求其承担违约责任。虽然损害行为只是一个，但产生了两个请求权和两种民事责任。而且，两种责任又具有排斥关系，即其中的任何一个责任都是针对整个违法行为的全面救济，同时并用会造成责任上的重叠或者重复，这显然是不公平的。

《民法典》规定，因当事人一方的违约行为，损害对方人身权益、财产权益的，受损害方有权选择请求其承担违约责任或者侵权责任。

第八节　典型合同

一、买卖合同

(一) 买卖合同的概念与特征

买卖合同，是出卖人转移标的物的所有权于买受人，买受人支付价款的合同。

买卖合同有以下几个法律特征。

(1) 买卖合同是转移标的物的所有权的合同；

(2) 买卖合同是双务合同；

(3) 买卖合同是诺成性合同；

(4) 买卖合同一般是不要式合同。

(二) 当事人主要义务

1. 出卖人的主要义务

(1) 交付标的物及有关单证和资料，并转移所有权。具体包括：

①按照约定的时间交付标的物。《民法典》规定，出卖人应当按照约定的时间交付标的物。约定交付期限的，出卖人可以在该交付期限内的任何时间交付。

特别提醒

《民法典》规定："当事人没有约定标的物的交付期限或者约定不明确的，适用本法第五百一十条、第五百一十一条第四项的规定。"

②按照约定的地点交付标的物。《民法典》规定，出卖人应当按照约定的地点交付标的物。当事人没有约定交付地点或者约定不明确，可以协议补充；不能达成补充协议的，

按照合同相关条款或者交易习惯确定。仍不能确定的,适用下列规定:

第一,标的物需要运输的,出卖人应当将标的物交付给第一承运人以运交给买受人,交付第一承运人的地点为交付地点;

第二,标的物不需要运输,出卖人和买受人订立合同时知道标的物在某一地点的,出卖人应当在该地点交付标的物;不知道标的物在某一地点的,应当在出卖人订立合同时的营业地交付标的物。

③按照约定的包装方式交付标的物。《民法典》规定,出卖人应当按照约定的包装方式交付标的物。对包装方式没有约定或者约定不明确,依据本法第五百一十条的规定仍不能确定的,应当按照通用的方式包装;没有通用方式的,应当采取足以保护标的物且有利于节约资源、保护生态环境的包装方式。

《民法典》规定,因出卖人未取得处分权致使标的物所有权不能转移的,买受人可以解除合同并请求出卖人承担违约责任。法律、行政法规禁止或者限制转让的标的物,依照其规定。

(2) 瑕疵担保。《民法典》规定,出卖人应当按照约定的质量要求交付标的物。出卖人提供有关标的物质量说明的,交付的标的物应当符合该说明的质量要求。

《民法典》规定:"当事人对标的物的质量要求没有约定或者约定不明确,依据本法第五百一十条的规定仍不能确定的,适用本法第五百一十一条第一项的规定。"

《民法典》规定,出卖人就交付的标的物,负有保证第三人对该标的物不享有任何权利的义务,但是法律另有规定的除外。买受人订立合同时知道或者应当知道第三人对买卖的标的物享有权利的,出卖人不承担此项义务。

《民法典》规定,因标的物不符合质量要求,致使不能实现合同目的的,买受人可以拒绝接受标的物或者解除合同。买受人拒绝接受标的物或者解除合同的,标的物毁损、灭失的风险由出卖人承担。

《民法典》规定,买受人有确切证据证明第三人对标的物享有权利的,可以中止支付相应的价款,但是出卖人提供适当担保的除外。

当事人约定减轻或者免除出卖人对标的物瑕疵承担的责任,因出卖人故意或者重大过失不告知买受人标的物瑕疵的,出卖人无权主张减轻或者免除责任。

2. 买受人的主要义务

(1) 支付价款。

①按照约定的数额和支付方式支付价款。《民法典》规定,买受人应当按照约定的数额和支付方式支付价款。对价款的数额和支付方式没有约定或者约定不明确的,适用本法

第五百一十条、第五百一十一条第二项和第五项的规定。

②按照约定的地点支付价款。《民法典》规定，买受人应当按照约定的地点支付价款。对支付地点没有约定或者约定不明确，依据本法第五百一十条的规定仍不能确定的，买受人应当在出卖人的营业地支付；但是，约定支付价款以交付标的物或者交付提取标的物单证为条件的，在交付标的物或者交付提取标的物单证的所在地支付。

③按照约定的时间支付价款。《民法典》规定，买受人应当按照约定的时间支付价款。对支付时间没有约定或者约定不明确，依据本法第五百一十条的规定仍不能确定的，买受人应当在收到标的物或者提取标的物单证的同时支付。

（2）接受标的物并对其检验。

买受人在收到标的物时有两个义务，一是及时检验的义务，二是将标的物不符合约定的情形及时通知出卖人的义务。

《民法典》规定，买受人收到标的物时应当在约定的检验期限内检验。没有约定检验期限的，应当及时检验。

《民法典》规定，当事人约定检验期限的，买受人应当在检验期限内将标的物的数量或者质量不符合约定的情形通知出卖人。买受人怠于通知的，视为标的物的数量或者质量符合约定。

当事人没有约定检验期限的，买受人应当在发现或者应当发现标的物的数量或者质量不符合约定的合理期限内通知出卖人。买受人在合理期限内未通知或者自收到标的物之日起2年内未通知出卖人的，视为标的物的数量或者质量符合约定；但是，对标的物有质量保证期的，适用质量保证期，不适用该2年的规定。

出卖人知道或者应当知道提供的标的物不符合约定的，买受人不受前两款规定的通知时间的限制。

二、赠与合同

（一）赠与合同的概念与特征

赠与合同，是赠与人将自己的财产无偿给予受赠人，受赠人表示接受赠与的合同。赠与的财产应为赠与人的合法财产，并为法律允许处分的具有财产价值的物、货币、有价证券及财产权。

赠与合同具有以下法律特征。

（1）赠与合同为转移财产所有权合同。在赠与合同中，赠与人将其享有所有权的财产无偿给予受赠人，从而使受赠人取得该财产的所有权。

（2）赠与合同为诺成合同。只要双方当事人意思表示一致，赠与合同即成立，赠与合同自成立时起生效，不以赠与物的实际交付作为合同的生效要件。《民法典》对赠与合同的规定与传统民法将赠与合同规定为实践合同有所不同。

赠与合同既有诺成合同的特点，又有实践合同的特点。一般地，赠与合同自受赠人表示接受赠与时成立，不要求以接受赠与物作为合同成立的要件，从而表现为诺成合同的特点。但公民之间的赠与关系或者当事人有特别约定的合同，可以赠与物交付作为合同成立的要件，使得这部分合同具有实践合同的特点。

（3）赠与合同为无偿、单务合同。无偿性是赠与合同最突出的一个特征。受赠人在取得赠与物所有权的同时，不需要向赠与人给付任何对价，即受赠人纯获利益。一般情况下，赠与人负有给付的义务而不享有权利，受赠人享有接受财产的权利而不承担任何给付义务。在附义务的赠与合同中，受赠人要承担一定的义务，并以此作为取得赠与物所有权的一个条件，但这一义务对受赠人所产生的负担是远远低于其所获得的利益的。

（二）赠与合同当事人的主要义务

1. 赠与人的主要义务

（1）交付赠与标的物。赠与人的主要义务是依照合同约定的期限、地点、方式、标准将标的物转移给受赠人。赠与的财产依法需要办理登记等手续的，应当办理有关手续。因赠与合同系无偿合同，因此，赠与人只在因故意和重大过失致使赠与的财产毁损、灭失时，才承担损害赔偿责任。

赠与人虽负交付赠与标的物的义务，但在赠与财产的权利转移之前，享有任意撤销权，即不交付赠与标的物。但是，经过公证的赠与合同或者依法不得撤销的具有救灾、扶贫、助残等公益、道德义务性质的赠与合同，不可以撤销。但在合同签订后，赠与人的经济状况显著恶化，严重影响生产或家庭生活，可以不再履行赠与义务。

（2）瑕疵担保。在赠与合同履行中，一般不要求赠与人承担瑕疵担保义务。但有如下两种例外：第一，在附义务赠与中，赠与的财产有瑕疵的，赠与人在附义务的限度内承担与出卖人相同的违约责任；第二，赠与人故意不告知瑕疵或保证无瑕疵，造成受赠人损失的，应当承担损害赔偿责任。

2. 受赠人的主要权利和义务

（1）受赠人的权利。受赠人享有无偿取得赠与物的权利。《民法典》规定，经过公证的赠与合同或者依法不得撤销的具有救灾、扶贫、助残等公益、道德义务性质的赠与合同，赠与人不交付赠与财产的，受赠人可以请求交付。赠与人故意或者重大过失致使赠与的财产毁损、灭失，造成受赠人损失的，受赠人可要求赠与人承担损害赔偿责任。

（2）受赠人的义务。在附义务赠与中，受赠人应在赠与物的价值限度范围内按约定履行所负的义务，当受赠人不履行义务时，赠与人有权请求履行或撤销赠与。

【案例】甲公司在某电视台地震赈灾募捐晚会上公开表示捐赠救灾物资折合人民币1 000万元，捐款人民币3 000万元。甲公司将所捐赠救灾物资运往灾区途中，部分救灾物资因山体滑坡而毁损。3 000万元捐款实际支付1 500万元，剩余的部分甲公司随后表示撤销。

【问题】

（1）本案赠与合同何时成立？说明理由。

（2）因山体滑坡而毁损的部分捐赠物资，赠与人应否承担赔偿责任？说明理由。

（3）甲公司撤销的1 500万元捐款能否成立？为什么？

（4）受赠人是否可以要求甲公司支付未付的1 500万元？为什么？

三、借款合同

（一）借款合同的概念与特征

借款合同，是借款人向贷款人借款，到期返还借款并支付利息的合同。其中向对方借款的一方称为借款人，出借钱款的一方称为贷款人。借款合同依据贷款人不同可以分为金融机构借款合同和自然人间的借款合同。

借款合同具有以下法律特征。

（1）借款合同当事人一般是特定的。除自然人间的借款外，借款合同贷款方仅限于国家授权办理贷款业务的金融机构。

（2）借款合同的标的物为货币资金。借款合同是转移标的货币所有权的合同。

（3）借款合同可为有偿合同，也可为无偿合同。在金融机构的贷款合同中，借款人到期应向贷款人支付利息是有偿使用货币的对价；但在自然人间的借款中，可以约定利息，也可以不约定利息，没有约定利息的，视为无息借贷。

（4）借款合同可以是诺成性合同，也可以是实践性合同。金融机构的借款合同从依法成立时生效，故为诺成性合同；自然人间的借款合同从货币交付借款之日起生效，故为实践性合同。

（二）借款合同当事人的主要义务

1. 贷款人的主要义务

贷款人的主要义务是按照约定的日期提供借款。《民法典》规定，贷款人未按照约定的日期、数额提供借款，造成借款人损失的，应当赔偿损失。

2. 借款人的主要义务

（1）按照约定收取借款。《民法典》规定，借款人未按照约定的日期、数额收取借款的，应当按照约定的日期、数额支付利息。

（2）提供真实情况。《民法典》规定，订立借款合同，借款人应当按照贷款人的要求提供与借款有关的业务活动和财务状况的真实情况。

（3）按照约定的借款用途使用借款。《民法典》规定，借款人未按照约定的借款用途使用借款的，贷款人可以停止发放借款、提前收回借款或者解除合同。

（4）按照约定的期限支付利息。《民法典》规定，借款人应当按照约定的期限支付利息。对支付利息的期限没有约定或者约定不明确，依据本法第五百一十条的规定仍不能确定，借款期间不满一年的，应当在返还借款时一并支付；借款期间 1 年以上的，应当在每届满 1 年时支付，剩余期间不满 1 年的，应当在返还借款时一并支付。

（5）按照约定的期限返还借款。《民法典》规定，借款人应当按照约定的期限返还借款。对借款期限没有约定或者约定不明确，依据《民法典》第五百一十条的规定仍不能确定的，借款人可以随时返还；贷款人可以催告借款人在合理期限内返还。

《民法典》规定，借款人未按照约定的期限返还借款的，应当按照约定或者国家有关规定支付逾期利息。

四、租赁合同

(一) 租赁合同概述

1. 租赁合同的概念与特征

租赁合同,是出租人将租赁物交付承租人使用、收益,承租人支付租金并于租赁期满时返还租赁物的合同。将自己的财产交给他人使用的人叫作出租人,使用他人财产并支付租金的人叫承租人。

租赁合同有以下法律特征。

(1) 租赁合同是转让财产使用权的合同。在租赁期内,承租人享有租赁物的使用、收益权,所有权仍归出租人享有。

(2) 租赁合同是双务、有偿、诺成合同。

2. 租赁合同的效力

租赁合同是诺成合同,一方意思表示经对方同意时合同即生效。当事人未依照法律、行政法规规定办理租赁合同登记备案手续的,不影响合同的效力。

租赁物在承租人按照租赁合同占有期限内发生所有权变动的,不影响租赁合同的效力。

3. 租赁合同的期限

租赁期限不得超过20年。超过20年的,超过部分无效。租赁期限届满,当事人可以续订租赁合同;但是,约定的租赁期限自续订之日起,不得超过20年。

租赁期限6个月以上的,应当采用书面形式。当事人未采用书面形式,无法确定租赁期限的,视为不定期租赁。

《民法典》规定,当事人对租赁期限没有约定或约定不明确,依据本法第五百一十条的规定仍不能确定的,视为不定期租赁;当事人可以随时解除合同,但应当在合理期限之前通知对方。

(二) 租赁合同当事人的主要义务

1. 出租人的主要义务

(1) 按照约定交付租赁物并使其保持约定用途。《民法典》规定,出租人应当按照约定将租赁物交付承租人,并在租赁期限内保持租赁物符合约定的用途。

《民法典》规定,出租人应当履行租赁物的维修义务,但是当事人另有约定的除外。

《民法典》规定,承租人在租赁物需要维修时可以请求出租人在合理期限内维修。出租人未履行维修义务的,承租人可以自行维修,维修费用由出租人负担。因维修租赁物影响承租人使用的,应当相应减少租金或者延长租期。

因承租人的过错致使租赁物需要维修的,出租人不承担前款规定的维修义务。

(2) 瑕疵担保。出租人应当保证租赁物不存在权利瑕疵。《民法典》规定,因第三人主张权利,致使承租人不能对租赁物使用、收益的,承租人可以请求减少租金或者不支付租金。第三人主张权利的,承租人应当及时通知出租人。

2. 承租人的主要义务

（1）按照约定的方法使用租赁物。《民法典》规定，承租人应当按照约定的方法使用租赁物。对租赁物的使用方法没有约定或者约定不明确，依据本法第五百一十条的规定仍不能确定的，应当根据租赁物的性质使用。

（2）妥善保管租赁物。《民法典》规定，承租人应当妥善保管租赁物，因保管不善造成租赁物毁损、灭失的，应当承担赔偿责任。

（3）按照约定的期限支付租金。《民法典》规定，承租人应当按照约定的期限支付租金。对支付租金的期限没有约定或者约定不明确，依据本法第五百一十条的规定仍不能确定，租赁期限不满1年的，应当在租赁期限届满时支付；租赁期限1年以上的，应当在每届满1年时支付，剩余期限不满1年的，应当在租赁期限届满时支付。

（4）按期返还租赁物。《民法典》规定，租赁期限届满，承租人应当返还租赁物。返还的租赁物应当符合按照约定或者根据租赁物的性质使用后的状态。

五、承揽合同

（一）承揽合同的概念与特征

承揽合同，是承揽人按照定做人的要求完成工作，交付工作成果，定作人给付报酬的合同。承揽包括加工、定作、修理、复制、测试、检验等工作。承揽人可以是一人，也可以是数人。当承揽合同为数人时，即为共同承揽人，如果没有相反约定时，共同对定作人负连带责任。

承揽合同具有以下法律特征。

（1）以完成一定工作为内容。承揽合同的标的不是人的劳动，而是劳动成果。如冲洗照片、修理电器、亲子鉴定等。承揽人应当按照合同约定的标准和要求完成工作；定作人的主要目的是取得承揽人完成的工作成果。

（2）标的物具有特定性。定作人对工作成果的质量、数量、规格、形状等的要求使承揽标的物特定化，使它与其他物品有所区别，从而满足定作人的特殊需要。

（3）承揽人工作具有独立性。定作人与承揽人之间订立承揽合同，一般是建立在对承揽人的能力和条件信任的基础上。只有承揽人独立完成合同约定的工作才符合定作人的要求。除另有约定的除外，未经定作人同意，承揽人不得将承揽的主要工作交由第三人完成。承揽人将辅助工作交第三人完成，或依约将主要工作交第三人完成的，应就第三人完成的工作对定作人负责。

（4）承揽合同是诺成性合同、双务合同、有偿合同、不要式合同。

（二）承揽合同当事人的主要义务

1. 承揽人的主要义务

（1）按照约定完成工作。承揽人应当按照约定的时间、方式、数量、质量完成交付工作，这是承揽人的首要义务。承揽人应当以自己的设备、技术和劳力，亲自完成约定的工作。

（2）提供和接受原材料。完成定做工作所需的原材料，可依约由承揽人或定作人提供。承揽人提供材料的，应当按照约定选购并接受定作人检验；定作人提供的，承揽人应当及时检验，妥善保管，不得更换。

（3）通知和保密义务。承揽人对于定作人提供的原材料不符合约定的，或定作人提供的图纸、技术不合理的，应当及时通知定作人。对于完成工作定作人有保密要求的，承揽人应当保守秘密，不得留存复制品或者技术资料。

（4）接受监督和检验。承揽人在完成工作期间，应当接受定作人必要的监督和检验以保证工作适合定作人的要求。

（5）交付工作成果。承揽人完成工作的，应当向定作人交付该工作成果，并提交必要的技术资料和有关质量证明。

2. 定作人的主要义务

（1）支付酬金。定作人应当按照约定的期限和数额向定作人支付酬金；合同中对支付酬金约定不明的，按照交易惯例支付；如果还不能确定，应按同时履行原则支付。

（2）依约提供材料。合同约定由定作人提供材料的，定作人应当按照约定履行。

（3）协助履行。为了方便承揽及时完成工作成果，定作人应依约定和诚实信用原则，积极协助承揽人工作。首先，依约需提供材料的，应及时提供；其次，应当依约提供图纸和技术要求；最后，对承揽人告知提供的材料或图纸或不符合要求的，应及时补正。定作人不履行协助义务的，承揽人可以行使迟延履行抗辩权，并在定作人拒绝补正时行使合同解除权。

（4）验收并受领工作成果。对承揽人完成并交付的工作成果，定作人应及时检验，符合约定要求，即接受该成果。超过约定期限领取定作物的，定作人要负受领迟延责任。

> **【案例】** 甲公司与乙公司达成协议，约定由乙公司按照甲公司的要求制作一批有甲公司标识的公司10周年年庆的礼品。乙公司因生产任务繁重，为保证按期交货，未经甲公司许可私下委托丙公司制作。因丙公司未按期完成制作任务，致使乙公司未能按期向甲公司交付该批礼品。
>
> **【问题】**
> （1）甲乙公司之间的协议属于买卖合同还是承揽合同？为什么？
> （2）乙公司是否有权委托丙公司制作礼品？为什么？
> （3）本案中丙公司是否应向甲公司承担违约责任？为什么？

六、运输合同

（一）运输合同的概念与特征

运输合同，是承运人将旅客或者货物从起运地点运输到约定地点，旅客、托运人或者收货人支付票款或者运输费用的合同。

运输合同具有以下法律特征。

（1）运输合同以运送行为为标的。运输合同的主体为承运人、旅客和托运人，当事人订立合同的直接目的是将旅客或货物运送到约定地点，因而不同于承揽合同。运输合同的旅客或托运人需要的不是承运人的工作成果而是运送行为,旅客和货物仅是运输行为的对象。

(2) 运输合同为双务、有偿合同。承运人负有将旅客或货物运送到约定地点的义务,旅客或托运人负有按规定支付票款或运费的义务,故为双务、有偿合同。但作为例外,运输合同也有无偿的情况,如身高未达一定高度的小孩免费乘坐公交车。

(3) 运输合同多为格式合同。运输合同多为承运人提供,是为了重复使用而预先拟定的格式条款,在订立合同时旅客或托运人只有同意或不同意的权利。运输合同一般为格式合同,这并不排除有的运输合同不采用格式合同的形式,而由双方协商订立。

(4) 客运合同承运人具有强制缔约的义务。客运合同具有较强的公益性,负担公共运输任务的承运人,对于旅客合理的缔约要求不得拒绝。

(二) 客运合同

1. 客运合同的概念与特征

客运合同,是承运人将旅客及其行李安全运输到目的地,旅客为此支付运费的合同。客运合同除具有运输合同的一般特征外,还具有以下法律特征。

(1) 客运合同的标的为运输旅客的行为。客运合同的目的是承运人按时将旅客安全送达目的地,旅客不仅是合同的当事人还是承运人运送的对象。

(2) 客运合同采取票证式。客运合同为格式合同,并采取票证形式,客票既是客运合同的书面形式,又是有价证券。《民法典》规定,在一般情况下,客运合同自承运人向旅客交付客票时成立,但当事人另有约定或者另有交易习惯的除外。

(3) 客运合同还包括运送旅客行李的内容。承运人在运输旅客的同时,还必须按照公告的规定,随同运输旅客一定数量的行李,对超过规定数量的行李,旅客应当凭客票办理托运。

2. 客运合同当事人的主要义务

(1) 承运人的主要义务。

①告知。《民法典》规定,承运人应当向旅客及时告知有关不能正常运输的重要事由和安全运输应当注意的事项。如在运输中发生不可抗力或运输工具发生故障,致使承运人不能将旅客按时运到目的地,承运人都应当及时向旅客告知这些不能正常运输的重要事由。

②安全运输。承运人对旅客的人身伤害负无过错责任,但承运人能够证明旅客的人身伤害是由于旅客的自身健康原因,旅客的故意或重大过失造成的除外。承运人对旅客随身携带的行李的损坏或灭失承担过错责任。

③依约送达。按照约定的时间、地点、方式和运输工具将旅客运送到目的地是承运人的主要义务。

④救助。《民法典》规定,承运人在运输过程中,应当尽力救助患有急病、分娩、遇险的旅客。

(2) 旅客的主要义务。

①支付运费。必须按规定支付票价、行李运费等费用。

②不得携带违禁品。为了维护运输安全，旅客不得随身携带或者在行李中夹带易燃、易爆、有毒、有腐蚀性、放射性等有可能危害运输工具上人身和财产安全的危险品或违禁品乘车。

③按客票记载的时间乘运。承运人有义务按客票载明的时间运输旅客，旅客也应按照客票记载的时间乘坐运输工具。

（三）货运合同

1. 货运合同的概念和特征

货运合同，是承运人将托运人交付的货物运送到指定的地点，托运人支付运费的合同。

货运合同的法律特征主要有以下几点。

（1）货运合同往往涉及第三人，即收货人。收货人不是货运合同的当事人，但可以独立享有合同权利并为此承担相应的义务。

（2）货运合同以将货物交付给收货人为履行完毕。

（3）货运合同为诺成性合同。

2. 货运合同当事人的主要义务

（1）托运人的主要义务。一是如实申报托运货物；二是依约交付托运物并办理有关手续；三是按规定支付运费和其他有关费用。

（2）承运人的主要义务。一是按合同约定调配适当的运输工具和设备，接收承运的货物，按期将货物运到指定的地点；二是从接收货物时起至交付收货人之前，负有安全运输和妥善保管的义务，承运人对承运货物的毁损、灭失承担无过错责任，但货物毁损灭失是由于不可抗力、货物本身的自然损耗或者托运人及收货人的原因造成的除外；三是货物运到指定地点后，应及时通知收货人收货。

（3）收货人的主要义务。一是检验及领取货物；二是支付托运人少交或未交的运费或其他费用的义务。

同步练习

一、单项选择题

1. （　　）不适用于《民法典》的合同篇。
   A. 出版合同　　　　　　　　B. 收养合同
   C. 质押合同　　　　　　　　D. 土地使用权合同

2. 陈某以信件发出要约，信件未载明承诺开始日期，仅规定承诺期限为10天。5月8日，陈某将信件投入邮箱；5月9日，邮局将信件加盖邮戳发出；5月11日，信件送达受要约人李某的办公室；李某因外出，直至5月15日才知悉信件内容。根据《民法典》的规定，该承诺期限的起算日为（　　）。

A. 5月8日 B. 5月9日 C. 5月11日 D. 5月15日

3. 甲公司于2月5日以普通信件向乙公司发出要约，要约中表示以2 000元一吨的价格卖给乙公司某种型号钢材100吨，甲公司随即又发了一封快件给乙公司，表示原要约中的价格作废，现改为2 100元一吨，其他条件不变。普通信件2月8日到达，快信2月7日到达，乙公司两封信均已收到，但秘书忘了把第2封信交给董事长，乙公司董事长回信对普通信件发出的要约予以承诺，则(　　)。

A. 合同成立，快件的意思表示未生效　　B. 合同成立，要约与承诺承得了一致
C. 合同未成立，原要约被撤销　　　　　D. 合同未成立，原要约被新要约撤回

4. 2017年4月30日，甲以手机短信形式向乙发出购买一台笔记本电脑的要约，乙于当日回短信同意要约。但由于"五一"期间短信系统繁忙，甲于5月3日才收到乙的短信，并因个人原因于5月8日才阅读乙的短信，后于9日回复乙"短信收到"。甲乙之间买卖合同的成立时间是(　　)。

A. 2017年4月30日　　　　　　　　B. 2017年5月3日
C. 2017年5月8日　　　　　　　　　D. 2017年5月9日

5. 甲、乙两公司拟签订一份书面买卖合同，甲公司签字盖章后尚未将书面合同邮寄给乙公司时，即接到乙公司按照合同约定发来的货物，甲公司经清点后将该批货物入库。次日将签字盖章后的书面合同发给乙公司。乙公司收到后，即在合同书上签字盖章。根据《民法典》的规定，该买卖合同的成立时间是(　　)。

A. 甲公司签字盖章时
B. 乙公司签字盖章时
C. 甲公司接受乙公司发来的货物时
D. 甲公司将签字盖章后的合同发给乙公司时

6. 张某欲购买李某的一辆旧的小汽车，但对该车的车况不放心。于是二人在买卖该车的合同中约定，如果在该车上一年年检有效期满之前，能顺利通过下一年度年检，张某就购买该车。该约定是(　　)。

A. 附生效条件的合同　　　　　　　B. 附失效条件的合同
C. 附生效期限的合同　　　　　　　D. 附解除期限的合同

7. 公民甲与房地产开发商乙签订一份商品房买卖合同，乙提出，为少交契税建议将部分购房款算作装修费用，甲未表示反对。后发生纠纷，甲以所付装修费用远远高于装修标准为由，请求法院对装修费用予以变更。该装修费用条款(　　)。

A. 是双方当事人真实意思表示，有效　　B. 显失公平，可变更
C. 以合法形式掩盖非法目的，无效　　　D. 违反法律禁止性规定，无效

8. 甲与乙签订一份买卖合同，双方约定，甲提供一批货物给乙，货到后一个月内付款。合同签订后甲迟迟没有发货，乙催问甲，甲称由于资金紧张，暂无法购买生产该批货物的原材料，要求乙先付货款，乙拒绝了甲的要求。乙拒绝先付货款的行为在法律上称为(　　)。

A. 不安抗辩权　　　　　　　　　　B. 先履行抗辩权
C. 同时履行抗辩权　　　　　　　　D. 撤销权

9. 甲、乙订立买卖合同,约定乙收货后一周内付款。甲方在交货前发现乙方经营状况严重恶化,根据《民法典》的规定,甲方可行使(　　)。

A. 不安抗辩权　　　　　　　　　　B. 先履行抗辩权

C. 同时履行抗辩权　　　　　　　　D. 撤销权

10. 甲公司的分公司在其经营范围内以自己的名义对外签订一份货物买卖合同。根据《公司法》的规定,下列关于该合同的效力及其责任承担的表述中,正确的是(　　)。

A. 该合同有效,其民事责任由甲公司承担

B. 该合同有效,其民事责任由分公司独立承担

C. 该合同有效,其民事责任由分公司承担,甲公司负补充责任

D. 该合同无效,甲公司和分公司均不承担民事责任

二、多项选择题

1. 甲、乙双方达成协议,约定甲将房屋无偿提供给乙居住,乙则无偿教甲的女儿学钢琴。对于该协议,下列说法正确的有(　　)。

A. 属于无名合同

B. 属于实践合同

C. 应适用《民法典》总则的规定

D. 可以参照适用《民法典》关于租赁合同的规定

2. 甲、乙为兄弟,甲借给乙人民币1万元,约定年息800元。那么甲、乙的借款合同是(　　)。

A. 有偿合同　　B. 无偿合同　　C. 单务合同　　D. 双务合同

3. 下列适用我国《民法典》规定的有(　　)。

A. 婚姻协议　　B. 婚前财产协议　　C. 婚后财产协议　　D. 分家财产协议

4. 下列合同中,适用我国《民法典》规定的有(　　)。

A. 甲收养乙的协议　　　　　　　　B. 农贸市场上的买卖协议

C. 甲赠与乙一台计算机的协议　　　D. 甲与乙签订的婚姻协议

5. 根据合同法律制度的规定,下列各项中,属于不得撤销要约的情形有(　　)。

A. 要约人确定了承诺期限　　　　　B. 要约已经到达受要约人

C. 要约人明示要约不可撤销　　　　D. 受要约人已发出承诺的通知

6. 根据《民法典》规定,下列各项中,属于要约失效的情形有(　　)。

A. 要约人依法撤回要约

B. 要约人依法撤销要约

C. 承诺期限届满,受要约人未做出承诺

D. 受要约人对要约内容做出实质性变更

7. A市甲厂因购买B市乙公司的一批木材与乙公司签订了一份买卖合同,但合同中未约定交货地与付款地,双方就此未达成补充协议,按照合同有关条款或者交易习惯也不能确定。根据《民法典》规定,下列表述中正确的有(　　)。

A. A市为交货地　　　　　　　　　B. B市为交货地

C. A 市为付款地 　　　　　　　　D. B 市为付款地
8. 下列合同中可撤销的有(　　)。
A. 因重大误解而订立的合同
B. 订立时显失公平的合同
C. 受欺诈而订立且损害国家利益的合同
D. 恶意串通并损害国家利益的合同
9. 当合同内容约定不明确且双方当事人又未达成补充协议时,以下说法正确的有(　　)。
A. 质量要求不明确的,按照国家标准、行业标准履行
B. 价款或者报酬不明确的,按照订立合同时履行地的市场价格履行;依法应当执行政府定价或者政府指导价的,按照规定履行
C. 履行期限不明确的,债务人可以随时履行,债权人也可以随时要求履行,但应当给对方必要的准备时间
D. 履行费用的负担不明确的,由履行义务一方负担
10. 关于缔约过失责任,下列说法正确的是(　　)。
A. 缔约过失责任产生于合同的缔结阶段
B. 缔约过失责任产生于合同的履行阶段
C. 缔约过失责任是法定责任
D. 缔约过失责任是当事人的约定责任

三、简答题

1. 简述要约与要约邀请的区别。
2. 简述合同履行的三种抗辩权。
3. 简述无效合同的法定情形。
4. 简述缔约过失责任与违约责任的区别。

四、案例分析题

甲公司得知乙公司所建办公楼要购置一批空调,便于 2 月 1 日致函乙公司称可以每套 1 000 元的优惠价格出售空调。乙公司考虑到甲公司生产的产品质量可靠,便于 2 月 2 日回函订购 300 套空调,但提出每套价格 800 元,同时要求 3 个月内将空调送至乙公司,验货后 7 日内电汇付款。甲公司收到函件后,于 2 月 4 日又发函致乙公司,同意乙公司提出的订货数量、交货时间及方式、付款时间及方式,但同时提出其每套空调售价 1 000 元已属优惠价格,考虑乙公司订货数量较多,可以按每套空调 900 元出售。乙公司 2 月 6 日发函表示同意。2 月 7 日,甲公司电话告知乙公司收到 2 月 6 日函件。

请问:这一过程中属于首次要约的是哪一天的函件?

第六章

工业产权法

学习目标

◆ **知识目标**
1. 了解商标权和专利权的概念和种类；
2. 掌握商标注册的原则和程序，以及如何使用和保护商标权；
3. 掌握专利权的申请原则、取得条件，以及如何终止、限制和保护专利权。

◆ **能力目标**
1. 具备分析专利权和商标权纠纷的能力；
2. 能够运用公司法的基础知识分析和解决相关案例。

◆ **素养目标**
让学生明白通过商标注册对特定商标或发明创造享有独占使用权是可行的，任何侵犯注册商标专用权或专利权的行为都是不可取的。

导入案例

"卡西欧"版电动车和"厦大"房地产公司

【案例一】"卡西欧"是日本卡西欧计算机株式会社的知名品牌。卡西欧株式会社成立于1957年，早在1982年就陆续在我国商标局申请注册了"CASIO""卡西欧"等商标。可是，卡西欧株式会社调查发现，近年来，浙江义乌、温州等地的市面上出现了以"卡西欧"为商标的电动自行车。为此，公司人员特地购买了一辆，发现其生产商是上海博海汽车部件制造有限公司（以下简称博海公司），销售商是上海绿奔贸易有限公司（以下简称绿奔公司）。于是，卡西欧株式会社向法院起诉，要求两家公司停止侵权，共同赔偿人民币50万元。

博海公司辩称，自己也向国家商标局申请注册了"卡西欧"商标，因卡西欧株式会社提出异议，现正在异议程序中，故自己未侵权。此外，生产的只是几辆样车，未正式投产。绿奔公司也辩称，涉案电动自行车是博海公司要求其变卖的几辆样车，自己曾要求博海公司提供生产许可证、公章、营业执照及商标受理通知书,已尽到注意义务。

【案例二】著名高校厦门大学和上海的一家房地产公司本来是风马牛不相及,但因为一个共同的简称——"厦大",厦门大学以对方侵犯自己名称权为由,将这家房地产公司告上法庭,并索赔500万元经济损失。

厦门大学成立于1921年,是我国重点大学之一。2000年9月,该校申请注册了"厦门大学"名称的注册商标,内容包括"厦门大学"的中英文文字组成、图形商标和简称"厦大"的中英文文字组成。校方认为,上海厦大房地产公司未经学校同意,将"厦大"作为公司字号从事营利活动,侵犯了学校名称权,要求其变更名称,并赔偿经济损失。

厦大房地产公司的"东家"是厦门大洋集团股份有限公司和厦门象屿保税区大洋国际贸易有限公司,该公司于1999年7月在上海注册成立,主要从事房地产开发。对于被指控侵权,厦大房地产公司表示,自己并非主观故意,只是因为两个发起人名称中均有"厦门大洋"字号,所以抽出"厦大"两字作为公司名称,因此,和厦门大学的"厦大""撞车"纯属巧合。

根据上述案例,回答下列问题,并说明理由:
(1) 卡西欧株式会社的诉讼请求是否会得到法院支持?
(2) 你认为注册防御商标和联合商标的利弊是什么?
(3) 厦门大学的诉讼请求是否会得到法院支持?
(4) 商标专用权的保护范围是什么?

分析提示

第一节 工业产权法概述

一、工业产权的概念与特征

工业产权是指人们依法对应用于商品生产和流通领域中的发明创造等智力成果,在一定地区和期限内享有的专有权。在我国,工业产权主要包括商标权和专利权。工业产权是知识产权的重要组成部分,它和著作权一起被统称为知识产权。

工业产权属于无形财产权,具有以下法律特征。

(一) 专有性

工业产权是国家赋予专利权人和商标专用权人,在有效期内对其专利和商标享有的独占使用、收益和处分的权利。未经权利人许可,任何第三人皆不得使用,否则,即构成侵权。

(二) 地域性

工业产权的地域性是指工业产权的地域限制,即一个国家法律所确认和保护的工业产权,只在该国范围内有效,对其他国家不发生效力。如想获得他国的保护,必须依照该国的法律取得相应的知识产权或根据共同签订的国际条约取得保护。

（三）时间性

工业产权的时间性是指工业产权的时间限制，即工业产权的保护是有一定期限的，这就是工业产权的有效期。法律规定的期限届满，工业产权的专有权即告终止，权利人即丧失其专有权，这些智力成果即成为社会财富。

二、工业产权法的概念与立法现状

工业产权法是调整因确认、保护和使用工业产权而发生的各种社会关系的法律规范的总称。我国的工业产权法主要包括《中华人民共和国商标法》（以下简称《商标法》）、《中华人民共和国商标法实施条例》（以下简称《商标法实施条例》）、《中华人民共和国专利法》（以下简称《专利法》）、《中华人民共和国专利法实施细则》（以下简称《专利法实施细则》）。

三、工业产权的国际保护

工业产权的国际保护要解决的问题有两个：一是本国应该尊重和保护工业产权外国所有人的利益；二是防止外国对工业产权的本国所有人利益的侵害。保护工业产权的国际条约主要有以下几个。

（一）《保护工业产权巴黎公约》（以下简称《巴黎公约》）

它是保护知识产权的第一个公约，主要提出了一些工业产权保护的基本原则，如国民待遇原则、优先权原则及独立性原则等。我国于1985年3月19日正式参加。

（二）《商标国际注册马德里协定》

它是对《巴黎公约》的补充，主要解决商标的国际注册问题。我国1989年10月成为协定国。

（三）《专利合作条约》

它是关于专利申请的国际合作条约，主要规定了国际专利申请程序。我国在1994年1月1日成为其成员国。

第二节　商标法

一、商标和商标法的概念

（一）商标的概念

商标（trademark），是指商品的生产经营者或者服务的提供者为了自己的商品或服务区别于他人的商品或服务而在自己的商品或服务上使用的具有显著特征的，易于识别的标志。商标具有识别商品来源、促进销售、保证商品品质、广告宣传和树立商业声誉等功能。商标一般由文字、图形、字母、数字、三维标志、颜色组合和声音等，以及上述要素的组合构成。

1. 商标的基本标准

商标的基本标准即商标的禁用条款。无论是注册商标或者未注册商标都必须符合这个基本标准，不得违背。《商标法》规定，下列标志不得作为商标使用：

（1）同中华人民共和国的国家名称、国旗、国徽、国歌、军旗、军徽、军歌、勋章等相同或者近似的，以及同中央国家机关的名称、标志、所在地特定地点的名称或者标志性建筑物的名称、图形相同的；

（2）同外国的国家名称、国旗、国徽、军旗等相同或者近似的，但经该国政府同意的除外；

（3）同政府间国际组织的名称、旗帜、徽记等相同或者近似的，但经该组织同意或者不易误导公众的除外；

（4）与表明实施控制、予以保证的官方标志、检验印记相同或者近似的，但经授权的除外；

（5）同"红十字""红新月"的名称、标志相同或者近似的；

（6）带有民族歧视性的；

（7）带有欺骗性，容易使公众对商品的质量等特点或者产地产生误认的；

（8）有害于社会主义道德风尚或者有其他不良影响的。

县级以上行政区划的地名或者公众知晓的外国地名，不得作为商标。但是，地名具有其他含义或者作为集体商标、证明商标组成部分的除外；已经注册的使用地名的商标继续有效。

2. 商标的注册条件

《商标法》规定，申请注册的商标应当同时具备以下两个条件：

（1）应当有显著特征，便于识别。商标的基本功能是使人们通过商标区别不同生产经营者的商品和服务。商标的显著特征，是指足以使相关公众区分商品或者服务来源的特征。商标具有显著特征，就意味着该商标不能与他人的商标相同，也不能与他人的商标近似。要求申请注册的商标具有显著特征，目的是方便相关公众识别商品或者服务的来源，并在此基础上作出是否购买该商品、消费该服务的决定。例如，"农夫山泉""娃哈哈""百岁山"等是不同生产者使用在他们所生产的矿泉水这一商品上的标志，用以区别不同的矿泉水生产厂家，便于消费者认识和购买。

商标的显著性可以通过两种方式获得：一是标本身具有显著性。即商标所使用的文字、图形、字母、数字、三维标志或颜色的组合等新颖、醒目，富有个性，与指定使用的商品没有直接联系，可以起到区别商品和服务的作用。例如，"索尼""苹果"等都是本身具有显著性的商标，能够直接作为商标注册；二是过长期的使用获得商标的显著性。这种商标本身不具有显著性，但经过长时间使用，使得消费者事实上已经将该标记同特定的商品联系在一起，则该商标就被认为起到了区别商品和服务来源的作用，从而获得了显著性，也可以作为商标注册。例如，"两面针"牙膏、"American Standard"热水器等。

（2）不得与他人在先取得的合法权利相冲突。在自然人、法人或者其他组织申请商标注册以前，其他人可能已经依法取得了相关权利。此时，自然人、法人或者其他组织申请注册商标，就存在与他人之前获得的权利相冲突的可能。为了防止权利冲突情况的发生，避免在商标注册中产生侵权行为，保护先于商标专用权的已取得的合法权利，《商标法》规定，申请注册的商标，不得与他人在先取得的合法权利相冲突。例如，一个人取得了外观设计的专利权以后，其他人就不得以这种已取得专利权的外观设计来作为商标申请注册。

3. 不得作为商标注册的标志

《商标法》规定，缺乏显著特征的下列标志不得作为商标注册：

（1）仅有本商品的通用名称、图形、型号的标志。所谓通用名称、图形、型号，是指国家标准、行业标准规定的或者约定俗成的名称、图形、型号。例如，"高丽白"是一种人参的通用名称，苹果图形是苹果的通用图形，"XXL"是服装的通用型号，用它们分别作为某种人参、水果、服装的商标注册，该商标就缺乏显著性。

（2）仅仅直接表示商品的质量、主要原料、功能、用途、重量、数量及其他特点的标志。所谓直接表示，是指商标仅由对指定使用商品的质量、主要原料、功能、用途、重量、数量及其他特点具有直接说明性和描述性的标志构成。例如，"彩棉"仅仅直接表示某种服装的主要原料；"安全"仅仅直接表示漏电保护器的功能、用途；"中式"仅仅直接表示家具的风格；"果味夹心"仅仅直接表示饼干的风味；"冲泡"仅仅直接表示方便面的使用方式、方法；"蓝牙"仅仅直接表示电话机的技术特点，用它们分别作为上述商品的商标注册，该商标就缺乏显著性。

（3）其他缺乏显著特征的标志。所谓其他缺乏显著特征的标志，是指除上述两个方面的标志以外，依照社会通常观念其本身或者作为商标使用在指定使用商品上不具备表示商品来源作用的标志，包括过于简单的线条、普通几何图形，过于复杂的文字、图形、数字、字母或上述要素的组合，本行业或者相关行业常用的贸易场所名称，本行业或者相关行业通用的商贸用语或者标志，企业的组织形式、本行业名称或者简称等。

特 别 提 醒

《商标法》规定，以三维标志申请注册商标的，以下形状不得注册：

（1）仅由商品自身的性质产生的形状。所谓由商品自身的性质产生的形状，是指为实现商品固有的功能和用途所必须采用的或者通常采用的形状，如书本形状、通用的灯泡形状。

（2）为获得技术效果而需有的商品形状。所谓为获得技术效果而需有的商品形状，是指为使商品具备特定的功能，或者使商品固有的功能更容易地实现所必需使用的形状，如电动剃须刀的形状、电源插头的形状。

（3）使商品具有实质性价值的形状。所谓使商品具有实质性价值的形状，是指为使商品的外观和造型影响商品价值所使用的形状，如瓷器装饰品的形状、珠宝的形状。使商品具有实质性价值的形状，是为达到一定的价值而设计的，而不是为了使消费者区别不同的生产经营者而设计的，不具有商标的功能。因此，《商标法》规定，以使商品具有实质性价值的三维标志的形状申请注册商标的，不得注册。

4. 商标中地理标志的使用与管理

随着经济的发展，人们对许多商品的来源地越来越重视。一些商品的生产者或经营者为了更好地销售其商品，在用于其商品的商标中标示出某一地区的名称，或者标示出其商品来源于某一地区的其他可视性标志。商标中的这种地理标志，对引导消费者了解商品的来源地，并决定是否购买某种商品，产生着巨大的影响。为了防止商标中的地理标志误导公众，保护消费者的利益，《商标法》对地理标志作了特殊规定。

《商标法》规定，商标中有商品的地理标志，而该商品并非来源于该标志所标示的地区，误导公众的，不予注册并禁止使用；但是，已经善意取得注册的继续有效。这里的地理标志，是指标示某商品来源于某地区，该商品的特定质量、信誉或者其他特征，主要由该地区的自然因素或者人文因素所决定的标志。

（二）商标的种类

1. 按商标的构图形式分类

（1）文字商标。文字商标是指用汉字及其拼音字母或其他文字、字母组合而成，使用在商品或服务上的标志。

（2）图形商标。图形商标是指用几何图形或其他事物图案构成，使用在商品或服务上的标志。

（3）组合商标。组合商标是指文字、图形、字母、数字、三维标志、颜色组合和声音七要素中任何两种或两种以上的要素组合而成的商标。

2. 按商标的使用对象分类

（1）商品商标。商品商标是指商品的生产者或经营者在其生产或经营的商品上所使用的商标。如"格力""联想""奔驰"等。

（2）服务商标。服务商标是指服务性行业经营者对其所提供的服务所使用的商标。如"中国移动""中国联通""中国电信"就是服务商标。

3. 按商标的使用者分类

（1）生产商标。生产商标是指商品的生产者在自己生产、加工、制造的商品上所使用的商标。

（2）商业商标。商业商标是指商品的经营者在自己经销的商品上所使用的商标。如"苏宁易购""唯品会""拼多多"等。

集体商标的特征

（3）集体商标。集体商标是指以团体、协会或者其他组织名义注册，供该组织成员在商事活动中使用，以表明使用者在该组织中的成员资格的标志。如"新华书店""龙口粉丝"等。

4. 按商标是否受法律保护分类

（1）注册商标。注册商标是指经商标局核准注册的商标。注册标记通常为字母"R"外加圈或者汉字"注"加圈。

（2）未注册商标。未注册商标是指其使用人未申请注册或者注册申请未被核准、未给予注册的商标。未注册商标的使用人一般不享有商标专用权。

5. 按商标的使用动机分类

（1）联合商标。联合商标是指某一个商标所有者，在相同的商品或服务上注册几个近似的商标，或在同一类别的不同商品上注册几个相同或近似的商标。

（2）防御商标。防御商标是指同一商标所有人在几个不同类别的商品或服务上注册同一商标，以防他人在这些商品或服务上使用或注册与主商标（被防御商标）相同或相近似的商标，起到一定的防御保护作用，同时又能为未来企业发展预留"伏笔"。

知识链接

注册联合商标与防御商标的利与弊

（3）证明商标。证明商标又称保证商标，是指由对某种商品或者服务具有监督能力的组织所控制，而由该组织以外的单位或者个人使用于其商品或者服务，用以证明该商品或者服务的原产地、原料、制造方法、质量或者其他特定品质的标志。如纯羊毛标志、绿色食品标志等都是市场上常见的证明商标。

知识链接

证明商标的特征

6. 按商标的载体分类

（1）平面商标。平面商标是指由两维要素组成的视觉商标，包括文字、图形或者文字和图形的组合。平面商标包括文字商标、图形商标和文字、图形组合而成的商标等。平面商标是最为常见的商标类型。

（2）立体商标。立体商标又叫三维商标，是以三维标志申请注册的商标。如可口可乐的饮料瓶和麦当劳的金黄色"M"，就是立体商标。

7. 按商标的知名度高低分类

（1）驰名商标。驰名商标是指在市场上享有较高声誉并为相关公众所熟知的商标。驰名商标由商标局、商标评审委员会或人民法院来认定。认定驰名商标应当考虑下列因素：相关公众对该商标的知晓程度；该商标使用的持续时间；该商标的任何宣传工作的持续时间、程度和地理范围；该商标作为驰名商标受保护的记录；该商标驰名的其他因素等。

（2）普通商标。普通商标是指相对于驰名商标而言的商标。

（三）商标法的概念

商标法是调整商标关系的法律规范的总和，即是调整商标因注册、使用、管理和保护商标专用权等活动，在国家机关、事业单位、社会团体、个体工商户、公民个人、外国人、外国企业以及商标事务所之间所发生的各种社会关系的法律规范的总和。狭义的商标法就是指《商标法》。广义上的商标法包括《商标法》和《中华人民共和国商标法实施条例》（以下简称《商标法实施条例》）等。

《中华人民共和国商标法》

二、商标注册的原则和程序

商标注册是指商品的生产经营者或劳务的提供者依法向商标局提出商标注册申请，商标局经过审查，认为符合条件的，即核准注册，从而使申请者获得商标权。我国《商标法》实行自愿注册和强制注册相结合的制度。

（一）商标注册的原则

1. 自愿注册和强制注册相结合的原则

商标使用人是否将自己使用的商标予以注册，完全取决于自己的意愿。愿意注册的，可以提出注册申请；不愿意注册的，可以不注册，仍可以继续使用。如果商标不注册，使用人不享有商标专用权。

《商标法》规定，法律、行政法规规定必须使用注册商标的商品，必须申请商标注册，未经核准注册的，不得在市场销售。根据《中华人民共和国烟草专卖法》规定，烟草制品（包括卷烟、雪茄烟和有包装的烟丝）必须申请商标注册，未经核准注册的，不得生产、销售。

2. 诚实信用原则

《商标法》规定，申请注册和使用商标，应当遵循诚实信用原则。所谓诚实信用，是指自然人、法人和其他组织申请注册和使用商标，必须意图诚实、善意、讲信用，行使权利不侵害他人与社会的利益，履行义务信守承诺和法律规定。

3. 申请在先与使用在先分别适用的原则

申请在先原则又称注册原则，是指按申请注册的先后顺序来确定商标专用权的归属，谁先申请注册，商标专用权就授予谁；使用在先原则又称使用原则，是指按使用商标的先后顺序来确定商标专用权的归属，谁先使用，商标专用权就属于谁。

《商标法》第三十一条规定，两个或者两个以上的商标注册申请人，在同一种商品或者类似商品上，以相同或者近似的商标申请注册的，初步审定并公告申请在先的商标；同一天申请的，初步审定并公告使用在先的商标，驳回其他人的申请，不予公告。这一规定表明，我国实行申请在先与使用在先分别适用的原则。

申请在先是根据申请人提出商标注册申请的日期来确定的，商标注册的申请日期以商标局收到申请书件的日期为准。

《商标法》第三十二条规定，申请商标注册不得损害他人现有的在先权利，也不得以不正当手段抢先注册他人已经使用并有一定影响的商标。

他人现有的在先权利，是指在商标注册申请人提出商标注册申请之前，他人已经取得的权利，比如外观设计专利权、著作权、企业名称权等。不得将他人已获得权利的外观设计等作为商标申请注册。

抢注他人商标，是将他人已经使用，并在消费者中已产生一定影响但未申请注册的商标抢先以自己的名义申请注册。这里需要注意两点：一是本条规定"不得以不正当手段"抢先注册他人使用在先的商标，即抢注行为是一种恶意行为；二是本条规定并不涉及所有使用在先的商标，仅涉及"有一定影响的商标"，即不得抢注他人使用在先并有一定影响的商标。

《商标法》第十五条规定，就同一种商品或者类似商品申请注册的商标与他人在先使用的未注册商标相同或者近似，申请人与该他人具有合同、业务往来关系或者其他关系而明知该他人商标存在，该他人提出异议的，不予注册。本条规定的目的是防止将他人已经在先使用的未注册商标抢先进行注册，以维护公平竞争的市场竞争秩序。

4. 优先权原则

《商标法》规定了两种情况下的优先权：

（1）申请优先权。《商标法》规定，商标注册申请人自其商标在外国第一次提出商标注册申请之日起6个月内，又在中国就相同商品以同一商标提出商标注册申请的，可以享有优先权。但是，商标注册申请人应当在提出商标注册申请的时候提出书面声明，并且在3个月内提交第一次提出的商标注册申请文件的副本；未提出书面声明或者逾期未提交商标注册申请文件副本的，视为未要求优先权。

（2）展览优先权。《商标法》规定，商标在中国政府主办的或者承认的国际展览会展出的商品上首次使用的，自该商品展出之日起6个月内，该商标的注册申请人可以享有优先权。但是，商标注册申请人应当在提出商标注册申请的时候提出书面声明，并且在3个月内提交展出其商品的展览会名称、在展出商品上使用该商标的证据、展出日期等证明文件；未提出书面声明或者逾期未提交证明文件的，视为未要求优先权。

（二）商标注册的程序

1. 商标注册的申请

注册商标需要从提出注册申请开始，这是必经的法定程序。

商标注册申请人应当按规定的商品分类表填报使用商标的商品类别和商品名称，提出注册申请。商标注册申请人可以通过一份申请就多个类别的商品申请注册同一商标。注册商标需要在核定使用范围之外的商品上取得商标专用权的，应当另行提出注册申请。注册商标需要改变其标志的，应当重新提出注册申请。注册商标需要变更注册人的名义、地址或者其他注册事项的，应当提出变更申请。

商标注册申请等有关文件，可以以书面方式或者数据电文方式提出。

注册商标的申请日期，以商标局收到申请文件的日期为准。

> 中国的申请人申请商标注册的有关事宜，可以自行办理，也可以委托依法设立的商标代理机构办理。外国人或外国企业在中国申请商标注册，应当委托依法设立的商标代理机构办理。

2. 商标注册的审查

对申请注册的商标，商标局应当自收到商标注册申请文件之日起9个月内审查完毕。申请注册的商标，凡不符合本法有关规定或者同他人在同一种商品或者类似商品上已经注册的或者初步审定的商标相同或者近似的，由商标局驳回申请，不予公告。

对驳回申请、不予公告的商标，商标局应当书面通知商标注册申请人。商标注册申请人不服的，可以自收到通知之日起15日内向商标评审委员会申请复审。商标评审委员会应当自收到申请之日起9个月内做出决定，并书面通知申请人。当事人对商标评审委员会的决定不服的，可以自收到通知之日起30日内向人民法院起诉。

3. 初审公告与异议

经过审查，符合《商标法》有关规定的，予以初步审定公告，进入异议期。对初步审定公告的商标，自公告之日起 3 个月内，任何人（包括先权利人、利害关系人等）均可对公告的商标提出异议。对初步审定公告的商标提出异议的，商标局应当听取异议人和被异议人陈述事实和理由，经调查核实后，自公告期满之日起 12 个月内做出是否准予注册的决定，并书面通知异议人和被异议人。有特殊情况需要延长的，经国务院市场监督管理部门批准，可以延长 6 个月。

商标局作出准予注册决定的，发给商标注册证，并予公告。异议人不服的，可以依法向商标评审委员会请求宣告该注册商标无效。

商标局作出不予注册决定，被异议人不服的，可以自收到通知之日起 15 日内向商标评审委员会申请复审。商标评审委员会应当自收到申请之日起 12 个月内做出复审决定，并书面通知异议人和被异议人。有特殊情况需要延长的，经国务院市场监督管理部门批准，可以延长 6 个月。被异议人对商标评审委员会的决定不服的，可以自收到通知之日起 30 日内向人民法院起诉。人民法院应当通知异议人作为第三人参加诉讼。

4. 核准注册与发证

公告期满无异议或者经审查异议不成立的，商标局予以核准注册，发给商标注册证书并进行公告。经审查异议不成立而准予注册的商标，商标注册申请人取得商标专用权的时间自初步审定公告 3 个月期满之日起计算。即商标注册申请人取得商标专用权的时间是在法定的 3 个月的异议期满之日，而不是审查异议不成立并准予注册的时间（即使无人提出异议，也要在异议期满之日才会核准注册）。

自该商标公告期满之日起至准予注册决定做出前，对他人在同一种或者类似商品上使用与该商标相同或者近似的标志的行为不具有追溯力；但是，因该使用人的恶意给商标注册人造成的损失，应当给予赔偿。

三、商标权的概念及内容

（一）商标权的概念

商标权，是指一定权利主体占有、使用、收益和处分某个特定商标的资格或者能力。注册商标与未注册商标的存在都是合法的。因此，商标权的取得有两种途径，一种是通过申请注册商标而取得商标专用权；另一种未注册商标，通过合法的使用，也应享有一定的权利。比如，根据《商标法》规定，对未在我国注册的驰名商标，法律保护其所有人在相同或者类似商品或服务上注册和使用的权利，即未注册的驰名商标所有人在相同或者类似商品或服务上，仍然享有商标专用的权利。

（二）商标权的内容

注册商标和未注册商标所享有的商标权内容有所不同，注册所取得的是商标专用权，未注册则享有一定的民事权利。注册商标的商标权内容包括以下几个方面：

1. 使用权

商标一经核准注册，商标权人即享有在注册商标核定使用范围内独占使用其商标并获取合法经济利益的权利，他人未经许可不得在同一种商品或类似商品上使用该注册商标或近似商标，否则，即构成侵权。

2. 禁止权

根据《商标法》和《商标法实施条例》的规定，商标注册所有人不仅有权禁止他人未经许可在与其注册商标所核定使用的商品上使用与其核准的注册商标相同的商标，而且有权禁止他人在与其注册商标所核定使用的商品相类似的商品上使用与其注册商标相同或相近似的商标。

3. 转让权

商标权可依照《商标法》规定的程序进行转让。转让注册商标的，商标注册人对其在同一种商品上注册的近似的商标，或者在类似商品上注册的相同或者近似的商标，应当一并转让。转让注册商标经核准后，予以公告。受让人自公告之日起享有商标专用权。

4. 许可权

商标权人可以独自享有商标权，也可以许可他人使用。在许可他人使用时，商标权人可以保留自己的使用权，也可放弃使用权，但商标权人仍享有商标所有权。

5. 续展权

注册商标有效期满，需要继续使用的，商标注册人应当在期满前 12 个月内按照规定办理续展手续；在此期间未能办理的，可以给予 6 个月的宽展期。每次续展注册的有效期为 10 年，自该商标上一届有效期满次日起计算。期满未办理续展手续的，注销其注册商标。商标局应当对续展注册的商标予以公告。

【案情】商标局受理了一批商标注册申请：①将"红旗"文字商标使用于油漆上；②将"敌尔蚊"文字商标使用于驱蚊商品上；③将"光明"文字商标使用于灯泡商品上；④将"红高粱"文字商标使用于高粱酿制的白酒类商品上。在上述 4 类申请的审查过程中均未发现在先申请。

【问题】请问商标局应当依法驳回哪些注册申请？

四、商标权的使用和保护

（一）商标权的使用

《商标法》规定，法律、行政法规规定必须使用注册商标的商品，必须申请商标注册，未经核准注册的，不得在市场销售。使用注册商标，可以在商品、商品包装、说明书或者其他附着物上标明"注册商标"或者注册标记。注册标记应当标注在商标的右上角或者右下角。

商标注册人在使用注册商标的过程中，自行改变注册商标、注册人名义、地址或者其他注册事项的，由地方市场监督管理部门责令限期改正；期满不改正的，由商标局撤销其注册商标。

注册商标成为其核定使用的商品的通用名称或者没有正当理由连续 3 年不使用的，任何单位或者个人可以向商标局申请撤销该注册商标。商标局应当自收到申请之日起 9 个月内做出决定。有特殊情况需要延长的，经国务院市场监督管理部门批准，可以延长 3 个月。

（二）商标权的保护

1. 保护范围

《商标法》规定，注册商标的专用权，以核准注册的商标和核定使用的商品为限。它包括以下两层含义，一是使用权只在特定的范围即核定使用的商品与核准注册的商标内有效；二是在该特定范围内商标注册人对其注册商标的使用是一种专有使用。

2. 侵权行为

商标侵权行为，是指侵犯他人注册商标专用权的行为。判断一个行为是否构成侵犯注册商标专用权，主要看是否具备四个要件：一是损害事实的客观存在；二是行为的违法性；三是损害事实是违法行为造成的；四是行为的故意或过失。上述四个要件同时具备时，即构成商标侵权行为。

《商标法》规定，有下列行为之一的，均属侵犯注册商标专用权：

（1）未经商标注册人的许可，在同一种商品上使用与其注册商标相同的商标的；

（2）未经商标注册人的许可，在同一种商品上使用与其注册商标近似的商标，或者在类似商品上使用与其注册商标相同或者近似的商标，容易导致混淆的；

（3）销售侵犯注册商标专用权的商品的；

（4）伪造、擅自制造他人注册商标标识或者销售伪造、擅自制造的注册商标标识的；

（5）未经商标注册人同意，更换其注册商标并将该更换商标的商品又投入市场的；

（6）故意为侵犯他人商标专用权行为提供便利条件，帮助他人实施侵犯商标专用权行为的；

（7）给他人的注册商标专用权造成其他损害的。

（三）侵权责任

法律责任是指行为人对违法侵权行为应承担的法律后果。

《商标法》规定，因为侵权行为引起纠纷的，由当事人协商解决；不愿协商或者协商不成的，商标注册人或者利害关系人可以向人民法院起诉，也可以请求市场监督管理部门处理。涉嫌犯罪的，应当及时移送司法机关依法处理。

侵犯商标权应承担的法律责任有行政责任、民事责任和刑事责任。

1. 行政责任

市场监督管理部门处理时，认定侵权行为成立的，责令立即停止侵权行为，没收、销毁侵权商品和主要用于制造侵权商品、伪造注册商标标识的工具，违法经营额 5 万元以上的，可以处违法经营额五倍以下的罚款，没有违法经营额或者违法经营额不足 5 万元的，可以处 25 万元以下的罚款。对 5 年内实施 2 次以上商标侵权行为或者有其他严重情节的，应当从重处罚。销售不知道是侵犯注册商标专用权的商品，能证明该商品是自己合法取得并说明提供者的，由市场监督管理部门责令停止销售。

2. 民事责任

对侵犯商标专用权的赔偿数额的争议，当事人可以请求进行处理的市场监督管理部门调解，也可以依照《民事诉讼法》向人民法院起诉。经市场监督管理部门调解，当事人未达成协议或者调解书生效后不履行的,当事人可以依照《民事诉讼法》向人民法院起诉。

侵犯商标专用权的赔偿数额,按照权利人因被侵权所受到的实际损失确定;实际损失难以确定的,可以按照侵权人因侵权所获得的利益确定;权利人的损失或者侵权人获得的利益难以确定的,参照该商标许可使用费的倍数合理确定。对恶意侵犯商标专用权,情节严重的,可以在按照上述方法确定数额的一倍以上五倍以下确定赔偿数额。赔偿数额应当包括权利人为制止侵权行为所支付的合理开支。

权利人因被侵权所受到的实际损失、侵权人因侵权所获得的利益、注册商标许可使用费难以确定的,由人民法院根据侵权行为的情节判决给予500万元以下的赔偿。

3. 刑事责任

对于严重侵犯他人注册商标专用权,构成犯罪的,行为人将承担刑事责任。《中华人民共和国刑法》(以下简称《刑法》)在"侵犯知识产权罪"中,关于商标权的侵权罪名有以下3个:

(1) 假冒注册商标罪。未经注册商标所有人许可,在同一种商品上使用与其注册商标相同的商标,情节严重的,处3年以下有期徒刑或者拘役,并处或者单处罚金;情节特别严重的,处3年以上7年以下有期徒刑,并处罚金。

(2) 销售假冒注册商标的商品罪。销售明知是假冒注册商标的商品,销售金额数额较大的,处3年以下有期徒刑或者拘役,并处或者单处罚金;销售金额数额巨大的,处3年以上7年以下有期徒刑,并处罚金。

(3) 非法制造、销售非法制造的注册商标标识罪。伪造、擅自制造他人注册商标标识或者销售伪造、擅自制造的注册商标标识,情节严重的,处3年以下有期徒刑、拘役或者管制,并处或者单处罚金;情节特别严重的,处3年以上7年以下有期徒刑,并处罚金。

(四) 驰名商标的保护

《商标法》对未在我国注册的和已在我国注册的驰名商标保护作出了不同规定。

1. 对未在我国注册的驰名商标的保护

《商标法》规定,就相同或者类似商品申请注册的商标是复制、模仿或者翻译他人未在中国注册的驰名商标,容易导致混淆的,不予注册并禁止使用。也就是说,对未在我国注册的驰名商标,只保护其在相同或者类似商品或服务上注册和使用的权利。如果使用该申请注册的商标的商品和服务与使用未在我国注册的驰名商标的商品或服务不相同或不相类似,不容易导致混淆的,则不禁止其注册和使用。

2. 对已在我国注册的驰名商标的保护

《商标法》规定,就不相同或者不相类似商品申请注册的商标是复制、模仿或者翻译他人已经在中国注册的驰名商标,误导公众,致使该驰名商标注册人的利益可能受到损害的,不予注册并禁止使用。也就是说,对已在我国注册的驰名商标,不仅禁止他人在相同或者类似商品或服务上注册和使用,也禁止他人在不相同或不相类似商品或服务上注册和使用,体现了我国商标法侧重保护注册商标的原则。

《商标法》规定,生产、经营者不得将"驰名商标"字样用于商品、商品包装或者容器上,或者用于广告宣传、展览以及其他商业活动中。

第三节 专利法

一、专利权和专利法概述

（一）专利权概述

1. 专利的概念

一般来说，专利即指专利权。所谓专利权，是指依照专利法的规定，权利人对其获得专利的发明创造（发明、实用新型或外观设计），在法定期限内所享有的独占权或专有权。

2. 专利的特征

专利权具有以下特征：

（1）专有性。专利权人对其获得专利的发明创造，享有专有或独占的权利。除法律另有规定外，未经专利权人的许可，任何人不得为生产经营目的制造、使用、许诺销售、销售、进口其专利产品，或者使用其专利方法以及使用、销售、进口依照该专利方法直接获得的产品。

（2）地域性。在某一国家依照该国专利法取得的专利权，仅在该国法律管辖的范围内有效，受该国法律的保护，在其他国家不能得到他国的保护。要想在其他国家也得到专利保护，必须依照该国的法律向该国申请专利，取得该国的专利权。

（3）时间性。专利权仅在法律规定的期限内有效。一旦期限届满或者因出现法律规定的提前终止事由而被公告终止，专利权人对其发明创造享有的专有权即行消灭，该项发明创造即成为社会公共财产，任何人均可无偿利用。

（4）法定授权性。专利权不是基于发明创造的事实自动产生的，而是由国家专利主管机关依法批准授予的。发明人或者设计人须向法定的国家专利主管机关提出申请，经专利主管机关依法审查合格后，授予其专利权。

3. 专利权的内容

专利权的内容包括以下几个方面。

（1）独占实施权。专利权人对其专利享有排他地占有、使用、收益和处分权，有自己制造、使用和销售专利产品或使用专利方法的权利。

（2）转让权。专利权人享有将自己的专利依法转让给他人的权利。专利权属于无形财产权，专利权人可以通过出卖、赠与、投资入股以及继承等方式将其专利权依法进行转让。

（3）许可使用权。专利权人有许可他人实施其专利并收取使用费用的权利。专利权人应与被许可人签订书面的专利实施许可合同，并向国务院专利行政部门备案。

（4）标明专利标记权。专利权人有权在其专利产品或产品包装上标明专利标记和专利号。

（二）专利法概述

专利法是调整因确认、利用和保护发明创造专利权过程中发生的社会关系的法律规范的总称。我国专利法的基本任务就是保护和鼓励发明创造专利权，促进科学技术进步和创新，以适应社会主义现代化建设的需要。狭义的专利法就是指《中华人民共和国专利法》（以下简称《专利法》）。广义上的专利法包括《专利法》和《中华人民共和国专利法实施细则》（以下简称《专利法实施细则》）等。

《中华人民共和国专利法》

二、专利权的主体和客体

（一）专利权的主体

专利权的主体是指申请并获得专利权的单位和个人。

1. 发明人或设计人

发明人或设计人，是指对发明创造的实质性特点作出了创造性贡献的人。非职务发明创造的申请专利的权利属于发明人或设计人，该发明人或设计人为专利权人。在完成发明创造过程中，只负责组织工作的人、为物质技术条件的利用提供方便的人或从事其他辅助性工作的人，不是发明人或设计人。

> 【案例】甲公司为攻克某项技术难关，成立了以张某为核心的技术攻关小组。在该小组中，刘某负责购买原材料，陈某负责后勤服务工作，张某攻克了该技术难题，并发明了该产品的制造方法。
>
> 【问题】谁是该产品制造方法的发明人？

2. 发明人或设计人的工作单位

发明人或设计人完成的职务发明创造，申请专利的权利属于所在单位，申请获得批准后专利权属于单位。

知识链接

职务发明创造

> 按照《专利法》的规定，主要利用本单位的物质技术条件所完成的发明创造，原则上属于职务发明创造，申请专利的权利和申请被批准后专利权归单位。但是，如果使用本单位的物质技术条件完成发明创造的发明人或者设计人与本单位订了合同，对申请专利的权利和专利权的归属作出约定的，则应依从双方的约定确定申请专利的权利和专利权的归属。这一规定，有利于鼓励个人发明创造的积极性，也有利于充分发挥单位物质技术条件的作用，避免闲置。

3. 发明创造的合法受让人

作出发明创造的单位或个人可以将自己所有的专利申请权转让给他人，受让人有权就受让的发明创造申请专利，申请被批准后，即获得专利权。

4. 外国人

《专利法》规定，在中国没有经常居所或者营业场所的外国人、外国企业或者外国其他组织在中国申请专利的，依照其所属国同中国签订的协议或者共同参加的国际条约，或者依照互惠原则，根据本法办理。

（二）专利权的客体

专利权的客体，是指依法可以取得专利权的发明创造。

1. 发明

专利法意义上所说的发明有特定的含义。《专利法》规定，发明是指对产品、方法或者其改进所提出的新的技术方案。发明主要包括产品发明和方法发明两类。产品发明是指人工制造的各种有形物品的发明，如新的机器、设备、材料、工具、用具等的发明。方法发明是指关于把一个物品或物质改变成另一个物品或物质所采用的手段的发明，如新的制造方法、化学方法、生物方法的发明等。

2. 实用新型

按照专利法实施细则的规定，实用新型是指对产品的形状、构造或者其结合所提出的适于实用的新的技术方案。实用新型应具备以下特征：

（1）实用新型的客体必须是一种产品。非经加工制造的自然存在的物品，以及一切有关的方法不属于实用新型专利的保护范围。

（2）实用新型必须是对产品的外部形状、内部结构或者二者的结合提出的一种新的技术方案。单纯以美感为目的的产品的形状、图案、色彩或者其结合的新设计不属于实用新型的技术方案。

（3）实用新型必须具有实用性。即应当是具有一定的实用价值并且在产业上能够制造。

（4）实用新型必须是"新型"。即具有一定的创新性，属于一种"新的技术方案"。其实质也是一种发明，只不过其创造性和技术水平的要求要低于发明专利，因此，通常将实用新型的发明称为"小发明"，取得专利的实用新型被称为"小专利"。

3. 外观设计

外观设计是指对产品的整体或者局部的形状、图案、色彩或者其结合所作出的富有美感并适于工业上应用的新设计。外观设计应当具备以下特征：

（1）外观设计的载体必须是可以用工业方法生产出来的产品。不能重复生产的手工艺品、农产品、畜产品、自然物等，不能作为外观设计的载体。

（2）构成外观设计的是产品的形状、图案或者其结合或者它们与色彩的结合。产品的色彩不能独立构成外观设计。

（3）该外观设计能应用于产业上并形成批量生产。

（4）该外观设计是一种富有美感的新的设计方案。

综上，可以把专利分为发明专利、实用新型专利和外观设计专利3种。

三、专利权的取得

(一) 专利权取得的条件

1. 授予专利权的发明和实用新型应当具备的条件

《专利法》规定，授予专利权的发明和实用新型，应当具备新颖性、创造性和实用性，即通常所说的专利"三性"要件。

(1) 新颖性。《专利法》规定，新颖性，是指该发明或者实用新型不属于现有技术，也没有任何单位或者个人就同样的发明或者实用新型在申请日以前向国务院专利行政部门提出过申请，并记载在申请日以后公布的专利申请文件或者公告的专利文件中。

《专利法》规定，申请专利的发明创造在申请日以前6个月内，有下列情形之一的，不丧失新颖性：

①在国家出现紧急状态或者非常情况时，为公共利益目的首次公开的；

②在中国政府主办或者承认的国际展览会上首次展出的；

③在规定的学术会议或者技术会议上首次发表的；

④他人未经申请人同意而泄露其内容的。

《专利法》规定，本法所称现有设计，是指申请日以前在国内外为公众所知的设计。

(2) 创造性。《专利法》规定，创造性是指与现有技术相比，该发明具有突出的实质性特点和显著的进步，该实用新型具有实质性特点和进步。

(3) 实用性。《专利法》规定，实用性是指该发明或者实用新型能够制造或者使用，并且能够产生积极效果。

2. 授予专利权的外观设计应当具备的条件

(1) 应当具备新颖性。《专利法》规定，授予专利权的外观设计，应当不属于现有设计；也没有任何单位或者个人就同样的外观设计在申请日以前向国务院专利行政部门提出过申请，并记载在申请日以后公告的专利文件中。

(2) 与现有设计具有明显区别。《专利法》规定，授予专利权的外观设计与现有设计或者现有设计特征的组合相比，应当具有明显区别。

(3) 不得与他人合法权利相冲突。《专利法》规定，授予专利权的外观设计不得与他人在申请日以前已经取得的合法权利相冲突。

《专利法》规定，对下列各项，不授予专利权：
① 科学发现；
② 智力活动的规则和方法；
③ 疾病的诊断和治疗方法；
④ 动物和植物的品种；
⑤ 原子核变换方法以及用原子核变换方法获得的物质；
⑥ 对平面印刷品的图案、色彩或者二者的结合作出的主要起标识作用的设计。
但是，对上述第④项所列产品的生产方法，可以依照《专利法》规定授予专利权。

（二）专利权申请的原则

1. 单一性原则

《专利法》规定，一件发明或者实用新型专利申请应当限于一项发明或者实用新型。属于一个总的发明构思的两项以上的发明或者实用新型，可以作为一件申请提出。

《专利法》规定，一件外观设计专利申请应当限于一项外观设计。同一产品两项以上的相似外观设计，或者用于同一类别并且成套出售或者使用的产品的两项以上外观设计，可以作为一件申请提出。

2. 申请在先原则

《专利法》规定，两个以上的申请人分别就同样的发明创造申请专利的，专利权授予最先申请的人。

两个以上的主体就同样的发明创造提出专利申请时，如何确定申请时间的先后，各国的规定有不同的做法。有些国家按时点计算，在同一日提出的专利申请，按照提出申请的时点的先后确定申请的先后。有些国家则按日计算，同日提出的专利申请，不分先后，作为同时提出的申请。我国实行按日计算的办法。

在按日计算先后的情况下，如两个以上的申请人在同一日分别就同样的发明创造申请专利的，应当在收到专利机关的通知后自行协商确定申请人。在这种情况下，申请各方可以协商确定一个申请人，也可以协商确定各方作为共同申请人。如果各方协商不成的，按规定则只能驳回各方的专利申请。

3. 诚实信用原则

申请专利和行使专利权应当遵循诚实信用原则。不得滥用专利权损害公共利益或者他人合法权益。滥用专利权，排除或者限制竞争，构成垄断行为的，依照《中华人民共和国反垄断法》（以下简称《反垄断法》）

《中华人民共和国反垄断法》

处理。

4. 优先权原则

（1）国际优先权。申请人自发明或实用新型在外国第一次提出专利申请之日12个月内，或者自外观设计在外国提出专利申请之日6个月内，又在中国就相同主题提出专利申请的，依照该国同我国签订的协议或共同参加的国际条约，或者依照相互承认优先权原则，可以享有优先权。

外国优先权的设立为希望在多个国家寻求专利保护的申请人提供了很大的方便和实际利益，申请人不必在国内和国外同时花时间克服语言障碍经办复杂的手续逐个提出所有的申请，他可以在6个月或12个月的优先权期限内放心地充分考虑有必要在哪些国家寻求保护，又不致因在此期间该发明创造被公开或因其他人提出同样的申请而丧失取得专利权的可能。

（2）国内优先权。申请人自发明或者实用新型在中国第一次提出专利申请之日起12个月内，或者自外观设计在中国第一次提出专利申请之日起6个月内，又向国务院专利行政部门就相同主题提出专利申请的可以享有优先权。

申请人要求发明专利、实用新型专利优先权的，应当在申请的时候提出书面声明，并且在第一次提出发明、实用新型专利申请之日起16个月内，提交第一次提出的专利申请文件的副本。

申请人要求外观设计专利优先权的，应当在申请的时候提出书面声明，并且在3个月内提交第一次提出的专利申请文件的副本。

申请人未提出书面声明或者逾期未提交专利申请文件副本的，视为未要求优先权。

（三）专利权取得的程序

1. 申请

（1）应当提交的文件。申请发明或者实用新型专利的，应当向国务院专利行政部门提交请求书、说明书及其摘要和权利要求书等文件；申请外观设计专利的，应当提交请求书以及该外观设计的图片或者照片等文件，并且应当写明使用该外观设计的产品及其所属的类别。

（2）申请日。如果申请文件是邮寄的，以寄出的邮戳日为申请日。

（3）申请的撤回与修改。申请人可以在被授予专利权之前随时撤回其专利申请。申请人可以对其专利申请文件进行修改，但是，对发明和实用新型专利申请文件的修改不得超出原说明书和权利要求书记载的范围，对外观设计专利申请文件的修改不得超出原图片或者照片表示的范围。

2. 审查和批准

（1）发明专利的审查和批准。我国专利法对发明专利申请的审查采取的是"早期公开，延迟审查"的制度，即专利行政部门在收到发明专利申请后，先进行初步审查，对符合要求者，自申请日起一段时间内予以公开，并在一定期限以后，应申请人的请求或自行对申请进行实质审查并对符合法定条件的授予专利权。

①初步审查。初步审查又称形式审查，是指国务院专利行政部门审查专利申请是否符

合法律规定的形式要求。主要审查两个方面：一是对专利申请文件的形式要件进行审查，即审查申请人的专利申请各项文件是否齐备，提交的请求书、说明书及其摘要和权利要求书等是否符合规定，以及这些文件是否符合规定的格式；二是对专利申请的内容进行审查，主要审查申请专利的发明是否明显违反法律、社会公德或者妨害公共利益，或者是否属于规定的不授予专利权的范围，等等。这些审查虽然涉及发明专利申请的内容，但不是对该申请是否符合"新颖性、创造性、实用性"的专利实质要件进行审查，只是审查其是否有明显违反法律的规定。

②公布申请。国务院专利行政部门对经过初步审查认为符合专利法要求的申请，应自申请日起满18个月，即行公布。同时，国务院专利行政部门也可以根据申请人的请求早日公布。公布的内容主要是发明专利申请的请求书、说明书及其摘要、权利要求书等申请人提交的所有的专利申请文件。

发明专利申请公布后，由于该发明还没有经过实质审查，还不能确定其是否能够被授予专利权，因此，他人实施早期公开的申请中的发明在法律上是不禁止的，不能认为是侵权。但同时为了保护申请人的权益，我国专利法对发明专利申请人实行临时保护，即《专利法》第十三条规定的"发明专利申请公布后，申请人可以要求实施其发明的单位或者个人支付适当的费用"。对于不支付适当费用的使用人，发明专利申请人可以在专利权授予后，请求专利行政部门进行处理，或向人民法院起诉。

③实质审查。实质审查是指对发明的新颖性、创造性和实用性等实质性条件的审查。发明专利申请自申请日起3年内，国务院专利行政部门可以根据申请人随时提出的请求，对其申请进行实质审查；申请人无正当理由逾期不请求实质审查的，该申请即被视为撤回。

国务院专利行政部门对发明专利申请经过实质审查后，认为不符合《专利法》规定的，应当通知申请人要求其在指定的期限内陈述意见，或者对申请进行修改；无正当理由逾期不予答复的，该申请视为撤回。发明专利申请经申请人陈述意见或者进行修改后，国务院专利行政部门仍然认为不符合《专利法》规定的，应当予以驳回。发明专利申请经实质审查没有发现驳回理由的，由国务院专利行政部门作出授予发明专利权的决定，发给发明专利证书，同时予以登记和公告。发明专利权自公告之日起生效。

（2）实用新型和外观设计专利的审查和批准。实用新型和外观设计专利申请经初步审查没有发现驳回理由的，由国务院专利行政部门作出授予实用新型专利权或者外观设计专利权的决定，发给相应的专利证书，同时予以登记和公告。实用新型专利权和外观设计专利权自公告之日起生效。

特别提醒

根据《专利法实施细则》第四十四条规定，专利法所称的初步审查，除了审查专利申请是否具备专利法规定的文件种类和格式外，还包括其他项目的审查，如对实用新型专利申请的新颖性和实用性审查（目前对实用新型专利申请的基本条件审查主要停留在这两个方面，对创造性的审查很少）。

《专利法》规定，专利申请人对国务院专利行政部门驳回申请的决定不服的，可以自收到通知之日起3个月内向国务院专利行政部门请求复审。国务院专利行政部门复审后，作出决定，并通知专利申请人。

专利申请人对国务院专利行政部门的复审决定不服的，可以自收到通知之日起3个月内向人民法院起诉。

四、专利权的期限、终止和无效

（一）专利权的期限

《专利法》规定，发明专利权的期限为20年，实用新型专利权的期限为10年，外观设计专利权的期限为15年，均自申请日起计算。

自发明专利申请日起满4年，且自实质审查请求之日起满3年后授予发明专利权的，国务院专利行政部门应专利权人的请求，就发明专利在授权过程中的不合理延迟给予专利权期限补偿，但由申请人引起的不合理延迟除外。

为补偿新药上市审评审批占用的时间，对在中国获得上市许可的新药相关发明专利，国务院专利行政部门应专利权人的请求给予专利权期限补偿。补偿期限不超过5年，新药批准上市后总有效专利权期限不超过14年。

（二）专利权的终止

专利权的终止，也称专利权的消灭，是指专利权因保护期满或其他原因在保护期届满前失去法律效力。《专利法》规定，有下列情形之一的，专利权在期限届满前终止：（1）没有按照规定缴纳年费的；（2）专利权人以书面声明放弃其专利权的。

（三）专利权的无效

专利权的无效，是指对已经授予的专利权，因不符合专利法的规定，由专利复审委员会宣告其不具有法律约束力。

自国务院专利行政部门公告授予专利权之日起，任何单位或者个人认为该专利权的授予不符合《专利法》有关规定的，可以请求专利复审委员会宣告该专利权无效。

国务院专利行政部门对宣告专利权无效的请求应当及时审查和作出决定，并通知请求人和专利权人。对国务院专利行政部门宣告专利权无效或者维持专利权的决定不服的，可以自收到通知之日起3个月内向人民法院起诉。人民法院应当通知无效宣告请求程序的对方当事人作为第三人参加诉讼。

宣告无效的专利权视为自始即不存在。

五、专利实施的特别许可

专利的"指定实施"与"开放许可"

（一）专利实施的特别许可概念

专利实施的特别许可，是指国务院专利行政部门基于国家利益或者公共利益需要，或者根据专利权人的声明、单位或者个人的申请，允许指定单位在批准范围内实施发明专利，或者给予被许可人实施专利权人的发明、实用新型或者外观设计专利的开放许可或者强制许可的行政措施。专利实施的特别许可目的在于防止和限制专利权人滥用专利权，促进专利的实施，维护社会整体利益，是实现专利权人利益与社会公众利益平衡的重要法律手段。

（二）专利实施的特别许可情形

专利实施的特别许可包括针对国有企事业单位的发明专利的特别许可和针对其他被许可人的发明、实用新型或者外观设计专利的开放许可和强制许可三种情形。

1. 国有企事业单位发明专利的特别许可

《专利法》规定，国有企业事业单位的发明专利，对国家利益或者公共利益具有重大意义的，国务院有关主管部门和省、自治区、直辖市人民政府报经国务院批准，可以决定在批准的范围内推广应用，允许指定的单位实施，由实施单位按照国家规定向专利权人支付使用费。需要注意四点：一是特别许可的只能是发明专利；二是需要报经国务院批准；三是被许可人只能是指定的单位；四是实施单位需要支付使用费。

2. 专利实施的开放许可

《专利法》规定，专利权人自愿以书面方式向国务院专利行政部门声明愿意许可任何单位或者个人实施其专利，并明确许可使用费支付方式、标准的，由国务院专利行政部门予以公告，实行开放许可。就实用新型、外观设计专利提出开放许可声明的，应当提供专利权评价报告。

专利权人撤回开放许可声明的，应当以书面方式提出，并由国务院专利行政部门予以公告。开放许可声明被公告撤回的，不影响在先给予的开放许可的效力。

《专利法》规定，任何单位或者个人有意愿实施开放许可的专利的，以书面方式通知专利权人，并依照公告的许可使用费支付方式、标准支付许可使用费后，即获得专利实施许可。

开放许可实施期间，对专利权人缴纳专利年费相应给予减免。

实行开放许可的专利权人可以与被许可人就许可使用费进行协商后给予普通许可，但不得就该专利给予独占或者排他许可。

关于开放许可需要注意四点：一是开放许可的可以是发明专利，也可以是实用新型或者外观设计专利；二是专利权人需要提出开放许可声明；三是实施者需要以书面方式通知专利权人并支付使用费（可以协商）；四是只能给予普通许可。

3. 专利实施的强制许可

（1）适用专利实施的强制许可的情形。

有下列情形之一的，国务院专利行政部门根据具备实施条件的单位或者个人的申请，可以给予实施发明专利或者实用新型专利的强制许可：

①专利权人自专利权被授予之日起满3年，且自提出专利申请之日起满4年，无正当理由未实施或者未充分实施其专利的；

②专利权人行使专利权的行为被依法认定为垄断行为，为消除或者减少该行为对竞争产生的不利影响的。

专利实施的强制许可的特殊情形：

①在国家出现紧急状态或者非常情况时，或者为了公共利益的目的，国务院专利行政部门可以给予实施发明专利或者实用新型专利的强制许可。

②为了公共健康目的，对取得专利权的药品，国务院专利行政部门可以给予制造并将其出口到符合我国参加的有关国际条约规定的国家或者地区的强制许可。

③一项取得专利权的发明或者实用新型比此前已经取得专利权的发明或者实用新型具有显著经济意义的重大技术进步，其实施又有赖于前一发明或者实用新型的实施的，国务院专利行政部门根据后一专利权人的申请，可以给予实施前一发明或者实用新型的强制许可。在依照上述规定给予实施强制许可的情形下，国务院专利行政部门根据前一专利权人的申请，也可以给予实施后一发明或者实用新型的强制许可。

（2）实施强制许可时应当注意的问题

①实施强制许可的对象是发明专利或者实用新型专利。

②国务院专利行政部门作出的给予实施强制许可的决定，应当及时通知专利权人，并予以登记和公告。

③取得实施强制许可的单位或者个人不享有独占的实施权，并且无权允许他人实施。

④取得实施强制许可的单位或者个人应当付给专利权人合理的使用费。

⑤强制许可涉及的发明创造为半导体技术的，其实施限于公共利益的目的和反垄断的目的（即专利权人行使专利权的行为被依法认定为垄断行为，为消除或者减少该行为对竞争产生的不利影响的）。

⑥专利权人对国务院专利行政部门关于实施强制许可的决定不服的，专利权人和取得实施强制许可的单位或者个人对国务院专利行政部门关于实施强制许可的使用费的裁决不服的，可以自收到通知之日起3个月内向人民法院起诉。

六、专利权的保护

（一）专利侵权行为

专利侵权行为是指在专利权有效期内，行为人未经许可，实施其专利的行为。侵犯专利权的具体行为主要有：

（1）未经专利权人许可实施其专利。发明和实用新型专利权被授予后，除《专利法》另有规定的以外，任何单位或者个人未经专利权人许可，都不得实施其专利，即不得为生产经营目的制造、使用、许诺销售、销售、进口其专利产品，或者使用其专利方法以及使用、许诺销售、销售、进口依照该专利方法

知识链接

许诺销售

直接获得产品。

外观设计专利权被授予后,任何单位或者个人未经专利权人许可,都不得实施其专利,即不得为生产经营目的制造、许诺销售、销售、进口其外观设计专利产品。

发明专利可以涉及产品和方法两个方面,而实用新型和外观设计专利则只涉及产品而不涉及方法。为生产经营目的使用、许诺销售或者销售不知道是未经专利权人许可而制造并售出的专利侵权产品,能证明该产品合法来源的,不承担赔偿责任。

(2) 假冒他人专利。《专利法实施细则》规定,下列行为属于假冒他人专利的行为:未经许可,在其制造或者销售的产品、产品包装上标注他人的专利号;未经许可,在产品说明书等材料中使用他人的专利号,使公众将所涉及的技术或者设计误认为是专利技术或者专利设计;伪造或者变造他人专利证书等。

(3) 冒充专利行为。即以非专利产品或方法冒充专利产品或方法的行为。

【案例】甲公司获得了某医用切刀的实用新型专利,不久后乙公司自行研制出相同的切刀,并通过丙公司销售给丁医院使用。乙、丙、丁都不知道甲已经获得该项专利。

【问题】乙、丙、丁的行为是否构成侵权?是否需要承担赔偿责任?

(二) 不视为侵犯专利权的行为

《专利法》规定,有下列情形之一的,不视为侵犯专利权:

(1) 专利产品或者依照专利方法直接获得的产品,由专利权人或者经其许可的单位、个人售出后,使用、许诺销售、销售、进口该产品的;

(2) 在专利申请日前已经制造相同产品、使用相同方法或者已经作好制造、使用的必要准备,并且仅在原有范围内继续制造、使用的;

(3) 临时通过中国领陆、领水、领空的外国运输工具,依照其所属国同中国签订的协议或者共同参加的国际条约,或者依照互惠原则,为运输工具自身需要而在其装置和设备中使用有关专利的;

(4) 专为科学研究和实验而使用有关专利的;

(5) 为提供行政审批所需要的信息,制造、使用、进口专利药品或者专利医疗器械的,以及专门为其制造、进口专利药品或者专利医疗器械的。

法律上这种不视为侵犯专利权的规定,是对专利权的一种限制性规定,目的是在合理保护专利权人合法权益的前提下,同时保护社会及公众的利益。

(三) 专利侵权责任

侵犯专利权的责任包括民事责任、行政责任和刑事责任三种。

1. 未经专利权人许可实施其专利的解决方式

《专利法》规定，未经专利权人许可实施其专利，即侵犯其专利权，引起纠纷的，由当事人协商解决；不愿协商或者协商不成的，专利权人或者利害关系人可以向人民法院起诉，也可以请求管理专利工作的部门处理。管理专利工作的部门处理时，认定侵权行为成立的，可以责令侵权人立即停止侵权行为，当事人不服的，可以自收到处理通知之日起15日内依照《中华人民共和国行政诉讼法》向人民法院起诉；侵权人期满不起诉又不停止侵权行为的，管理专利工作的部门可以申请人民法院强制执行。进行处理的管理专利工作的部门应当事人的请求，可以就侵犯专利权的赔偿数额进行调解；调解不成的，当事人可以依照《民事诉讼法》向人民法院起诉。

2. 假冒他人专利应当承担的法律责任

《专利法》规定，假冒专利的，除依法承担民事责任外，由负责专利执法的部门责令改正并予公告，没收违法所得，可以处违法所得五倍以下的罚款；没有违法所得或者违法所得在5万元以下的，可以处25万元以下的罚款；构成犯罪的，依法追究刑事责任。

3. 侵犯专利权的赔偿数额计算方法

《专利法》规定，侵犯专利权的赔偿数额按照权利人因被侵权所受到的实际损失或者侵权人因侵权所获得的利益确定；权利人的损失或者侵权人获得的利益难以确定的，参照该专利许可使用费的倍数合理确定。对故意侵犯专利权，情节严重的，可以在按照上述方法确定数额的一倍以上五倍以下确定赔偿数额。

权利人的损失、侵权人获得的利益和专利许可使用费均难以确定的，人民法院可以根据专利权的类型、侵权行为的性质和情节等因素，确定给予3万元以上500万元以下的赔偿。

赔偿数额还应当包括权利人为制止侵权行为所支付的合理开支。

4. 对侵权行为采取的临时措施

《专利法》规定，专利权人或者利害关系人有证据证明他人正在实施或者即将实施侵犯专利权、妨碍其实现权利的行为，如不及时制止将会使其合法权益受到难以弥补的损害的，可以在起诉前依法向人民法院申请采取财产保全、责令作出一定行为或者禁止作出一定行为的措施。

《专利法》规定，为了制止专利侵权行为，在证据可能灭失或者以后难以取得的情况下，专利权人或者利害关系人可以在起诉前依法向人民法院申请保全证据。

5. 侵犯专利权的诉讼时效

《专利法》规定，侵犯专利权的诉讼时效为3年，自专利权人或者利害关系人得知或者应当知道侵权行为以及侵权人之日起计算。

同步练习

一、单项选择题

1. 外国人或外国企业在我国申请商标注册(　　)。
   A. 不可以　　　　　　　　　　　　B. 可以,但不享有优先权
   C. 可以,按国际条约或对等原则处理　D. 可以,但须加强审查
2. 商标注册原则的说法正确的是(　　)。
   A. 我国商品和服务项目一律采用自愿的注册原则
   B. 申请人在不同类别的商品上使用同一商标须分别提出注册申请
   C. 两个或两个以上的申请人申请同一商标的,由商标局裁决
   D. 必须使用注册商标的商品不仅限于涉及人身安全与健康的商品
3. 注册商标的有效期为(　　)。
   A. 10年　　　　B. 20年　　　　C. 30年　　　　D. 50年
4. 以下属于专利侵权的有(　　)。
   A. 销售不知是未经专利权人许可的专利产品
   B. 专为科学研究和实验而使用的专利产品
   C. 在专利申请日前使用,但超出原范围继续使用
   D. 经专利人许可使用专利
5. 专利强制许可适用于(　　)。
   A. 外观设计　　　　　　　　　　　B. 发明和实用新型
   C. 发明和实用新型、外观设计　　　D. 以上都不是

二、多项选择题

1. 注册商标所有人的权利包括(　　)。
   A. 注册商标专用权　　　　　　　　B. 注册商标使用许可权
   C. 注册商标的转让、转移权　　　　D. 注册商标的续展权
2. 根据我国商标法的规定,下列选项不可以作为商标标识的有(　　)。
   A. 奥林匹克五环标志　　　　　　　B. 红新月
   C. 德国的国徽　　　　　　　　　　D. 日本的国旗
3. 下列选项中属于我国专利法保护范围的是(　　)。
   A. 高产大豆的栽培方法　　　　　　B. 会计上的复式记账法
   C. 治疗糖尿病的方法　　　　　　　D. 治疗高血压的仪器
4. 下列关于专利申请优先权原则的说法正确的有(　　)。
   A. 优先权原则来自《巴黎公约》
   B. 优先权原则分为国内优先权和国际优先权

C. 专利申请人需主动向专利局提出优先权请求

D. 外观设计专利的优先权期限为六个月

5. 下列关于创造性的说法正确的有（　　）。

A. 发明和实用新型都要求具有创造性

B. 发明专利对创造性的要求比实用新型高

C. 发明专利不但要求申请专利的技术方案要有"进步"，还要求这种进步是"显著的"

D. 实质性特点是指申请专利的发明或者实用新型与申请日以前的已有技术相比具有明显的区别

三、简答题

1. 简述商标注册的原则。
2. 简述专利申请的原则。
3. 简述商标侵权和专利侵权的行为。

四、案例分析题

1. 甲企业于 2011 年 4 月 7 日向商标局申请注册"喜爱"商标，拟使用的商品为酸奶。2013 年 2 月 9 日，该商标被核准注册。由于商品销路好，甲企业致力于扩大生产规模，直到 2023 年 5 月 6 日才想起未办理商标注册申请。请问：

（1）甲企业的"喜爱"商标何时到期？

（2）甲企业如果在 2023 年 5 月 8 日去商标局申请续展注册，能否得到批准？

（3）假如甲企业一直不申请续展注册，甲企业是否可以继续使用该商标？

2. 甲公司在生产过程中发现如果能够研发一种新型制冷设备，则会使车间的工作效率提高一倍，于是甲公司于 2023 年 2 月 12 日指派其员工王某进行该新型制冷设备的研发工作。由于甲公司拨付的研发资金不足，王某的研发工作进展十分缓慢。当王某得知乙公司也想研发该种新型制冷设备时，立即与乙公司取得联系，并于 2023 年 6 月 15 日跳槽进入乙公司。乙公司资金充足，王某于 2023 年 8 月 9 日研发出了该种新型制冷设备。请问：该种新型制冷设备的专利申请权归谁？为什么？

第七章

反不正当竞争法和反垄断法

 学习目标

◆ **知识目标**
1. 理解不正当竞争行为的概念与特征；
2. 掌握不正当竞争行为的主要类型；
3. 了解垄断行为的概念及种类；
4. 掌握垄断协议的概念及种类。

◆ **能力目标**
1. 能够发现生活中存在的不正当竞争行为；
2. 能够运用反不正当竞争法的知识分析和解决相关问题。
3. 能够发现经济生活中存在的垄断行为；
4. 能够运用反垄断法分析和解决相关问题。

◆ **素养目标**
让学生明白任何不正当竞争行为和垄断行为都是不可取的。

导入案例

"爱奇艺账号"不正当竞争纠纷案
——VIP账号分时出租行为的认定

北京爱奇艺科技有限公司（以下简称爱奇艺公司）是爱奇艺网和手机端爱奇艺App的经营者，用户支付相应对价成为爱奇艺VIP会员后能够享受跳过广告观看VIP视频等会员特权。

杭州龙魂网络科技有限公司（以下简称龙魂公司）、杭州龙境科技有限公司（以下简称龙境公司）通过运营的"马上玩"App对其购买的爱奇艺VIP账号进行分时出租，使用户无须购买爱奇艺VIP账号、通过云流化技术手段即可限制爱奇艺App部分功能。爱奇艺公司诉至法院，要求消除影响并赔偿经济损失及合理开支300万元。

一审法院认定龙魂公司、龙境公司的涉案行为构成不正当竞争,判令其停止侵权,并赔偿爱奇艺公司经济损失及合理开支共计 300 万元。龙魂公司、龙境公司不服一审判决,提起上诉,北京知识产权法院二审认定,龙魂公司、龙境公司的行为妨碍了爱奇艺公司合法提供的网络服务的正常运行,主观恶意明显。龙魂公司、龙境公司运用网络新技术向社会提供新产品并非基于促进行业新发展的需求,该行为从长远来看也将逐步降低市场活力,破坏竞争秩序和机制,阻碍网络视频市场的正常、有序发展,并最终造成消费者福祉的减损,具有不正当性。北京知识产权法院判决驳回上诉、维持一审判决。

(资料来源:根据最高人民法院发布的反垄断和反不正当竞争典型案例:(2019)京 73 民终 3263 号整理。)

根据上述案例,回答下列问题,并说明理由:

(1) 一审法院和二审法院的判决依据是什么?
(2) 龙魂公司、龙境公司与爱奇艺公司之间是否存在竞争关系?
(3) 龙魂公司、龙境公司的被诉行为是否具有正当性?

分析提示

第一节 反不正当竞争法

一、反不正当竞争法的概念

狭义的反不正当竞争法是指《中华人民共和国反不正当竞争法》(以下简称《反不正当竞争法》)。

广义上的反不正当竞争法,是指调整在维护公平竞争、制止不正当竞争行为过程中发生的社会关系的法律规范的总称。为了有效实施《反不正当竞争法》,最高人民法院出台了《最高人民法院关于适用〈中华人民共和国反不正当竞争法〉若干问题的解释》。国家市场监督管理部门也陆续发布了有关规章,例如《关于禁止仿冒知名商品特有的名称、包装、装潢的不正当竞争行为的若干规定》《关于禁止侵犯商业秘密行为的若干规定》《关于禁止商业贿赂行为的暂行规定》等。此外,在公司法、知识产权法、药品管理法、食品安全法、产品质量法、消费者权益保护法、广告法等法律、法规中,以及在我国参加的有关国际条约中,都有反不正当竞争的规定。

《最高人民法院关于适用〈中华人民共和国反不正当竞争法〉若干问题的解释》

二、不正当竞争行为的概念与特征

(一) 不正当竞争行为的概念

《反不正当竞争法》规定,不正当竞争行为,是指经营者在生产经营活动中,违反本法规定,扰乱市场竞争秩序,损害其他经营者或者消费者的合法权益的行为。本法所称的经营者,是指从事商品生产、经营或者提供服务(以下所称商品包括服务)的自然人、法

《中华人民共和国反不正当竞争法》

人和非法人组织。

（二）不正当竞争行为的特征

1. 不正当竞争行为是一种竞争行为

竞争可能会产生正当的竞争行为，也可能会产生不正当竞争行为。不正当竞争行为为反不正当竞争法所禁止，但其竞争行为的本质并未改变。

2. 不正当竞争行为的主体是从事经营活动的经营者

经营者，是指从事商品经营和营利性服务的法人、其他经济组织和个人。在判断一个主体是不是反不正当竞争法规制的主体时，应当以该主体是否从事经营活动为标准，至于是否具有营利的目的不予考虑。

3. 不正当竞争行为具有违法性

不正当竞争行为具有违法性，是指如果竞争行为违反一国竞争法规定原则和具体规范，就应当确定为不正当竞争行为。竞争行为的"不当性"具有较大的主观判断性。在认定时，一方面可以比照反不正当竞争法所列举的具体的行为方式，另一方面，以违反商业道德为一般判断依据。

4. 不正当竞争行为具有社会危害性

不正当竞争行为不仅损害了守法经营者的合法权益，使守法经营者蒙受物质上与精神上的双重损害；还损害了潜在经营者的利益。此外，不正当竞争行为还会损害消费者的利益。因此，不正当竞争行为的危害性已经从经营者的私权和私益领域扩大到对公众利益的损害和对社会经济运行秩序的破坏。这一特征正是不正当竞争行为与一般的民事侵权行为和违约行为的区别所在。

三、不正当竞争行为的主要类型

（一）商业混淆行为

1. 商业混淆行为的概念

商业混淆行为，又称假冒或欺骗性交易行为，是指经营者采取欺骗手段从事交易，使自己的商品或服务与特定竞争对手的商品或服务混淆，造成或足以造成购买者误认误购的不正当竞争行为。

2. 商业混淆行为的表现

《反不正当竞争法》第六条规定，经营者不得实施下列混淆行为，引人误认为是他人商品或者与他人存在特定联系：

（1）擅自使用与他人有一定影响的商品名称、包装、装潢等相同或者近似的标识；

（2）擅自使用他人有一定影响的企业名称（包括简称、字号等）、社会组织名称（包括简称等）、姓名（包括笔名、艺名、译名等）；

（3）擅自使用他人有一定影响的域名主体部分、网站名称、网页等；

（4）其他足以引人误认为是他人商品或者与他人存在特定联系的混淆行为。

知识链接

知名商品

> 【案例】 甲食品有限公司2017年将自己开发生产的儿童饮用果汁产品定名为"娃娃乐"推上市场，该果汁因物美价廉而广受消费者欢迎，自推出后年销售额在同类产品中一直稳居前列。乙纯净水公司于2023年也推出儿童饮用果汁产品，并将该产品定名为"娃娃笑"。
> 【问题】
> （1）甲公司的果汁产品"娃娃乐"是否为知名商品？说明理由。
> （2）如果乙公司以自己是纯净水公司为由否认自己与甲公司的竞争关系，其主张是否成立？说明理由。
> （3）"娃娃乐"是否属于甲公司儿童饮用果汁产品的特有名称？为什么？
> （4）有人认为乙公司的行为构成仿冒，请问认定仿冒行为的标准是什么？

（二）商业贿赂行为

1. 商业贿赂行为的概念

商业贿赂行为，是指经营者为了争取交易机会，秘密给予交易对方有关人员或能够影响交易的其他人员以财物或其他报偿的行为。

2. 商业贿赂行为的构成要件

（1）商业贿赂行为的主体是从事市场交易的经营者，既可以是卖方，也可以是买方。

（2）商业贿赂行为人主观上是出于故意和自愿的，其目的是排挤竞争对手、争取交易机会；而非其他目的，如政治目的、升职、职称晋升等。

（3）商业贿赂行为在客观方面表现为经营者违反国家有关财务、会计及廉政等方面的法律、法规的规定，暗中给付财物或其他报偿。它具有很大的隐蔽性。

（三）虚假或引人误解的宣传行为

1. 虚假或引人误解的宣传行为的概念

虚假或引人误解的宣传行为，是指经营者对其商品的性能、功能、质量、销售状况、用户评价、曾获荣誉等作虚假或者引人误解的商业宣传，欺骗、误导消费者的行为，以及经营者通过组织虚假交易等方式，帮助其他经营者进行虚假或者引人误解的商业宣传行为。

2. 虚假或引人误解的宣传行为的表现

（1）虚假的商业宣传。它是指通过广告、新闻报道或"刷单炒信"等现代传播方式，对商品的性能、功能、质量、成分、销售状况、用户评价等作夸大、虚假或具有欺骗性的虚假宣传或报道。《最高人民法院关于适用〈中华人民共和国反不正当竞争法〉若干问题的解释》第十六条规定："经营者在商业宣传过程中，提供不真实的商品相关信息，欺骗、误导相关公众的，人民法院应当认定为反不正当竞争法第八条第一款规定的虚假的商业宣传"。

什么是"刷单炒信"？

【案例】当事人在天猫开设一家名为"某某某旗舰店"的店铺,从事服装销售。调查发现,当事人的进货单据和订单明细显示,实际进货量、销售量、销售额与在天猫上显示的销售量"1.5万+"严重不符。经调查,2020年11月28日起,当事人先后通过雇佣"刷手"(刷单群或老客户)帮助刷单,对于刷单的订单号,实际不发货,当事人均邮寄空包裹,在"刷手""确认收货"并"评价"之后便通过其他渠道给他们返还订单金额及佣金或赠送礼品。当事人共计刷单396单,支付佣金共计3564元,送出礼品100个。

【问题】市场监管部门应如何处罚?

(2) 引人误解的商业宣传。这是指宣传者故意混淆含义,省略词句或模糊语义,使消费者在接受宣传信息时产生误解,从而影响他们的购买决策的行为。例如"意大利真皮沙发",消费者很容易理解为是意大利进口的真皮沙发,但实际上只是用意大利进口的真皮在国内制作的沙发。《最高人民法院关于适用《〈中华人民共和国反不正当竞争法〉若干问题的解释》第十七条规定,经营者具有下列行为之一,欺骗、误导相关公众的,人民法院可以认定为反不正当竞争法第八条第一款规定的"引人误解的商业宣传":

①对商品作片面的宣传或者对比;
②将科学上未定论的观点、现象等当作定论的事实用于商品宣传;
③使用歧义性语言进行商业宣传;
④其他足以引人误解的商业宣传行为。

人民法院应当根据日常生活经验、相关公众一般注意力、发生误解的事实和被宣传对象的实际情况等因素,对引人误解的商业宣传行为进行认定。

(3) 帮助他人作虚假或引人误解的商业宣传。这是指经营者通过组织虚假交易等方式帮助其他经营者进行虚假或者引人误解的商业宣传等行为。

【案例】当事人在2018年、2020年前后分别注册了三家公司,申请"企业QQ号"并招募雇佣员工21名,分设成"排单组、审核组、导购组、售后组",运营"刷单炒信"工作。同时借助三款专用刷单软件,搜索有刷单需求的商户,分配"刷手"刷单任务,完成虚假交易,帮助网店经营者在平台的评价体系内获取更高的商业排名、信用度和用户访问量,误导消费者。自2018年9月至2021年4月29日,当事人共刷单2951750单,刷单商品总金额3.59亿余元,获利372.93万元。

【问题】市场监管部门应如何处罚?

(四) 侵犯商业秘密行为

1. 商业秘密的概念

商业秘密,是指不为公众所知悉、能为权利人带来经济效益、具有实用性并经权利人采取保密措施的技术信息和经营信息。

2. 商业秘密的特征

(1) 秘密性。秘密性又称非公开性,是指该种信息不为公众所知悉,处于保密状态，一般人不易通过正当途径获得或探明。这是商业秘密的本质特征、核心特征。当然，商业秘密的非公开性只能是相对的，不能要求商业秘密是处于绝对的、完全的保密状态下。因为一项商业秘密在使用和管理中是无法避免在一定范围内或一定程度上向外界公开的。

（2）经济性。经济性是指商业秘密的使用可以为权利人带来经济上的利益，使权利人拥有比不知晓或者不使用该商业秘密的同行业竞争者更有利的地位和竞争优势，从而能在竞争中领先取胜。商业秘密的经济性包括现实的经济利益和潜在的经济利益。

（3）实用性。实用性是指能为权利人带来现实的或潜在的经济利益及竞争优势。实用性是商业秘密的价值体现。

（4）保密性。保密性是指权利人对该信息采取了合理的保密措施，如订立保密协议、建立保密制度、合理封存有关资料等。

3. 侵犯商业秘密的行为

侵犯商业秘密的行为包括以下几类：

（1）以盗窃、贿赂、欺诈、胁迫、电子侵入或者其他不正当手段获取权利人的商业秘密；

（2）披露、使用或者允许他人使用以前项手段获取的权利人的商业秘密。

（3）违反保密义务或者违反权利人有关保守商业秘密的要求，披露、使用或者允许他人使用其所掌握的商业秘密。

【案例】2020年5月，南京市雨花台区市场监管局收到艾科美公司举报，要求查处南京某有限公司侵犯商业秘密的违法行为。经查，艾科美公司将部分车载通信用机箱委托当事人完成，上述车载通信用机箱图纸由艾科美公司历经多次研发制作完成，公司对图纸采取了相应的保密措施，属于艾科美公司的商业秘密。当事人在加工承揽艾科美公司订制的机箱时，获取了产品的图纸，但是在未经权利人同意下擅自使用，为他人生产产品。

【问题】市场监管部门应如何处罚？

资料来源：根据江苏省市场监管局公布的2021年度反不正当竞争十大典型案例整理.

（4）教唆、引诱、帮助他人违反保密义务或者违反权利人有关保守商业秘密的要求，获取、披露、使用或者允许他人使用权利人的商业秘密。

经营者以外的其他自然人、法人和非法人组织实施上述所列违法行为的，视为侵犯商业秘密。

第三人明知或者应知商业秘密权利人的员工、前员工或者其他单位、个人实施上述所列违法行为，仍获取、披露、使用或者允许他人使用该商业秘密的，视为侵犯商业秘密。

> 【案例】甲公司是一家从事软件开发的企业，经过十多年的努力，该公司开发出一种能够强力杀毒的软件。该杀毒软件推向市场后，由于明显的技术优势获得了用户的广泛好评，为公司带来了可观的经济效益。该杀毒软件的源程序被采用加密手段后保存在只有该公司的董事长、总经理与技术副总才能使用的计算机内。乙是该公司的一名工程师，他利用别人不在办公室的时间破解了计算机的加密手段，获得了该杀毒软件的源程序，并谎称是自己开发的，以15万元的价格转让给了丙公司。
>
> 【问题】
> （1）该杀毒软件的源程序是否属于商业秘密？
> （2）乙的行为是否属于侵犯商业秘密的行为？
> （3）丙公司的行为是否构成侵犯商业秘密行为？

（五）不正当有奖销售行为

1. 有奖销售行为的概念

有奖销售，是指经营者以提供物品、金钱或其他报偿作为奖励，刺激消费者购买商品或接受服务的行为，主要包括附赠式有奖销售和抽奖式有奖销售两种形式。

附赠式有奖销售，是指经营者向购买某种商品的所有购买者或接受某种服务的人附加赠与金钱、物品或其他经济利益的销售活动。

抽奖式有奖销售，是指经营者以抽奖、摇奖或其他带有偶然性的方法决定购买者是否中奖的有奖销售方式。

有奖销售是经营者的一种促销手段，可以提高产品销售量，给经营者带来经济利益，但若超过一定限度滥用有奖销售，不仅会损害消费者利益，还会扰乱市场秩序，破坏公平竞争。

2. 不正当有奖销售行为的表现

《反不正当竞争法》规定，经营者进行有奖销售不得存在下列情形：

（1）所设奖的种类、兑奖条件、奖金金额或者奖品等有奖销售信息不明确，影响兑奖；

（2）采用谎称有奖或者故意让内定人员中奖的欺骗方式进行有奖销售；

（3）抽奖式的有奖销售，最高奖的金额超过5万元。

（六）诋毁商誉行为

1. 诋毁商誉行为的概念

诋毁商誉行为，是指经营者通过捏造、散布虚假事实等不正当手段，损害竞争对手的商业信誉和商品声誉，从而削弱其竞争力，为自己取得竞争优势的行为。商业信誉是指社会对经营者的商业道德、商品品质、价格、服务等方面的积极评价。商品声誉是指社会对特定商品品质、性能的赞誉。商品声誉会给经营者带来商业信誉，而商业信誉又促进商品声誉，它们是一种相互促进的关系。良好的商业信誉和商品声誉本身就是一笔巨大的无形财富，同时又能为经营者带来巨大的经济效益以及市场竞争中的优势地位。

2. 诋毁商誉行为的构件

（1）在主观上，经营者是故意的。经营者对竞争对手的伤害并非出于言行不慎、口误，而是故意诋毁，目的是削弱对手的竞争力。

（2）在客观上，经营者采用了捏造、散布虚假事实的手段，实施了诋毁商誉行为。如通过广告新闻发布会等形式捏造、散布虚假事实，使用户、消费者不明真相产生怀疑，不敢或不再与受诋毁的经营者进行交易活动。

如果经营者散布对竞争对手不利的事情，但不属于无中生有或故意歪曲，而是客观事实，这也不能构成诋毁商誉行为。

（3）诋毁商誉行为侵害的客体是同业竞争者的商业信誉和商品信誉。如果经营者只对对手的个人名誉进行攻击，不涉及商业信誉和商品声誉，此属于一般民事人身权的侵害，由民法予以调整；而诋毁商誉，如果诋毁的是同自己毫无竞争关系的非同业竞争者的商誉，也属于民事诽谤，构成民事侵权，由民法调整，不属于《反不正当竞争法》调整。

诋毁商誉行为捏造虚假事实并且通过大众媒介向社会公布、散布，不仅容易误导消费者，使之产生不安全的消费心理，而且会损害竞争对手的良好声誉，造成难以预料的损失，如销售量骤降、商业合作失败、经营层产生动荡等。

（七）互联网领域不正当竞争行为

互联网领域不正当竞争行为，是指经营者利用技术手段，通过影响用户选择或者其他方式，实施妨碍、破坏其他经营者合法提供的网络产品或者服务正常运行的行为。《反不正当竞争法》规定，经营者不得实施下列不正当竞争行为：

（1）未经其他经营者同意，在其合法提供的网络产品或者服务中，插入链接、强制进行目标跳转；

（2）误导、欺骗、强迫用户修改、关闭、卸载其他经营者合法提供的网络产品或者服务；

（3）恶意对其他经营者合法提供的网络产品或者服务实施不兼容；

（4）其他妨碍、破坏其他经营者合法提供的网络产品或者服务正常运行的行为。

四、违反《反不正当竞争法》的法律责任

（一）民事责任

《反不正当竞争法》规定，经营者违反规定给他人造成损害的，应当依法承担民事责任。经营者的合法权益受到不正当竞争行为损害的，可以向人民法院提起诉讼。因不正当竞争行为受到损害的经营者的赔偿数额，按照其因被侵权所受到的实际损失确定；实际损失难以计算的，按照侵权人因侵权所获得的利益确定。经营者恶意实施侵犯商业秘密行为，情节严重的，可以在按照上述方法确定数额的1倍以上5倍以下确定赔偿数额。赔偿数额还应当包括经营者为制止侵权行为所支付的合理开支。

经营者违反《反不正当竞争法》第六条、第九条规定，权利人因被侵权所受到的实际损失、侵权人因侵权所获得的利益难以确定的，由人民法院根据侵权行为的情节判决给予权利人500万元以下的赔偿。

(二) 行政责任

行政责任形式主要有：责令停止违法行为，消除影响；没收违法所得；罚款；吊销营业执照；责令改正；给予行政处分等。经营者以及其他自然人、法人和非法人组织违反法律规定，实施不正当竞争行为，需要承担的行政责任要视其违法情节而定。

(三) 刑事责任

刑事责任是对违法行为者最为严厉的法律制裁，适用于那些对其他经营者、消费者和社会经济秩序损害严重、情节恶劣的不正当竞争行为。《反不正当竞争法》第三十一条规定，违反本法规定，构成犯罪的，依法追究刑事责任。

第二节 反垄断法

一、垄断的概念和垄断行为

垄断，是指经营者凭借经济优势，在相关市场内，通过达成垄断协议、滥用市场支配地位以及具有或者可能具有排除、限制竞争效果的经营者集中等行为，达到排除或限制竞争的市场状态。《中华人民共和国反垄断法》（以下简称《反垄断法》）规定的垄断行为包括三个方面：
(1) 经营者达成垄断协议；
(2) 经营者滥用市场支配地位；
(3) 具有或者可能具有排除、限制竞争效果的经营者集中。

《反垄断法》规定，本法所称经营者，是指从事商品生产、经营或者提供服务的自然人、法人和非法人组织。

本法所称相关市场，是指经营者在一定时期内就特定商品或者服务（以下统称商品）进行竞争的商品范围和地域范围。

垄断大都具有两个显著的特征，即危害性和违法性。垄断的危害性和违法性是就一般而言。有些限制竞争行为，虽然也对市场竞争构成一定的威胁，但是可以得到法律的豁免；有些企业尽管在市场中居于优势地位，但是并未滥用这种优势地位，则不能将其列入反垄断法规制的垄断范围。

二、反垄断法的概念及其适用范围

竞争是市场经济最基本的特征,市场经济本质上是竞争性的经济。在市场调节能够发挥作用的领域,公平的竞争对于实现资源优化配置,促使经营者创新,增进消费者福利,具有十分重要的作用。正因为如此,实行市场经济的国家都高度重视制定和实施以保护公平竞争、禁止垄断和不正当竞争行为为宗旨的竞争法律制度,以保护正常的市场竞争格局,规范经营者的市场竞争行为。

《中华人民共和国反垄断》

知识链接

反垄断法与反不正当竞争法的立法体例

广义上的反垄断法,是指调整在预防和制止垄断行为的过程中,所产生的市场监管关系的法律规范的总称。狭义上的反垄断法仅指《反垄断法》。本书所称反垄断法主要是指狭义层面的反垄断法。

《反垄断法》第二条规定:"中华人民共和国境内经济活动中的垄断行为,适用本法;中华人民共和国境外的垄断行为,对境内市场竞争产生排除、限制影响的,适用本法。"可见,《反垄断法》的适用范围包括两个方面:

(1) 在中国境内发生的垄断行为;

(2) 在中国境外发生的,对国内市场竞争产生排除、限制影响的垄断行为。

三、反垄断机构

(一) 反垄断委员会

国务院设立反垄断委员会,负责组织、协调、指导反垄断工作,履行下列职责:研究拟订有关竞争政策;组织调查、评估市场总体竞争状况,发布评估报告;制定、发布反垄断指南;协调反垄断行政执法工作;国务院规定的其他职责。

(二) 反垄断执法机构

国务院市场监督管理部门(以下称国务院反垄断执法机构)负责反垄断统一执法工作。国务院反垄断执法机构根据工作需要,可以授权省、自治区、直辖市人民政府相应的机构,依照《反垄断法》规定负责有关反垄断执法工作。

国家市场监督管理总局设立"反垄断执法一司""反垄断执法二司",分别负责垄断协议、滥用市场支配地位以及滥用知识产权排除、限制竞争等反垄断执法工作;依法对经营者集中行为进行反垄断审查。

(三) 行业协会

行业协会应当加强行业自律,引导本行业的经营者依法竞争,维护市场竞争秩序。

四、垄断行为

(一) 经营者达成垄断协议

1. 垄断协议的概念

竞争可以促进技术进步、效率提高、成本降低、服务改善,从而使消费者获益。但激烈的市场竞争又给经营者造成巨大压力，一些经营者为了消除、减轻市场竞争的压力，往往会通过各种手段达成协议、决定或者采取协同行为去排除或限制竞争。

垄断协议，是指经营者之间达成或者采取的旨在排除、限制竞争的协议、决定或者其他协同行为，即一些国家所称的"卡特尔"。

（1）协议是指两个或者两个以上的经营者通过书面协议或者口头协议的形式，就排除、限制竞争的行为达成一致意见；

（2）决定是指企业集团或者其他形式的企业联合体以决定的形式，要求其成员企业共同实施的排除、限制竞争的行为；

（3）其他协同行为是指企业之间虽然没有达成书面或者口头协议、决议，但相互进行了沟通，心照不宣地实施了协调的、共同的排除、限制竞争行为。

2. 垄断协议的种类

根据当事人之间是否具有竞争关系，可以把垄断协议分为横向垄断协议和纵向垄断协议。《反垄断法》分别对横向垄断协议和纵向垄断协议作出了禁止性规定。

（1）横向垄断协议是指具有竞争关系的经营者之间达成的排除或者限制竞争的协议。具有竞争关系的经营者是指在商品生产、经营或者提供服务过程中处于相同市场的经营者（如相同产品的生产商之间、批发商之间或零售商之间），他们生产、经营相同产品或者提供相同服务，处于相同市场，相互之间存在竞争关系。《反垄断法》第十六条规定，禁止具有竞争关系的经营者达成下列垄断协议：

①固定或者变更商品价格。价格竞争是经营者之间最重要、最基本的竞争方式，因此，经营者之间通过协议、决议或者协同行为，固定或者变更商品价格的行为，是最为严重的反竞争行为

②限制商品的生产数量或者销售数量。产品或者服务的供应数量减少，必然会导致价格上升，损害消费者利益，因此，经营者之间限制商品的生产数量或者销售数量的协议是典型的垄断协议。

③分割销售市场或者原材料采购市场。经营者之间分割地域、客户或者产品市场的行为限制了商品的供应，限制了经营者之间的自由竞争。

④限制购买新技术、新设备或者限制开发新技术、新产品。开发新技术、新产品，有利于降低成本，提高生产效率，是一种有效的竞争手段，也有利于消费者利益。经营者通过协议对新技术、新设备的购买，以及新技术、新产品的开发作出限制，是减少竞争、破坏竞争的行为。

⑤联合抵制交易。又称集体拒绝交易，即协议各方联合起来不与其他竞争对手、供应商或者销售商交易。

⑥国务院反垄断执法机构认定的其他垄断协议。

（2）纵向垄断协议是指经营者与交易相对人之间达成的排除或者限制竞争的协议。纵向垄断协议发生在商品生产、经营或者提供服务过程中处于产业链上下游环节的经营者之间（如生产商与批发商之间、批发商与零

案例分析

丰田汽车（中国）投资有限公司垄断协议案

案例分析

扬子江药业集团有限公司垄断协议案

售商之间），他们不仅不存在竞争关系，反而是相互合作、相互依存的关系。因此，这些经营者之间达成的协议，通常不受《反垄断法》规制，只有具有排除或者限制竞争的性质，才会受《反垄断法》的规制。《反垄断法》第十七条规定，禁止经营者与交易相对人达成下列垄断协议：

①固定向第三人转售商品的价格。固定转售商品价格协议，与横向垄断协议中的固定价格协议一样，是最为严重的反竞争行为，许多国家对其采取本身违法原则。

②限定向第三人转售商品的最低价格。限制最高转售价格，即限制了销售商的涨价幅度，有利于保护消费者利益。同时，也可以使销售商在最高限价和批发价或者出厂价之间竞争。因此，许多国家对其采取合理分析原则，通过分析该协议是否排除、限制竞争而判断是否属于垄断协议。

③国务院反垄断执法机构认定的其他垄断协议。

对前款第①项和第②项规定的协议，经营者能够证明其不具有排除、限制竞争效果的，不予禁止。

3. 垄断协议的豁免

垄断协议的豁免，是指经营者之间的协议、决议或者其他协同行为，虽然有排除、限制竞争的影响，但该类协议在其他方面所带来的好处要大于其对竞争的不利影响，因此法律规定对其豁免，即排除适用反垄断法的规定。豁免制度是利益衡量的结果，即从经济效果和对限制竞争的影响进行利益对比，在"利大于弊"时，对该垄断协议排除适用反垄断法。《反垄断法》规定："经营者能够证明所达成的协议属于下列情形之一的，不适用本法第十六条、第十七条、第十八条的规定：

①为改进技术、研究开发新产品的；

②为提高产品质量、降低成本、增进效率，统一产品规格、标准或者实行专业化分工的；

③为提高中小经营者经营效率，增强中小经营者竞争力的；

④为实现节约能源、保护环境、救灾救助等社会公共利益的；

⑤因经济不景气，为缓解销售量严重下降或者生产明显过剩的；

⑥为保障对外贸易和对外经济合作中的正当利益的；

⑦法律和国务院规定的其他情形。"

属于前款第①项至第⑤项情形，不适用本法第十六条、第十七条、第十八条规定的，经营者还应当证明所达成的协议不会严重限制相关市场的竞争，并且能够使消费者分享由此产生的利益。即属于这五种情形的垄断协议，不是可以当然豁免，还要符合一定的条件。

（二）经营者滥用市场支配地位

1. 市场支配地位的概念

《反垄断法》第二十二条规定，本法所称市场支配地位，是指经营者在相关市场内具有能够控制商品价格、数量或者其他交易条件，或者能够阻碍、影响其他经营者进入相关市场能力的市场地位。即企业或企业集团能够左右市场竞争或者不受市场竞争机制的制约，可以不必被迫考虑竞争者或交易对手的反应就可以自由定价或者自由地作出其他经营决策。

《反垄断法》并不禁止经营者具有市场支配地位，而是禁止具有市场支配地位的经营者滥用市场支配地位，从事排除、限制竞争的行为。

《反垄断法》第二十四条规定，有下列情形之一的，可以推定经营者具有市场支配地位：

（1）一个经营者在相关市场的市场份额达到1/2的；

（2）两个经营者在相关市场的市场份额合计达到2/3的；

（3）三个经营者在相关市场的市场份额合计达到3/4的。

有前款第（2）项、第（3）项规定的情形，其中有的经营者市场份额不足1/10的，不应当推定该经营者具有市场支配地位。

被推定具有市场支配地位的经营者，有证据证明不具有市场支配地位的，不应当认定其具有市场支配地位。

将多个企业的市场份额合并计算来推定其中的每个企业都具有市场支配地位，这样的制度安排可以有效地对从事相同行为的寡头垄断企业（没有达成垄断协议的证据）的行为进行规范和制约。

2. 经营者滥用市场支配地位的概念

经营者滥用市场支配地位，是指具有市场支配地位的经营者，滥用其支配地位，从事排除、限制竞争的市场行为。其特点是：

（1）行为主体具有特定性。即行为主体是在市场上具有支配地位的企业，而非其他企业。

（2）行为本身的反竞争性。即行为目的是为了排除、限制竞争。从一些国家反垄断立法看，对禁止滥用市场支配地位行为的规范，采取两种方式。一是概括式，即只做原则性禁止，不具体规定所禁止的滥用行为，美国等国家采取这种方式；二是概括加列举式，即在作出原则性禁止规定的同时，列举一些典型的予以禁止的滥用行为，欧盟等采取这种方式。我国采取的是列举具体的滥用行为的方式。

阿里巴巴集团中国境内网络零售平台在服务市场实施二选一垄断行为案

美团在中国境内网络餐饮外卖平台服务市场实施二选一垄断行为案

《反垄断法》第二十二条规定，禁止具有市场支配地位的经营者从事下列滥用市场支配地位的行为：

（1）以不公平的高价销售商品或者以不公平的低价购买商品；

（2）没有正当理由，以低于成本的价格销售商品；

（3）没有正当理由，拒绝与交易相对人进行交易；

（4）没有正当理由，限定交易相对人只能与其进行交易或者只能与其指定的经营者进行交易；

（5）没有正当理由搭售商品，或者在交易时附加其他不合理的交易条件；

（6）没有正当理由，对条件相同的交易相对人在交易价格等交易条件上实行差别待遇；

（7）国务院反垄断执法机构认定的其他滥用市场支配地位的行为。

具有市场支配地位的经营者利用数据和算法、技术以及平台规则等设置障碍，对其他经营者进行不合理限制的，属于上述规定的滥用市场支配地位的行为。

（三）具有或者可能具有排除、限制竞争效果的经营者集中

1. 经营者集中的概念和形式

经营者集中，是指经营者通过合并、兼并及购买竞争对手股权或资产等方式进行的企业行为。经营者集中会对竞争产生一定影响，容易导致市场中的竞争者数量减少，相关市场竞争程度降低，也使数量减少了的竞争者之间容易做出协调一致的行为，并且产生和加强市场支配力量，有可能排除和限制竞争，损害消费者利益，所以各国反垄断法都将经营者集中的管制作为其重要内容之一。

《反垄断法》规定，经营者集中是指下列情形：

（1）经营者合并；

（2）经营者通过取得股权或者资产的方式取得对其他经营者的控制权；

（3）经营者通过合同等方式取得对其他经营者的控制权或者能够对其他经营者施加决定性影响。

2. 经营者集中的申报

由于经营者集中有可能导致排除和限制竞争，不少国家都对经营者集中有一定的政府管制，主要是采取申报审查制度。从国外的立法和执法实践看，一是采取事前申报，二是采取事后申报，三是采取全部自愿申报，事前事后均可。我国采用了事前申报的强制申报制度。《反垄断法》规定，经营者集中达到国务院规定的申报标准的，经营者应当事先向国务院反垄断执法机构申报，未申报的不得实施集中。经营者集中未达到国务院规定的申报标准，但有证据证明该经营者集中具有或者可能具有排除、限制竞争效果的，国务院反垄断执法机构应当依法进行调查。

经营者集中有下列情形之一的，可以不向国务院反垄断执法机构申报：

案例分析

阿里巴巴投资有限公司收购银泰商业（集团）有限公司股权未申报经营者集中案

（1）参与集中的一个经营者拥有其他每个经营者50%以上有表决权的股份或者资产的。按照《公司法》的规定，可以理解为，参与集中的一个经营者是其他每个经营者的控股股东或实际控制人，这类情况通常是母子公司、集团公司内部以母公司或集团公司牵头进行的股份或资产的一种重新组合，其所在的市场竞争状况并未发生质的变化，不对市场竞争状况发生重大影响或不发生实质性的影响。

控股股东与实际控制人

（2）参与集中的每个经营者50%以上有表决权的股份或者资产被同一个未参与集中的经营者拥有的。这类情况同样也是母子公司和集团公司的内部重新组合，母公司或集团公司的股份或财产不参与经营者集中，而子公司之间或成员公司彼此之间进行股份和资产的重新组合，不影响或不严重影响市场总体的竞争状态。

3. 经营者集中的审查因素

反垄断执法机构审查经营者集中，关键是审查该集中是否具有或者可能具有排除、限制竞争的效果，从而对经营者集中作出禁止或者不予禁止的决定。《反垄断法》规定，审查经营者集中，应当考虑下列因素：

（1）参与集中的经营者在相关市场的市场份额及其对市场的控制力。经营者在相关市场的市场份额越大，对市场的控制力就越大，就越有能力自主决定在市场上的交易条件，就越有可能排挤竞争对手或者损害消费者的利益。对相关市场的确定有时还要考虑是否是全球性寡头垄断行业。

【案例】 波音和麦道公司分别是美国航空制造业的老大和老二，是世界航空制造业的第1位和第3位。1996年底，波音公司用166亿美元兼并了麦道公司。在干线客机市场上，合并后的波音不仅成为全球最大的制造商，而且是美国市场唯一的供应商，占美国国内市场的份额几乎达百分之百。但是，美国政府不仅没有阻止波音兼并麦道，而且利用政府采购等措施促成了这一兼并活动。

【问题】 美国政府促成这一兼并活动的原因是什么？

（2）相关市场的市场集中度。市场集中度与市场支配地位有着密切的联系。市场集中度越高，产生或者加强市场支配地位的可能性也就越大，具有排除或者限制竞争效果的可能性也会越大。

（3）经营者集中对市场进入、技术进步的影响。市场进入的难度直接决定了申报集中的经营者是否存在潜在的竞争者。如果相关市场没有或者只有很低的进入障碍，潜在的竞争者很快就会进入这个市场，抢占市场份额，形成市场竞争格局。相反，如果经营者集中的结果大大抬高了潜在竞争者的市场进入门槛，则会增加排除、限制竞争的因素。

为了保持市场的竞争性，防止集中后的经营者在没有竞争压力的情况下失去危机感，不再有技术创新的动力去降低产品成本、提高产品质量，反垄断执法机构在进行经营者集中审查时，也要考虑对技术进步的影响。

（4）经营者集中对消费者和其他有关经营者的影响。如果集中的结果是降低了产品价格，提高了产品质量，使得消费者从中获得利益，而且对同行业竞争者、上下游经营者的市场进入、交易机会等竞争条件没有产生实质性的影响，那么该集中一般不具有排除、限制竞争的效果。但是，审查时既要考虑短期影响，更要考虑长期影响。

（5）经营者集中对国民经济发展的影响。从长期看，竞争会有效地调节市场的供求，优化配置资源，从而促进和推动国民经济的健康发展。因此，审查经营者集中，必须统筹协调反垄断法与实施国家产业政策和其他经济政策的关系，不仅要考虑集中对市场竞争的影响，也要考虑集中对国民经济发展的影响。

（6）国务院反垄断执法机构认为应当考虑的影响市场竞争的其他因素。

案例分析

禁止虎牙公司与斗鱼国际控股有限公司合并案

特别提醒

经营者违反《反垄断法》规定实施集中，且具有或者可能具有排除、限制竞争效果的，由国务院反垄断执法机构责令停止实施集中、限期处分股份或者资产、限期转让营业以及采取其他必要措施恢复到集中前的状态，处上一年度销售额10%以下的罚款；不具有排除、限制竞争效果的，处500万元以下的罚款。

4. 经营者集中的的豁免

经营者集中具有或者可能具有排除、限制竞争效果的，国务院反垄断执法机构应当作出禁止经营者集中的决定。但是，经营者能够证明该集中对竞争产生的有利影响明显大于不利影响，或者符合社会公共利益的，国务院反垄断执法机构可以作出对经营者集中不予禁止的决定。

（四）滥用行政权力排除、限制竞争

《反垄断法》第九条规定："行政机关和法律、法规授权的具有管理公共事务职能的组织不得滥用行政权力，排除、限制竞争"。

1. 规范的对象

《反垄断法》第九条的规范对象不是经营者，而是拥有行政权力、行使行政管理职能的组织，包括行政机关和法律、法规授权的具有管理公共事务职能的组织。行政机关包括各级政府及政府所属的部门。具有管理公共事务职能的组织是指本身不属于行政机关，但通过法律、行政法规和地方性法规的授权而享有行政权力，行使行政管理职能的组织，这些组织经过授权而取得了行政管理的主体资格，可以以自己的名义行使行政管理权，以自己的名义独立承担因行使行政管理权而引起的法律后果。

2. 禁止的行为

《反垄断法》第九条禁止的是行政机关和法律、法规授权的具有管理公共事务职能的组织滥用行政权力，排除、限制竞争的行为。《反垄断法》第五章对几种常见的行为进行了列举，具体包括以下几种行为：

（1）限定或者变相限定单位或者个人经营、购买、使用其指定的经营者提供的商品。

案例分析

交通运输局滥用行政权力排除、限制竞争案

（2）通过与经营者签订合作协议、备忘录等方式，妨碍其他经营者进入相关市场或者对其他经营者实行不平等待遇，排除、限制竞争。

（3）实施下列行为，妨碍商品在地区之间的自由流通：

①对外地商品设定歧视性收费项目、实行歧视性收费标准，或者规定歧视性价格；

②对外地商品规定与本地同类商品不同的技术要求、检验标准，或者对外地商品采取重复检验、重复认证等歧视性技术措施，限制外地商品进入本地市场；

③采取专门针对外地商品的行政许可，限制外地商品进入本地市场；

④设置关卡或者采取其他手段，阻碍外地商品进入或者本地商品运出；

⑤妨碍商品在地区之间自由流通的其他行为。

（4）以设定歧视性资质要求、评审标准或者不依法发布信息等方式，排斥或者限制经营者参加招标投标以及其他经营活动。

案例分析

浙江省气象局滥用行政权力排除、限制竞争案

【案情】 2018年，国家市场监督管理总局对北京市公安局公安交通管理局涉嫌滥用行政权力排除限制竞争的案件进行调查。经查，北京市交管局未经公开竞争性程序，确定工商银行北京市分行作为北京市交通违章罚款唯一代收银行，并规定线下交纳罚款只能通过工行卡办理。

【问题】 公安交通管理局的行为是否构成滥用行政权力，排除、限制竞争？

（5）采取与本地经营者不平等待遇等方式，排斥、限制、强制或者变相强制外地经营者在本地投资或者设立分支机构。

（6）强制或者变相强制经营者从事本法规定的垄断行为。

（7）制定含有排除、限制竞争内容的规定。

同步练习

一、单项选择题

1. 关于不正当竞争行为的主体及经营者的说法正确的是（　　）。
   A. 在实践中对经营者的界定通常以是否具有经营资格为标准
   B. 在实践中对经营者的界定主要以是否盈利为标准
   C. 非经营者不能成为不正当竞争行为的主体
   D. 政府及其所属部门滥用行政权力妨害经营者的正当竞争行为属于反不正当竞争法的规制对象

2. 下列选项中不构成虚假宣传行为的是（　　）。
   A. 甲公司采用电话方式对自己的产品进行推销，宣传本公司产品超越了所有同类

产品

B. 乙公司散发小广告，称研制的抗癌药物能够彻底治愈癌症

C. 丙公司为体现其生产的方便面超级辣，在产品包装上印制食用后嘴里辣到喷火的图片

D. 丁公司以美国某科学家的个人研究成果为依托，宣传其生产的纯净水比矿泉水健康

3. 某市煤气公司要求所有的初装用户必须从其下属的煤气用品经销店中购买炉具、软管等厨房用具，否则不予开通煤气，下列说法错误的是(　　)。

A. 市煤气公司属于具有独占地位的公用企业

B. 市煤气公司的行为属于反不正当竞争法中禁止的限购排挤行为

C. 市煤气公司行为的目的在于排挤其他经营者的公平竞争

D. 炉具、软管等厨房用具是居民生活所必须，应该保证安全，煤气公司指定购买地点也是为用户考虑，因此，不构成违法行为

4. 小赵在某商店购买了一件貂皮大衣，后因保养护理问题与商店发生争执，小赵便经常守在商店门口，对欲进店的人说："这家店的衣服质量不好，很多都不是纯貂皮做的。"该商店的生意因此大受影响，小赵的行为应认定为(　　)。

A. 一般侵权行为　　　　　　　　B. 诋毁商誉行为
C. 虚假宣传行为　　　　　　　　D. 侵犯商业秘密行为

5. 某市欣欣百货公司在电视上做广告，称该百货公司新到一批法国瓷砖，欢迎购买。消费者李某购买了8 000元的法国瓷砖后发现这些瓷砖产于杭州。针对欣欣公司的行为，下列表述错误的是(　　)。

A. 该市市场监督管理部门有权监督检查

B. 监督检查部门有权要求欣欣公司提供证明材料

C. 监督检查部门有权冻结欣欣公司的银行账户

D. 监督检查部门有权责令欣欣公司停止违法行为

6. 在不会严重限制相关市场竞争，并能使消费者分享由此产生的利益前提下，经营者与具有竞争关系的经营者(　　)不为反垄断法所禁止。

A. 为排除竞争，达成的联合抵制交易协议

B. 为实现其支配地位，达成的限制商品的生产数量协议

C. 为限制竞争，达成的固定商品价格协议

D. 为改进技术，达成的限制购买新技术协议

7. 下列不是垄断协议的(　　)。

A. 甲集团和乙集团约定：前者占北方市场，后者占南方市场

B. 因为价格问题，甲乙两家汽车厂口头约定都不购买丙钢铁公司的钢材

C. 甲药厂和乙医药连锁超市约定：后者出售前者的某种专利药品只能按某价格出售

D. 甲药厂和乙医药连锁超市约定：后者出售前者的某种专利药品最高按某价格出售

8. 行政机关滥用行政权力，实施对外地商品设定歧视性收费项目，实行歧视性收费标准，妨碍商品在地区之间自由流通的行为是(　　)。

A. 滥用行政权力排除、限制竞争的行为
B. 宏观调控行为
C. 经营者集中行为
D. 滥用市场支配者地位行为

9. 根据《反垄断法》的规定，下列关于市场支配地位推定的表述中，不正确的是（　　）。
A. 经营者在相关市场的市场份额达到1/2的，推定为具有市场支配地位
B. 两个经营者在相关市场的市场份额合计达到2/3，其中有的经营者市场份额不足1/10的，不应当推定该经营者具有市场支配地位
C. 三个经营者在相关市场的市场份额合计达到3/4，其中有两个经营者市场份额合计不足1/5的，不应当推定该两个经营者具有市场支配地位
D. 被推定具有市场支配地位的经营者，有证据证明不具有市场支配地位的，不应当认定其具有市场支配地位

10. 依《反垄断法》规定，下列属于经营者集中情形的是（　　）。
A. 经营者通过取得资产的方式，取得对其他经营者的表决权
B. 经营者通过合同等方式，能够对其他经营者施加影响
C. 经营者合并
D. 经营者联合抵制交易

二、多项选择题

1. 关于反不正当竞争法的特征，下列说法正确的是（　　）。
A. 其以保护社会公共属性为主，具有一定的社会性
B. 其规制范围较难发生变化
C. 其体现了国家对经营者行为干预
D. 各级人民政府有义务采取措施制止不正当竞争行为，为公平竞争创造良好的环境和条件

2. 甲食品厂为提高自己的市场占有率，在街头开展免费品尝活动，并乘机捏造事实，宣称乙厂的产品采用质量低劣的原材料，只有自己的产品才是质优价廉的。但实际上，甲厂为控制成本，始终采购即将过期的原材料来生产食品。对此，下列说法正确的是（　　）。
A. 甲食品厂的行为构成诋毁商誉行为
B. 甲食品厂的行为构成虚假宣传行为
C. 甲食品厂的行为违反了商业道德
D. 甲食品厂的行为应当按照侵犯他人名誉权来处理

3. 张某在某糖酒展销会上购买了一瓶误认为是贵州"茅台酒"的贵州某厂"芽台酒"，该酒的包装与茅台酒几乎一样，张某将该酒送给朋友李某，李某饮后出现不适，李某向茅台酒厂在该市的代表处投诉，此时才发现该酒不是茅台酒，以下说法错误的是（　　）。

A. 张某有权要求"芽台酒"生产厂家依照《反不正当竞争法》承担与知名商品相混淆行为的责任
B. 李某有权要求"芽台酒"生产厂家承担不正当竞争的责任
C. 茅台酒厂有权向法院直接起诉"芽台酒"生产厂家，要求其依照《反不正当竞争法》承担市场混淆行为的法律责任
D. "芽台酒"生产厂家的行为构成冒用认证标志行为

4. 某市政府招标建设办公楼，则下列投标者的行为违反了《反不正当竞争法》的是（　　）。
A. 甲建筑公司串联其他建筑公司一同抬高成本报价
B. 乙建筑公司向丙建筑公司承诺：若丙以低于乙的标准投标，则付给丙200万元作为报酬
C. 丁建筑公司找到在市政府工作的老同学帮忙提前获得了标底
D. 戊建筑公司为获得中标，多方调研考证，聘请专家设计

5. 依据我国现行法律规定，下列（　　）行为，如果情节严重造成重大损失，应承担刑事责任。
A. 销售伪劣商品
B. 采用贿赂手段以销售或购买商品
C. 滥用行政权力限制竞争行为
D. 侵犯商业秘密

6. 根据反垄断法的规定，下列各项中，不适用《反垄断法》的行为有（　　）。
A. 知识产权的正当行使
B. 经营者达成垄断协议
C. 可能具有排除、限制竞争效果的经营者集中
D. 农业生产中的联合或者协同行为

7. 根据《反垄断法》的规定，下列各项中，属于法律禁止的横向垄断协议的有（　　）。
A. 固定或者变更商品价格的协议
B. 限制购买新技术、新设备或者限制开发新技术、新产品
C. 联合抵制交易
D. 固定向第三人转售商品的价格

8. 根据我国反垄断法的规定，认定经营者是否具有市场支配地位，应当依据的因素有（　　）。
A. 该经营者在相关市场的市场份额，以及相关市场的竞争状况
B. 该经营者控制销售市场或者原材料采购市场的能力
C. 该经营者的财力和技术条件
D. 其他经营者对该经营者在交易上的依赖程度
E. 其他经营者进入相关市场的难易程度

三、简答题

1. 简述不正当竞争行为的特征。

2. 简述不正当竞争行为的主要类型。
3. 简述虚假宣传行为的表现。
4. 什么是垄断？垄断行为包括哪几个方面？
5. 市场支配地位如何推定？何为"滥用"？
6. 什么是经营者集中？表现形式有哪些？

第八章

产品质量法

 学习目标

◆ 知识目标
1. 理解产品质量的概念、特征和问题类型;
2. 了解产品质量监督管理的主要制度;
3. 掌握生产者、销售者的产品质量义务和责任。

◆ 能力目标
1. 熟悉我国产品质量监督管理体系有关法律规定;
2. 能够运用产品质量法的知识分析和解决产品质量纠纷问题。

◆ 素养目标
让学生明白作为生产者或者销售者一定要对自己生产的产品质量负责,保证产品的质量。

导入案例

产品缺陷的扩张认定及责任承担

B(非授权经销商)经由C(授权经销商)购入D公司生产的烟道式燃气热水器一台(出厂产品未配置排烟管道),将其售予A,并由B安装至A所租住的房屋浴室内(未收取安装费),A未按D公司在产品说明中的警示标示另行购置和安装排烟管道。某日A在使用该热水器时因一氧化碳中毒死亡,A的近亲属遂起诉B、D要求承担侵权损害赔偿责任。该买卖当事人之间的关系,如图8-1所示。

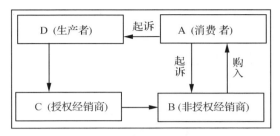

图 8-1　燃气热水器买卖当事人之间的关系

诉讼中 D 举证证明该热水器出厂质量符合国家标准。

根据上述案情，回答下列问题，并说明理由：
(1) 涉案热水器是否存在产品缺陷？
(2) 生产者 D 是否应当对损害结果承担责任？
(3) 何为 B 承担责任的请求权基础？
(4) 消费者 A 对损害结果的发生是否有过错？
(5) 授权经销商 C 是否应追加为本案被告？

分析提示

第一节　产品质量法概述

一、产品与产品质量的概念

（一）产品的概念

广义的产品，是指一切与自然物相对的劳动生产物。法律上的产品，有其特定含义。《中华人民共和国产品质量法》（以下简称《产品质量法》）规定："本法所称的产品是指经过加工、制作，用于销售的产品。建设工程不适用本法规定；但是，建设工程使用的建筑材料、建筑构配件和设备，属于前款规定的产品范围的，适用本法规定。"

《中华人民共和国产品质量法》

对《产品质量法》中的"产品"应作如下理解：

1. 经过加工、制作的产品

《产品质量法》调整的产品范围，是指经过加工、制作的物质产品。"产品"一词，从广义上说，是指经过人类劳动获得的具有一定使用价值的物品，既包括直接从自然界获取的各种农产品、矿产品，也包括手工业、加工工业的各种产品。

各种直接取之于自然界，未经加工、制作的产品，如籽棉、稻、麦、蔬菜、饲养的鱼虾等种植业、养殖业的初级产品，采矿业的原油、原煤等直接开采出来未经炼制、洗选加工的原矿产品等，均不适用《产品质量法》的规定。

电力、煤气等虽然是无体物，但属于工业产品，因而应包括在内。

2. 用于销售的产品

适用《产品质量法》规定的产品,必须是用于销售的产品。非用于销售的产品,即不作为商品的产品,如自己制作、自己使用或馈赠他人的产品,不属于国家进行质量监督管理的范围,也不能对其制作者适用《产品质量法》关于产品责任的严格规定。

"用于销售"不等于经过销售,只要产品是以销售为目的进行生产、制作的,不论它是经过销售渠道到达消费者或用户手上,还是经过其他渠道,都属于《产品质量法》所规定的产品。赠送或试用的产品也属于《产品质量法》意义上的产品。

3. 经过加工、制作用于销售的产品仅限于动产

不动产不在《产品质量法》的调整范围之内。不动产有其特殊的质量要求,难以与经过加工、制作的工业产品共用同一种要求,建设工程由《中华人民共和国建筑法》予以调整。

(二)产品质量的概念

产品质量,通常是指产品满足需要的适用性、安全性、可靠性、耐用性、可维修性、经济性等特征和特性的总和。不同质量水平或质量等级的产品,反映了该产品在满足适用性、安全性、可靠性等方面的不同程度。质量低劣的产品,基本不能甚至完全不能满足使用者对该产品在适用性、安全性和可靠性等方面的合理需求。

二、产品质量法的概念和适用范围

(一)产品质量法的概念

产品质量法是调整在产品生产、流通和消费过程中以及对产品质量进行监督管理过程中所形成的社会关系的法律规范的总称。在我国,产品质量法有广义和狭义之分。广义的产品质量法是指以产品质量为对象,由不同立法机关制定并由不同层次效力的法律、法规所形成的产品质量法律体系。目前我国除有专门的《中华人民共和国产品质量法》(以下简称《产品质量法》)外,还制定了一系列与产品质量相关的或特殊产品质量管理的法律和条例,包括《中华人民共和国标准化法》《中华人民共和国计量法》《中华人民共和国食品安全法》《中华人民共和国药品管理法》《中华人民共和国种子法》《中华人民共和国认证认可条例(2020年修订版)》等。狭义的产品质量法专指《产品质量法》。

(二)适用范围

(1) 地域范围。《产品质量法》规定:"在中华人民共和国境内从事产品生产、销售活动,必须遵守本法。"

(2) 产品范围。《产品质量法》规定:"本法所称产品是指经过加工、制作,用于销售的产品。"

鉴于军工产品、核设施、核产品的特殊性,《产品质量法》规定,军工产品质量监督管理办法,由国务院、中央军事委员会另行制定。因核设施、核产品造成损害的赔偿责任,法律、行政法规另有规定的,依照其规定。

军工企业生产的民用产品,其产品质量监督管理和产品质量义务、责任,受《产品质量法》的调整。

第二节 产品质量监督管理体制和管理制度

一、产品质量监督管理体制

产品质量监督管理体制,是指产品质量监督机构的设置及职权划分制度的总称。《产品质量法》规定:国务院产品质量监督部门主管全国产品质量监督工作;国务院有关部门在各自的职责范围内负责产品质量监督工作;县级以上地方产品质量监督部门主管本行政区域内的产品质量监督工作;县级以上地方人民政府有关部门在各自的职责范围内负责产品质量监督工作;法律对产品质量的监督部门另有规定的,依照有关法律的规定执行。

二、产品质量监督管理制度

(一)产品质量检验制度

《产品质量法》第十二条规定,产品质量应当检验合格,不得以不合格产品冒充合格产品。

产品在出厂前,都应当经过生产者的内部质量检验部门或者检验人员的检验,未经检验及检验不合格的产品,不得出厂销售。产品质量合格,是指产品的质量指标符合有关的标准和要求。作为合格产品,应当同时具备以下条件:

(1)必须符合保障人体健康,人身、财产安全的强制性国家标准、行业标准和地方标准,不存在危及人身、财产安全的不合理的危险;

(2)符合生产者自行制定的产品质量的企业标准或技术要求,但该企业标准或技术要求不得与强制性的国家标准、行业标准和地方标准相抵触,并应对其售出的产品质量承担默示担保和明示担保的义务。

不合格产品是指不符合上述要求的产品,为劣质产品和处理品。

对劣质产品,主要应从以下两个方面判定:一是看其是否符合保障人体健康、人身、财产安全的强制性的国家标准、行业标准和地方标准,不符合上述标准的产品是劣质产品。如电冰箱不符合国家用电安全标准，该电冰箱为劣质电冰箱。二是看其是否具备产品应当具备的使用性能，不具备使用性能的是劣质产品。如电冰箱不制冷，该电冰箱为劣质产品。劣质产品不得出厂销售，更不得冒充合格产品出厂。

处理品，是指不存在危及人体健康，人身、财产安全的危险，仍有使用价值，但产品在使用性能上有瑕疵或者产品的质量与其包装上注明采用的产品标准所规定的质量指标、产品说明中明示的质量指标，以及以实物样品等方式表明的质量状况不符的产品。这些产品在不违反国家有关规定的前提下可以以较低的价格出厂销售，但是，这类产品出厂时必须向消费者明示该产品的实际质量状况，不得将这类产品冒充质量合格的产品出厂、销售。

（二）企业质量体系认证制度

国际通用的质量管理标准是指国际标准化组织推荐的ISO9000系列国际标准。该标准吸收了各国质量管理、质量保证的精华，统一了质量术语的概念，反映并发展了世界工业发达国家质量管理的实践经验。目前，该系列标准已转化为我国的国家标准。

《产品质量法》规定，我国企业质量体系认证采用自愿原则。企业在申请认证问题上享有自主权和选择权，权利的内容包括是否申请的自由、如何申请的自由以及选择认证机构的自由。但是，对于认证所依据的技术标准，必须遵守法律的规定，企业无权选择与变更。经认证合格的，由认证机构颁发企业质量体系认证证书。

（三）产品质量认证制度

《产品质量法》第十四条规定，国家参照国际先进的产品标准和技术要求，推行产品质量认证制度。企业根据自愿原则可以向国务院市场监督管理部门认可的或者国务院市场监督管理部门授权的部门认可的认证机构申请产品质量认证。经认证合格的，由认证机构颁发产品质量认证证书，准许企业在产品或者其包装上使用产品质量认证标志。

需要注意的是，《产品质量法》第十四条规定的"产品质量认证制度"，属于产品合格认证制度，而且，产品质量认证实行企业自愿的原则。但是，依据《强制性产品认证管理规定》（以下简称强制性产品认证），为保护国家安全、防止欺诈行为、保护人体健康或者安全、保护动植物生命或者健康、保护环境，国家规定的相关产品必须经过认证，并标注认证标志后，方可出厂、销售、进口或者在其他经营活动中使用。强制性产品认证和产品质量认证不同，它是一种最基础的安全类认证，对"相关产品"来说具有强制性。

强制性产品认证制度

产品质量认证不同于企业质量体系认证。产品质量认证的对象是某种特定的产品，企业质量体系认证的对象是企业保证产品质量的综合能力。仅获得企业质量体系认证证书的企业，不得在其产品上使用产品质量认证标志。

（四）产品质量标准制度

《产品质量法》第十三条规定，可能危及人体健康和人身、财产安全的工业产品，必须符合保障人体健康和人身、财产安全的国家标准、行业标准；未制定国家标准、行业标准的，必须符合保障人体健康和人身、财产安全的要求。

《中华人民共和国标准化法》（以下简称《标准化法》）规定：（1）标准包括国家标准、行业标准、地方标准和团体标准、企业标准。国家标准分为强制性标准、推荐性标准，行业标准、地方标准是推荐性标准。（2）对保障人身健康和生命财产安全、国家安全、生态环境安全以及满足经济社会管理基本需要的技术要求，应当制定强制性国家标准。（3）不符合强制性标准的产品、服务，不得生产、销售、进口或者提供。

强制性标准只能是国家标准。

行业标准、地方标准被企业采用后，对企业的产品具有强制性。

行业标准是对没有国家标准而又需要在全国某个行业范围内统一的技术要求所制定的标准。行业标准不得与有关国家标准相抵触。行业标准在相应的国家标准实施后，即行废止。

省、自治区、直辖市标准化行政主管部门制定的工业产品的安全、卫生要求的地方标准，在本行政区域内是强制性标准。

5. 产品质量监督检查制度

《产品质量法》第十五条规定，国家对产品质量实行以抽查为主要方式的监督检查制度，对可能危及人体健康和人身、财产安全的产品，影响国计民生的重要工业产品以及消费者、有关组织反映有质量问题的产品进行抽查。

监督抽查工作由国务院市场监督管理部门规划和组织。县级以上地方市场监督管理部门在本行政区域内也可以组织监督抽查。法律对产品质量的监督检查另有规定的，依照有关法律的规定执行。

国家监督抽查的产品，地方不得另行重复抽查；上级监督抽查的产品，下级不得另行重复抽查。

根据监督抽查的需要，可以对产品进行检验。检验抽取样品的数量不得超过检验的合理需要，并不得向被检查人收取检验费用。

生产者、销售者对抽查检验的结果有异议的，可以自收到检验结果之日起15日内向实施监督抽查的市场监督管理部门或者其上级市场监督管理部门申请复检，由受理复检的市场监督管理部门作出复检结论。

依据《产品质量法》第十七条规定，进行监督抽查的产品不合格的处理方式包括：

（1）责令限期改正。由实施监督抽查的产品质量监督部门责令限期改正。

（2）公告。被抽查的单位没有按照实施监督抽查的产品质量监督部门要求的期限改正的，由省级以上人民政府产品质量监督部门在有关媒介上进行公告，予以曝光，督促其改正。

（3）责令停业，限期整顿。经过由省级以上人民政府产品质量监督部门公告后，监督抽查部门再进行复查时，该产品仍不合格的，由省级以上人民政府产品质量监督部门或者实施监督抽查的产品质量监督部门责令停止生产，要求在一定期限进行整顿。

（4）吊销营业执照。在省级以上人民政府产品质量监督部门或者实施监督抽查的产品质量监督部门要求的期限到期后，经过省级以上人民政府产品质量监督部门或者实施监督抽查的产品质量监督部门再次检查，该产品质量仍不符合本法规定的要求，由颁发营业执照的工商行政管理机关吊销营业执照。

依据《产品质量法》第十七条规定，进行监督抽查的产品有严重质量问题的，应依照本法第五章的有关规定处罚。

6. 产品质量的社会监督

《产品质量法》第二十四条规定，国务院和省、自治区、直辖市人民政府的市场监督管理部门应当定期发布其监督抽查的产品的质量状况公告。

《产品质量法》第二十三条规定，保护消费者权益的社会组织可以就消费者反映的产品质量问题建议有关部门负责处理，支持消费者对因产品质量造成的损害向人民法院起诉。本条所称保护消费者权益的社会组织，是指依法成立的对商品和服务进行社会监督的保护消费者合法权益的社会团体。现有的保护消费者权益的社会组织包括消费者协会和用户委员会。本条规定了保护消费者权益的社会组织在产品质量问题上的两项权利：

（1）建议处理权。由于保护消费者权益的社会组织不是一级行政机关，它可以就消费者反映的产品质量问题在消费者和产品的生产者、销售者之间进行调解，但无权直接作出处理决定。对保护消费者权益的社会组织提出的处理建议，有关部门应当认真研究，在自己的职权范围内，作出必要的处理决定。

（2）支持消费者起诉权。这里讲的"支持起诉"，并不是说由保护消费者权益的社会组织代替因产品质量受到损害的消费者提起诉讼，而是通过提供必要的法律帮助等形式，支持消费者依法向人民法院提起民事诉讼。

《产品质量法》第二十二条规定，消费者有权就产品质量问题，向产品的生产者、销售者查询；向市场监督管理部门、工商行政管理部门及有关部门申诉，接受申诉的部门应当负责处理。

7. 缺陷产品召回制度

缺陷产品召回制度，是指产品的生产商、销售商或进口商在其生产、销售或进口的产品存在危及消费者人身、财产安全的缺陷时，依法将该产品从市场收回，并免费对其进行修理或更换的制度。缺陷产品召回的方式可分为以下两种。

（1）主动召回。主动召回是指制造商根据自己掌控的产品信息发现产品具有缺陷后，主动向主管机构报告，并主动将产品予以召回的情形。在主动召回中，厂商需要承担的责任方式主要是主动对其制造的缺陷产品实行免费修理、更换、收回等。当这些方式仍无法解决产品存在的缺陷时，厂商则可以采取赔偿的方式来消除缺陷产品给公共安全带来的隐患。

（2）指令召回。指令召回是指制造商因为某种原因对存在缺陷的产品不主动召回，由主管部门根据自己的权限要求制造商实施召回的情形。在指令召回中，厂商不仅要承担主动召回时所要承担的一切责任，还要承担由于没有主动召回而应有的惩罚。

第三节 生产者、销售者的产品质量责任和义务

一、产品质量责任概述

产品质量责任，是指产品的生产者、销售者不履行《产品质量法》规定的保证产品质量的义务，所应当承担的法律后果。

二、生产者的产品质量责任和义务

（一）保证产品内在质量的义务

生产者应当对其生产的产品质量负责。产品质量应当符合下列要求：

（1）不存在危及人身、财产安全的不合理的危险，有保障人体健康和人身、财产安全的国家标准、行业标准的，应当符合该标准；

（2）具备产品应当具备的使用性能，但是，对产品存在使用性能的瑕疵作出说明的除外；

（3）符合在产品或者其包装上注明采用的产品标准，符合以产品说明、实物样品等方式表明的质量状况。

（二）产品标识应当符合法律要求

产品或者其包装上的标识必须真实，并符合下列要求：

（1）有产品质量检验合格证明；

（2）有中文标明的产品名称、生产厂厂名和厂址；

（3）根据产品的特点和使用要求，需要标明产品规格、等级、所含主要成分的名称和含量的，用中文相应予以标明；需要事先让消费者知晓的，应当在外包装上标明，或者预先向消费者提供有关资料；

（4）限期使用的产品，应当在显著位置清晰地标明生产日期和安全使用期或者失效日期；

（5）使用不当，容易造成产品本身损坏或者可能危及人身、财产安全的产品，应当有警示标志或者中文警示说明。

裸装的食品和其他根据产品的特点难以附加标识的裸装产品，可以不附加产品标识。

（三）特定产品的包装质量应符合要求

易碎、易燃、易爆、有毒、有腐蚀性、有放射性等危险物品以及储运中不能倒置和其他有特殊要求的产品，其包装质量必须符合相应要求，依照国家有关规定作出警示标志或者中文警示说明，标明储运注意事项。

（四）不得违反产品生产的禁止性规定
(1) 不得生产国家明令淘汰的产品；
(2) 不得伪造产地，不得伪造或者冒用他人的厂名、厂址；
(3) 不得伪造或者冒用认证标志等质量标志；
(4) 不得掺杂、掺假，不得以假充真、以次充好，不得以不合格产品冒充合格产品。

三、销售者的产品质量责任和义务

（一）进货检查验收的义务

销售者应当建立并执行进货检查验收制度，验明产品合格证明和其他标识。必要时销售者应当对产品的内在质量进行检验。执行进货检查验收制度，是确保销售者进货的质量、区分销售者与生产者责任的重要手段。

（二）保持产品质量的义务

销售者应当采取措施，保持销售产品的质量。要求：防止产品变质、腐烂；防止产品丧失或降低使用性能；防止产品产生危害他人人身、财产的缺陷。

（三）产品标识应当符合法律要求

销售者销售的产品的标识应当符合的法律要求与生产者生产的产品的标识应当符合的法律要求相同。

（四）不得违反产品生产的禁止性规定
(1) 不得销售国家明令淘汰并停止销售的产品和失效、变质的产品；
(2) 不得伪造产地，不得伪造或者冒用他人的厂名、厂址；
(3) 不得伪造或者冒用认证标志等质量标志；
(4) 不得掺杂、掺假，不得以假充真、以次充好，不得以不合格产品冒充合格产品。

第四节　产品质量民事责任及处理办法

一、产品质量责任概述

《产品质量法》采用的立法体例是，将以损害赔偿为主要形式的民事责任，直接以"损害赔偿"作为章名予以专章规定，而将违反《产品质量法》的行政责任和刑事责任另立一章，即以"罚则"为章名作了专章规定。

产品质量责任是一种综合责任，既包括民事责任，又包括行政责任和刑事责任；既包括产品瑕疵担保责任，又包括产品缺陷责任；既调整平等主体之间的责任，又调整不平等主体之间的关系。本节仅介绍产品质量民事责任。

二、产品质量民事责任

（一）销售者对产品质量问题的民事责任

《产品质量法》第四十条规定，售出的产品有下列情形之一的，销售者应当负责修理、更换、退货；给购买产品的消费者造成损失的，销售者应当赔偿损失：

（1）不具备产品应当具备的使用性能而事先未作说明的；

（2）不符合在产品或者其包装上注明采用的产品标准的；

（3）不符合以产品说明、实物样品等方式表明的质量状况的。

销售者依照前款规定负责修理、更换、退货、赔偿损失后，属于生产者的责任或者属于向销售者提供产品的其他销售者（以下简称供货者）的责任的，销售者有权向生产者、供货者追偿。

销售者未按照第一款规定给予修理、更换、退货或者赔偿损失的，由市场监督管理部门责令改正。

生产者之间，销售者之间，生产者与销售者之间订立的买卖合同、承揽合同有不同约定的，合同当事人按照合同约定执行。

> 《产品质量法》第四十条第一款的民事责任，也称之为"瑕疵担保责任"。
>
> 售出产品的质量问题，首先应当对购买者、消费者承担责任的主体是销售者（因产品缺陷造成他人损害的侵权责任除外）。这一规定的基础是销售者和消费者存在直接的合同关系。销售者不能以其售出产品存在质量问题的原因是生产者或者供货者造成的，来推卸自己依法应对消费者承担的责任。

（二）生产者对产品存在缺陷造成他人损害的民事责任

《产品质量法》第四十一条规定，因产品存在缺陷造成人身、缺陷产品以外的其他财产（以下简称他人财产）损害的，生产者应当承担赔偿责任。

生产者能够证明有下列情形之一的，不承担赔偿责任：

（1）未将产品投入流通的；

（2）产品投入流通时，引起损害的缺陷尚不存在的；

（3）将产品投入流通时的科学技术水平尚不能发现缺陷的存在的。

（三）销售者对产品存在缺陷造成他人损害的民事责任

《产品质量法》第四十二条规定，由于销售者的过错使产品存在缺陷，造成人身、他人财产损害的，销售者应当承担赔偿责任。

销售者不能指明缺陷产品的生产者也不能指明缺陷产品的供货者的，销售者应当承担赔偿责任。

产品瑕疵担保责任和产品缺陷责任的具体区别，如表8-1所示。

表 8-1 产品瑕疵担保责任与产品缺陷责任的区别

	产品瑕疵担保责任	产品缺陷责任
责任程度	一般质量问题	严重质量问题
性质不同	属于合同责任,是违约责任的一种	属于特殊的侵权责任
归责原则不同	过错(包括故意和过失)责任	对生产者适用无过错责任原则(严格责任原则);对销售者适用过错责任原则
权利主体不同	产品的购买者	可以是产品的购买者,也可以是因产品致损的第三人
承担条件不同	有不符合默示或明示担保情形之一,不论是否造成损害	对生产者来说:①产品存在缺陷;②存在损害事实;③损害事实与产品存在缺陷之间有直接的因果关系 对销售者来说:①销售者须存在过错;②存在损害事实;③损害事实与销售者的过错使产品存在缺陷之间有直接的因果关系
补救方式不同	修理、更换、退货,赔偿	以损害赔偿为原则
免责条件不同	销售者对其产品存在的瑕疵事先向买受者作出了说明,或产品存在的瑕疵符合合同约定的免责情形(如不可抗力等)	对生产者来说:①未将产品投入流通;②产品投入流通时,引起损害的缺陷尚不存在;③产品投入流通时的科学技术尚不能发现缺陷的存在 对销售者来说,能够证明产品缺陷并非出于自己的过错,且能够指明缺陷产品的生产者或供货者
举证责任不同	适用民事诉讼一般举证原则,即"谁主张,谁举证"	对生产者来说,实行的是"举证责任倒置"原则,即由生产者对免责事由进行举证 对销售者来说,实行的还是"谁主张,谁举证"原则,即受害人主张赔偿的,就应当证明销售者有过错

(四)受害人因产品存在缺陷要求损害赔偿的途径

《产品质量法》第四十三条规定,因产品存在缺陷造成人身、他人财产损害的,受害人可以向产品的生产者要求赔偿,也可以向产品的销售者要求赔偿。属于产品的生产者的责任,产品的销售者赔偿的,产品的销售者有权向产品的生产者追偿。属于产品的销售者的责任,产品的生产者赔偿的,产品的生产者有权向产品的销售者追偿。

特 别 提 醒

受害人是指因产品存在缺陷造成人身、财产损害之后,有权要求获得赔偿的人。包括直接买受缺陷产品的人,也包括非直接买受缺陷产品但受到缺陷产品损害的其他人。

（五）因产品缺陷造成的损害赔偿范围

《产品质量法》第四十四条规定，因产品存在缺陷造成受害人人身伤害的，侵害人应当赔偿医疗费、治疗期间的护理费、因误工减少的收入等费用；造成残疾的，还应当支付残疾者生活自助具费、生活补助费、残疾赔偿金以及由其扶养的人所必需的生活费等费用；造成受害人死亡的，并应当支付丧葬费、死亡赔偿金以及由死者生前扶养的人所必需的生活费等费用。

因产品存在缺陷造成受害人财产损失的，侵害人应当恢复原状或者折价赔偿。受害人因此遭受其他重大损失的，侵害人应当赔偿损失。

（六）因产品存在缺陷造成损害的诉讼时效期间和最长保护期限

《产品质量法》第四十五条规定，因产品存在缺陷造成损害要求赔偿的诉讼时效期间为2年，自当事人知道或者应当知道其权益受到损害时起计算。

因产品存在缺陷造成损害要求赔偿的请求权，在造成损害的缺陷产品交付最初消费者满10年丧失；但是，尚未超过明示的安全使用期的除外。

【案例】2023年8月8日，王某从甲商品批发店购买了50箱啤酒，并且用卡车将啤酒拉回家中。当王某卸货至第48箱时，其中一瓶啤酒突然爆炸，致使王某右眼球受伤，后因医治无效，王某右眼失明。由于王某在运输和搬动啤酒的过程中没有任何过错，于是他向甲商品批发店要求赔偿，但甲商品批发店称啤酒瓶的爆炸可能是由于啤酒生产厂乙厂在生产时因质量不合格所致，自己并没有过错，王某应该找乙厂要求赔偿。乙厂则以自己与王某没有合同关系为由拒绝赔偿。后经检测，啤酒爆炸是因为啤酒在生产过程中存在严重的质量问题。

【问题】
(1) 乙厂是否该赔偿石某损失？
(2) 石某能否直接向出售啤酒的甲商店请求赔偿？
(3) 石某可以获得哪些损失的赔偿？

（七）产品质量民事纠纷解决途径

《产品质量法》第四十七条规定，因产品质量发生民事纠纷时，当事人可以通过协商或者调解解决。当事人不愿通过协商、调解解决或者协商、调解不成的，可以根据当事人各方的协议向仲裁机构申请仲裁；当事人各方没有达成仲裁协议或者仲裁协议无效的，可以直接向人民法院起诉。

同步练习

一、单项选择题

1. 关于产品质量法意义上的产品，下列说法错误的是(　　)。
   A. 法律意义上的产品实际上可以界定为一般意义上的"商品"
   B. 法律意义上的产品应当是由国家法律予以明确界定的物品
   C. 所有经过加工、制作，用于销售的产品都是产品质量法所调整的产品
   D. 建设工程使用的建筑材料、建筑构配件和设备属于产品质量法所调整的产品

2. 关于产品质量要求，下列说法错误的是(　　)。
   A. 产品应当符合生产者在产品或其包装上注明采用的产品标准
   B. 产品在任何情况下都不能具有任何瑕疵，否则即视为违法
   C. 产品具有在保障人体健康、人身、财产安全方面的国家或行业标准的，应当符合该标准，否则应视为产品不具有安全性
   D. 产品质量的评判标准通常包括其适用性、安全性、耐用性、可靠性、经济性、卫生性、美学性、信誉性等

3. 根据《产品质量法》的规定，某食品加工厂生产即食豆制品，应当在其包装袋上标明(　　)。
   A. 生产日期
   B. 保质期
   C. 生产日期、保质期和失效日期，缺一不可
   D. 生产日期和安全使用期或失效日期

4. 某超市将变质的面条放在货架上出售，但用醒目的标志注明"过期商品，一折出售"，对于该行为评价正确的是(　　)。
   A. 该超市已经告知了产品存在的瑕疵，消费者在自愿购买的情况下超市无过错
   B. 该超市出售这些面条的价格已经低于成本价了，是正常的减少积压商品的行为
   C. 销售者不得销售失效、变质产品，该超市的行为违法
   D. 该超市没有采取措施保证面条的质量，导致面条变质的行为违法

5. 关于产品质量责任，下列说法正确的是(　　)。
   A. 产品质量责任均是由产品质量存在缺陷引起的
   B. 产品质量责任均是由产品质量存在瑕疵引起的
   C. 产品质量责任的承担人应当是产品的生产者
   D. 产品质量责任的表现形式包括民事责任、行政责任、刑事责任

二、多项选择题

1. 产品质量法的调整对象包括(　　)。

A. 生产者、销售者与消费者、用户发生的关系
B. 质量监督管理机构与生产者、销售者的关系
C. 经营者之间的关系
D. 各合同主体之间的关系

2. 下列物品中属于产品质量法意义上的产品是(   )。
   A. 大连市体育馆
   B. 冰毒
   C. 袋装大米
   D. 购买方便面赠送的碗

3. 我国产品质量监督的主要形式有(   )。
   A. 企业的自我监督
   B. 国家管理监督
   C. 社会监督
   D. 国际监督

4. 某矿泉水生产厂家在标签上标注适用国家标准 GB 8537—2008，但生产线上公布的实际参照执行的是某省地方标准 DB 33/383。事实上，该矿泉水的质量远超许多同类产品，深受消费者欢迎。对此，下列说法正确的是(   )。
   A. 该矿泉水质量远超同类产品，可视为其生产厂家履行了质量保证义务
   B. 该矿泉水不存在危害人身、财产安全的不合理危险，可视为其生产厂家履行了质量保证义务
   C. 该矿泉水不符合其标签上注明采用的产品标准，其生产厂家违反了质量保证义务
   D. 该矿泉水生产厂侵害了消费的知悉真情权

5. 张某在商场购买了一台电磁炉，回家使用后发现该电磁炉有无故断电现象。对此，下列说法正确的是(   )。
   A. 该电磁炉的质量存在瑕疵
   B. 该电磁炉的质量存在缺陷
   C. 张某可以要求商场修理、更换
   D. 无故断电是产品质量不合格的表现，商场不是生产者，不可能知晓，张某应当找电磁炉的生产厂家承担责任

三、简答题

1. 简述生产者的产品质量义务
2. 简述产品瑕疵与产品缺陷的区别。
3. 简述我国产品质量监督管理的具体制度。

第九章

消费者权益保护法

◆ 知识目标
1. 理解消费者的概念与特征；消费者权益保护法的原则和适用范围；
2. 掌握消费者的权利和经营者的义务；
3. 了解消费者权益争议的解决途径和责任承担。

◆ 能力目标
1. 培养维权意识，能够运用消费者权益保护法的知识维护自己的合法权益；
2. 能够运用消费者权益保护法的知识分析和解决相关案例。

◆ 素养目标
让学生明白在生活中作为消费者通过正常途径及时地行使自己的权利是可行的，也是必须的。

导入案例

商场买卖合同纠纷案

甲租赁某商场柜台经营家装生意，柜台名称为"某某地板"。2016年5月22日，乙在某家装公司举办的家装展销会上认识甲，并在甲介绍下订购其销售的地板及木门，签订了订单和销售订货单，预付14 000元货款。订单上记载门店为"某某地板"，门店地址位于该商场负一层B-20商铺。乙前后陆续支付共计105 400元，甲首批为乙提供了40 000元地板及木门。但在安装时，乙发现地板、木门均为残次品，存在裂缝及变形，为此进行修缮花费31 922元。剩余的65 400元货物，经乙多次催促，甲仍未提供。之后乙联系不上甲，遂前往该商场，发现"某某地板"柜台已经人去楼空。乙认为，某家装公司作为展销会举办者、某商场作为商场柜台的出租者均有对商户进行监督管理的义务，故诉请对其损失进行赔偿。

（资料来源：根据陕西高院发布的消费者权益保护典型案例（2022年）整理。）

根据上述案情，回答下列问题，并说明理由：
（1）剩余的65 400元货款及利息应该如何处理？
（2）乙对裂缝及变形进行修缮的31 922元花费如何处理？

分析提示

(3) 商场对上述两项款项是否应该承担连带清偿责任？

(4) 某家装公司对乙支付的 14 000 元货款是否应该承担连带返还责任？

第一节　消费者权益保护法概述

一、消费者的概念与特征

消费者，是指为了满足个人或家庭的生活需要而购买、使用商品或接受服务的自然人。

按照《中华人民共和国消费者权益保护法》（以下简称《消费者权益保护法》）的规定，消费者含义包括以下几个方面。

（1）消费者是购买、使用商品或者接受服务的自然人，不包括各种法人、非法人企业、合伙组织、个体工商户或其他社会组织。

①消费者既可以是亲自购买商品的人，也可以是使用和消费他人购买的商品的人；既可以是接受服务的合同当事人，也可以是接受服务的非合同当事人。使用其他消费者购买的商品或服务的使用人，他们因产品缺陷而导致其人身和财产损害时，也可以以消费者的身份主张权利。

②消费者购买、使用商品或接受服务不一定必须支付一定的对价。经营者进行有奖销售的奖品赠送、买一赠一活动中的赠品、免费试用品或尝试品等，实际使用或消耗上述免费商品或服务的人，也是消费者。

（2）消费者购买、使用的商品是由经营者提供。消费者是与经营者相对的一种法律关系主体。当某人为生活需要而购买、使用他人提供的商品或者服务时，他就是这种商品或者服务的消费者，而提供商品或者服务的对方即为经营者。经营者既可以是法人、社会团体，也可以是自然人。

（3）消费者是为生活需要进行生活消费的人。有些商品如粮食、水、电等既可以是生活资料，也可以用作生产资料。区分消费者与经营者的根本区别不是所购买的具体标的是什么，而是其购买的目的是为了生活消费需要还是为了生产消费需要，两者的法律地位是不同的。

二、消费者权益保护法的概念

消费者权益保护法有广义和狭义之分。

（一）广义上的消费者权益保护法

广义上的消费者权益保护法是指调整在保护消费权益过程中发生的社会关系法律规范的总称。它是经济法的重要部门法，在经济法的市场规制法中占有重要地位。消费者权益保护法的调整对象是在保护消费者权益过程中所发生的社会关系，包括：经营者与消费者之间的关系；司法机关对侵害消费者利益的个人、法人的法律制裁；国家行政机关对经营者的监督管理关系；国家在保护消费者权益过程中与消费者之间的关系。

《中华人民共和国消费者权益保护法》

（二）狭义上的消费者权益保护法

狭义上的消费者权益保护法仅指《中华人民共和国消费者权益保护法》（以下简称《消费者权益保护法》）。

三、我国消费者权益保护法的原则

（一）依法交易的原则

经营者应当依法提供商品或服务，经营者与消费者进行交易应当遵循自愿、平等、公平、诚实信用的原则。

（二）消费者特别保护的原则

由于经营者与消费者这对利益的矛盾体在力量对比上处于严重失衡状态，消费者处于弱势地位。因此，消费者权益保护法确立了向消费者倾斜，国家对消费者权益给予特别保护的原则。

（三）全社会保护原则

全社会保护原则的实质，是在国家保护的基础上将对消费者权益的保护扩大到全社会范围，动用一切社会力量，对经营者及其他可能或实际侵害消费者的行为进行预防、控制、规范和监督。消费者利益的总和就是社会利益的体现，只有动员全社会的力量才能使消费者权益得到切实保护。

1. 消费者权益的国际保护

1960年，国际消费者联盟组织（IOCU）在荷兰海牙成立。1987年，中国消费者协会被其接纳为正式会员。1983年，国际消费者联盟组织决定将每年的3月15日作为国际消费者权益日。1985年，国际消费者联盟组织倡导制定，并经联合国大会决议通过了《保护消费者准则》。这是国际消费者保护方面影响最大的综合性立法，其主要目标是协助各国加强消费者保护，鼓励企业遵守道德规范，协助各国限制不利于消费者的商业陋习；鼓励消费者组织的发展，推进消费者保护的国际合作等。

2. 消费者权益的国家保护

国家倡导文明、健康、节约资源和保护环境的消费方式，反对浪费。国家对消费者合法权益的保护主要体现在以下几个方面。

（1）立法保护。我国已经建立起以《消费者权益保护法》为主，以《民法典》《产品质量法》《反不正当竞争法》《广告法》《食品安全法》等众多法律、法规为辅的消费者权益保护法律体系。此外，国家还通过制定、发布命令、规章等，对保护消费者合法权益进行政策调整。

（2）行政保护。行政保护是指各级人民政府及其行政部门，通过行政管理、行政监督以及对违法、违纪行为的处理等行政措施，对消费者合法权益进行保护，如《消费者权益保护法》规定：各级人民政府应当加强领导，组织、协调、督促有关行政部门做好保护消费者合法权益的工作；各级人民政府市场监督管理部门和其他有关行政部门应当依照法律、法规的规定，在各自的职责范围内采取措施，保护消费者的合法权益；有关国家机关应当依照法律、法规的规定，惩处经营者在提供商品和服务中侵害消费者合法权益的违法犯罪；等等。

（3）司法保护。为切实保护消费者的合法权益，国家公安机关、检察机关和审判机关应当依照法律法规的规定，通过司法程序，对消费者合法权益进行保护。包括依法惩处侵害消费者合法权益的违法犯罪行为，对符合起诉条件的消费者权益争议，必须受理，及时予以审理，以使消费者权益争议尽快得到解决。

3. 消费者权益的社会保护

国家鼓励、支持一切组织和个人对损害消费者合法权益的行为进行社会监督。

（1）舆论监督。大众传播媒介应当做好维护消费者合法权益的宣传，对损害消费者合法权益的行为进行舆论监督。

（2）消费者组织监督。消费者协会应当认真履行保护消费者合法权益的职责，听取消费者的意见和建议，接受社会监督。

知识链接

消费者协会
的职责

四、消费者权益保护法的适用范围

《消费者权益保护法》从主体及其行为的角度规定了该法的适用范围：

（1）消费者为生活消费需要购买、使用商品或者接受服务。

（2）经营者为消费者提供其生产、销售的商品或者提供服务。

（3）本法未作规定的，受其他有关法律、法规保护。

（4）农民购买、使用直接用于农业生产的生产资料。农民作为生产消费的主体，在经济实力、社会地位、掌握的信息和谈判能力等方面也处于弱势地位，他们在购买种子、农药、肥料等生产资料时，经常遭受不法厂商的损害，因此，《消费者权益保护法》规定，农民购买、使用直接用于农业生产的生产资料，参照该法执行。

第二节　消费者的权利

我国《消费者权益保护法》在吸收借鉴各国保护消费者权益立法经验的基础上，结合我国国情，规定了消费者的九大权利。

一、保障安全权

安全保障权是指消费者在购买、使用商品或者接受服务时所享有的人身和财产安全不受侵害的权利。这是消费者最基本、最重要的权利。安全保障权包括人身安全权和财产安全权两方面的内容。

（一）人身安全权

人身安全权包括：消费者的生命安全权，即消费者的生命不受危害的权利；消费者的健康安全权，即消费者的身体健康不受损害的权利。

（二）财产安全权

财产安全权，即消费者的财产不受损失的权利，财产损失有时表现为财产在外观上发生损毁，有时则表现为价值的减少。

二、知悉真情权

知悉真情权，又称知情权、获取信息权，是指消费者享有的知悉其购买、使用的商品或者接受的服务的真实情况的权利。该权利是消费者作出正确消费决策的保障。

《消费者权益保护法》规定，消费者有权根据商品或者服务的不同情况，要求经营者提供商品的价格、产地、生产者、用途、性能、规格、等级、主要成分、生产日期、有效期限、检验合格证明、使用方法说明书、售后服务，或者服务的内容、规格、费用等有关情况。

三、自主选择权

自主选择权，是指消费者享有的自主选择商品或者服务的权利。《消费者权益保护法》规定，消费者有权自主选择提供商品或者服务的经营者，自主选择商品品种或者服务方式，自主决定购买或者不购买任何一种商品、接受或者不接受任何一项服务。消费者在自主选择商品或者服务时，有权进行比较、鉴别和挑选。

四、公平交易权

公平交易权，是指消费者在与经营者之间进行的消费交易中所享有的获得公平的交易条件的权利。《消费者权益保护法》规定，消费者在购买商品或者接受服务时，有权获得质量保障、价格合理、计量正确等公平交易条件，有权拒绝经营者的强制交易行为。

五、依法求偿权

依法求偿权，又称索赔权，是指消费者享有的因购买、使用商品或者接受服务过程中受到人身、财产损害时，依法获得赔偿的权利。依法求偿权包括人身损害赔偿权和财产损害赔偿权。索赔的范围既可以要求物质赔偿，如支付违约金、赔偿金以及采取退货、换货、维修等补救措施，也可以要求精神损害赔偿。

六、依法结社权

依法结社权，是指消费者享有的依法成立维护自身合法权益的社会组织的权利。在我国，依法成立的消费者组织有两种：一种是消费者协会，包括中国消费者协会和各地设立的消费者协会；另一种是其他消费者组织，是指除消费者协会系统之外，由消费者依法成立的旨在维护自身合法权益的社会团体，如中国保护消费者基金会。

中国消费者协会

七、获取知识权

获取知识权，又称消费者受教育权，是指消费者享有的获得有关消费和消费者权益保护方面的知识的权利。这里的知识主要包括两个方面：一是有关消费知识，如选购商品的方法、商品的正确使用方法、应当注意的问题、服务的内容、在突发事故时应如何处置等；二是有关消费者权益保护方面的知识，包括消费者权利、经营者义务、消费者在其权益受到侵害时应如何维权等有关维权知识。

八、获得尊重及信息得到保护的权利

获得尊重权，是指消费者在购买、使用商品和接受服务时，享有人格尊严、民族风俗习惯得到尊重的权利，享有个人信息依法得到保护的权利。人格尊严是消费者人身权的重要组成部分，包括姓名权、肖像权、名誉权、荣誉权等。尊重消费者的人格尊严，也是尊重与保障人权的重要内容。

九、监督权

监督权，是指消费者享有的对于商品和服务以及消费者保护工作进行监督的权利。消费者有权检举、控告侵害消费者权益的行为和国家机关及其工作人员在保护消费者权益工作中的违法失职行为，有权对保护消费者权益工作提出批评、建议。

第三节　经营者的义务

经营者的义务是指经营者在为消费者提供商品或者服务时，依照法律或者约定应当履行的责任。《消费者权益保护法》规定，在保护消费者权益方面，经营者应负有下列义务。

一、依法履行的义务

经营者向消费者提供商品或者服务，应当依照本法和其他有关法律、法规的规定履行

义务。

经营者和消费者有约定的,应当按照约定履行义务,但双方的约定不得违背法律、法规的规定。

经营者向消费者提供商品或者服务,应当恪守社会公德,诚信经营,保障消费者的合法权益;不得设定不公平、不合理的交易条件,不得强制交易。

二、接受监督的义务

经营者应当听取消费者对其提供的商品或者服务的意见,接受消费者的监督。

三、安全保障的义务

经营者应当保证其提供的商品或者服务符合保障人身、财产安全的要求。对可能危及人身、财产安全的商品和服务,应当向消费者作出真实的说明和明确的警示,并说明和标明正确使用商品或者接受服务的方法以及防止危害发生的方法。

宾馆、商场、餐馆、银行、机场、车站、港口、影剧院等经营场所的经营者,应当对消费者尽到安全保障义务。

四、对存在缺陷的产品和服务及时采取措施的义务

经营者发现其提供的商品或者服务存在缺陷,有危及人身、财产安全危险的,应当立即向有关行政部门报告和告知消费者,并采取停止销售、警示、召回、无害化处理、销毁、停止生产或者服务等措施。采取召回措施的,经营者应当承担消费者因商品被召回支出的必要费用。

缺陷产品
召回制度

五、提供真实、全面信息的义务

经营者向消费者提供有关商品或者服务的质量、性能、用途、有效期限等信息,应当真实、全面,不得作虚假或者引人误解的宣传。

经营者对消费者就其提供的商品或者服务的质量和使用方法等问题提出的询问,应当作出真实、明确的答复。

经营者提供商品或者服务应当明码标价。经营者不得在消费者不知情的情况下,对同一商品或者服务在同等交易条件下设置不同的价格或者收费标准。

六、以显著方式或位置标明真实信息的义务

经营者应当按照国家有关规定,以显著方式标明商品的品名、价格和计价单位或者服务的项目、内容、价格和计价方法等信息,做到价签价目齐全、内容真实准确、标识清晰醒目。

经营者应当以显著方式标明其真实名称和标记。

租赁他人柜台或者场地的经营者,应当以显著方式标明其真实名称和标记。

七、出具发票等购货凭证或服务单据的义务

经营者提供商品或者服务，应当按照国家有关规定或者商业惯例向消费者出具发票等购货凭证或者服务单据；消费者索要发票等购货凭证或者服务单据的，经营者必须出具。

购货凭证和服务单据是经营者与消费者之间存在合同关系的证据，也是消费者向经营者索赔的证据。因此，经营者向消费者出具相应的凭证和单据，既能起到对经营者监督的作用，又有利于消费者权益的保护。

八、质量担保、瑕疵举证的义务

经营者应当保证在正常使用商品或者接受服务的情况下其提供的商品或者服务应当具有的质量、性能、用途和有效期限；但消费者在购买该商品或者接受该服务前已经知道其存在瑕疵，且存在该瑕疵不违反法律强制性规定的除外。

经营者以广告、产品说明、实物样品或者其他方式表明商品或者服务的质量状况的，应当保证其提供的商品或者服务的实际质量与表明的质量状况相符。

九、退货、更换、修理的"三包"义务

经营者提供的商品或者服务不符合质量要求的，消费者可以依照国家规定、当事人约定退货，或者要求经营者履行更换、修理等义务。没有国家规定和当事人约定的，消费者可以自收到商品之日起 7 日内退货；7 日后符合法定解除合同条件的，消费者可以及时退货，不符合法定解除合同条件的，可以要求经营者履行更换、修理等义务。

知识链接

销售者、修理者、生产者的"三包"责任

依照前款规定进行退货、更换、修理的，经营者应当承担运输等必要费用。

十、无理由退货义务

经营者采用网络、电视、电话、邮购等方式销售商品，消费者有权自收到商品之日起 7 日内退货，且无须说明理由，但下列商品除外：

（1）消费者定做的；
（2）鲜活易腐的；
（3）在线下载或者消费者拆封的音像制品、计算机软件等数字化商品；
（4）交付的报纸、期刊。

除前款所列商品外，其他根据商品性质并经消费者在购买时确认不宜退货的商品，不适用无理由退货。

消费者退货的商品应当完好。经营者应当自收到退回商品之日起 7 日内返还消费者支付的商品价款。退回商品的运费由消费者承担；经营者和消费者另有约定的，按照约定。

《消费者权益保护法实施条例》规定，经营者应当以显著方式对不适用无理由退货的商品进行标注，提示消费者在购买时进行确认，不得将不适用无理由退货作为消费者默认同意的选项。未经消费者确认，经营者不得拒绝无理由退货。

消费者退货的商品应当完好。消费者基于查验需要打开商品包装，或者为确认商品的品质和功能进行合理调试而不影响商品原有品质、功能和外观的，经营者应当予以退货。

十一、预付式消费下的义务

经营者以收取预付款方式提供商品或者服务的，应当与消费者订立书面合同，约定商品或者服务的具体内容、价款或者费用、预付款退还方式、违约责任等事项。

经营者收取预付款后，应当按照与消费者的约定提供商品或者服务，不得降低商品或者服务质量，不得任意加价。经营者未按照约定提供商品或者服务的，应当按照消费者的要求履行约定或者退还预付款。

经营者出现重大经营风险，有可能影响经营者按照合同约定或者交易习惯正常提供商品或者服务的，应当停止收取预付款。经营者决定停业或者迁移服务场所的，应当提前30日在其经营场所、网站、网店首页等的醒目位置公告经营者的有效联系方式等信息。消费者依照国家有关规定或者合同约定，有权要求经营者继续履行提供商品或者服务的义务，或者要求退还未消费的预付款余额。

十二、正确使用格式条款的义务

经营者在经营活动中使用格式条款的，应当以显著方式提请消费者注意商品或者服务的数量和质量、价款或者费用、履行期限和方式、安全注意事项和风险警示、售后服务、民事责任等与消费者有重大利害关系的内容，并按照消费者的要求予以说明。

经营者不得以格式条款、通知、声明、店堂告示等方式，作出排除或者限制消费者权利、减轻或者免除经营者责任、加重消费者责任等对消费者不公平、不合理的规定，不得利用格式条款并借助技术手段强制交易。

格式条款、通知、声明、店堂告示等含有上述所列内容的，其内容无效。

《消费者权益保护法实施条例》规定，经营者不得利用格式条款限制消费者依法变更或者解除合同、选择诉讼或者仲裁解决消费争议、选择其他经营者的商品或者服务等权利。

十三、尊重消费者人身权的义务

经营者不得对消费者进行侮辱、诽谤，不得搜查消费者的身体及其携带的物品，不得侵犯消费者的人身自由。

十四、特定领域的信息披露义务

采用网络、电视、电话、邮购等方式提供商品或者服务的经营者，以及提供证券、保险、银行等金融服务的经营者，应当向消费者提供经营地址、联系方式、商品或者服务的数量和质量、价款或者费用、履行期限和方式、安全注意事项和风险警示、售后服务、民事责任等信息。

十五、合法收集、使用消费者个人信息的义务

经营者收集、使用消费者个人信息，应当遵循合法、正当、必要的原则，明示收集、使用信息的目的、方式和范围，并经消费者同意。经营者收集、使用消费者个人信息，应当公开其收集、使用规则，不得违反法律、法规的规定和双方的约定收集、使用信息。

经营者及其工作人员对收集的消费者个人信息必须严格保密，不得泄露、出售或者非法向他人提供。经营者应当采取技术措施和其他必要措施，确保信息安全，防止消费者个人信息泄露、丢失。在发生或者可能发生信息泄露、丢失的情况时，应当立即采取补救措施。

未经消费者同意，经营者不得向消费者发送商业性信息或者拨打商业性电话。消费者同意接收商业性信息或者商业性电话的，经营者应当提供明确、便捷的取消方式。消费者选择取消的，经营者应当立即停止发送商业性信息或者拨打商业性电话。

第四节 消费者权益争议及法律责任

一、消费者权益争议

消费者权益争议即消费争议，是指消费者与经营者之间发生的与消费者权益有关的争议。消费争议的一方当事人是消费者，另一方当事人是经营者。

（一）消费争议的解决途径

根据我国《消费者权益保护法》的规定，消费者与经营者发生消费争议的，可以通过以下途径解决。

1. 与经营者协商和解

消费争议发生之后，消费者可以直接向经营者或者生产者交涉、索赔，达成和解协

议，解决消费纠纷。协商和解是解决消费争议最常见的方式之一，具有及时、便利、经济、有利于维护当事人之间的友好关系的优点。

2. 请求消费者协会或者依法成立的其他调解组织调解

如果与经营者协商无效，消费者可以向当地的消费者协会投诉，也可以请求依法成立的其他调解组织调解。消费者协会或其他调解组织的调解协议不具有当然的法律效力。消费者仍可以提请仲裁或提起诉讼。

3. 向有关行政部门投诉

消费者合法权益受到侵害后，根据商品和服务的性质，还可以向市场监督管理部门或其他行政部门投诉。消费者向有关行政部门投诉的，该部门应当自收到投诉之日起7个工作日内，予以处理并告知消费者。对不符合规定的投诉决定不予受理的，应当告知消费者不予受理的理由和其他解决争议的途径。

4. 根据与经营者达成的仲裁协议提请仲裁机构仲裁

当事人双方自愿达成的仲裁协议是仲裁机构受理争议案件的依据，仲裁协议可以事前或事后达成。

5. 向人民法院提起诉讼

消费者在自己的合法权益受到侵害并向消费者协会或有关行政部门投诉、申诉后，不满意处理结果时，可以向人民法院起诉。起诉是当事人向人民法院请求司法保护的法律行为。

（二）赔偿主体的确定

经营者侵犯消费者利益承担责任，一般以过错责任为原则。消费者自身对侵权的发生亦有过错的，应根据情况减轻或免除经营者的责任。经营者的侵权行为是由不可抗力造成的，不承担责任。当几个法律都有关于经营者承担责任的规定时，除了法律有特别规定的，一般应优先适用消费者权益保护法。我国《消费者权益保护法》对侵犯消费者权益，应当承担赔偿责任的主体，做出了如下明确的规定。

1. 生产者、销售者及服务提供者

消费者在购买、使用商品时，其合法权益受到损害的，可以向销售者要求赔偿。销售者赔偿后，属于生产者的责任或者属于向销售者提供商品的其他销售者的责任的，销售者有权向生产者或者其他销售者追偿。

消费者或者其他受害人因商品缺陷造成人身、财产损害的，可以向销售者要求赔偿，也可以向生产者要求赔偿。属于生产者责任的，销售者赔偿后，有权向生产者追偿。属于销售者责任的，生产者赔偿后，有权向销售者追偿。

消费者在接受服务时，其合法权益受到损害的，可以向服务者要求赔偿。

2. 承受原企业权利义务的企业

消费者在购买、使用商品或者接受服务时，其合法权益受到损害，因原企业分立、合并的，可以向变更后承受其权利义务的企业要求赔偿。

【案例】2023年中秋节当天，甲在A商场从B公司承租的柜台买了一盒C公司生产的月饼。当天吃完月饼后，一家人上吐下泻，被朋友送到医院。医生诊断为食物中毒，共花去医疗费3 200元。经查，该月饼所含有害细菌严重超标，并且是在生产环节造成的。

【问题】

（1）该月饼是否为缺陷产品？

（2）甲可以向哪些经营者主张赔偿所受到的损失？

（3）如甲向C公司主张赔偿时，C公司已经分立为D、E两家公司，甲是否可以要求D、E两家公司承担赔偿责任？

3. 营业执照的持有人与使用人

使用他人营业执照的违法经营者提供商品或者服务，损害消费者合法权益的，消费者可以向其要求赔偿，也可以向营业执照的持有人要求赔偿。

4. 展销会举办者和柜台出租者

消费者在展销会、租赁柜台购买商品或者接受服务，其合法权益受到损害的，可以向销售者或者服务者要求赔偿。展销会结束或者柜台租赁期满后，也可以向展销会的举办者、柜台的出租者要求赔偿。展销会的举办者、柜台的出租者赔偿后，有权向销售者或者服务者追偿。

5. 网络交易平台的提供者

消费者通过网络交易平台购买商品或者接受服务，其合法权益受到损害的，可以向销售者或者服务者要求赔偿。网络交易平台提供者不能提供销售者或者服务者的真实名称、地址和有效联系方式的，消费者也可以向网络交易平台提供者要求赔偿；网络交易平台提供者作出更有利于消费者的承诺的，应当履行承诺。网络交易平台提供者赔偿后，有权向销售者或者服务者追偿。

网络交易平台提供者明知或者应知销售者或者服务者利用其平台侵害消费者合法权益，未采取必要措施的，依法与该销售者或者服务者承担连带责任。

6. 广告主及广告经营者、发布者

广告经营者是指接受委托提供广告设计、制作、代理服务的自然人、法人或者其他组织。广告发布者是指为广告主或者广告主委托的广告经营者发布广告的自然人、法人或者其他组织。广告以虚假或者引人误解的内容欺骗、误导消费者的，构成虚假广告。

消费者因经营者（广告主）利用虚假广告或者其他虚假宣传方式提供商品或者服务，其合法权益受到损害的，可以向经营者要求赔偿。广告经营者、发布者发布虚假广告的，消费者可以请求行政主管部门予以惩处。广告经营者、发布者不能提供经营者的真实名称、地址和有效联系方式的，应当承担赔偿责任。

广告经营者、发布者设计、制作、发布关系消费者生命健康商品或者服务的虚假广告，造成消费者损害的，应当与提供该商品或者服务的经营者承担连带责任。

社会团体或者其他组织、个人在关系消费者生命健康商品或者服务的虚假广告或者其

他虚假宣传中向消费者推荐商品或者服务，造成消费者损害的，应当与提供该商品或者服务的经营者承担连带责任。

二、违反消费者权益保护法的法律责任

根据我国《消费者权益保护法》的规定，经营者侵犯消费者合法权益，将依违法行为的性质、情节、社会危害等因素分别或同时承担民事责任、行政责任和刑事责任。

（一）民事责任

1. 经营者侵犯人身权利的民事责任

（1）人身伤害的赔偿责任。《消费者权益保护法》第四十九条规定，经营者提供商品或者服务，造成消费者或者其他受害人人身伤害的，应当赔偿医疗费、护理费、交通费等为治疗和康复支出的合理费用，以及因误工减少的收入。造成残疾的，还应当赔偿残疾生活辅助具费和残疾赔偿金。造成死亡的，还应当赔偿丧葬费和死亡赔偿金。

（2）侵犯人格尊严的责任。《消费者权益保护法》第五十条规定，经营者侵害消费者的人格尊严、侵犯消费者人身自由或者侵害消费者个人信息依法得到保护的权利的，应当停止侵害、恢复名誉、消除影响、赔礼道歉，并赔偿损失。

（3）精神损害的赔偿责任。《消费者权益保护法》第五十一条规定，经营者有侮辱诽谤、搜查身体、侵犯人身自由等侵害消费者或者其他受害人人身权益的行为，造成严重精神损害的，受害人可以要求精神损害赔偿。

（4）惩罚性赔偿责任。《消费者权益保护法》第五十五条规定，经营者明知商品或者服务存在缺陷，仍然向消费者提供，造成消费者或者其他受害人死亡或者健康严重损害的，受害人有权要求经营者依照本法第四十九条、第五十一条等法律规定赔偿损失，并有权要求所受损失 2 倍以下的惩罚性赔偿。

【案例】A 公司是生产矿泉水的企业。2023 年 1 月开始，A 公司就委托 B 广告公司发布电视广告称自己生产的矿泉水采自珠穆朗玛峰，具有强身、健体、美容功效。实际上，A 公司的矿泉水系用自来水制造。2023 年 3 月日，C 公司在 D 展览馆举办的展销会上使用 E 公司的营业执照出售 A 公司生产的矿泉水，C 公司明知广告虚假，仍向消费者大肆宣传上述广告内容。消费者甲受到 C 公司宣传的影响，便在展销会最后一天购买了一箱 C 公司销售的 A 公司生产的矿泉水，因矿泉水消毒不充分，当晚饮用后导致腹泻，到医院治疗支付医疗费 300 元。

【问题】
（1）C 公司的行为是否构成欺诈？
（2）甲支付的 300 元医疗费是否有权向 C 公司要求赔偿？
（3）假设展销会结束后，C 公司去向不明，甲有权向谁主张赔偿？

2. 经营者侵犯财产权利的民事责任

（1）经营者提供商品或者服务，造成消费者财产损害的，应当依照法律规定或者当事人约定承担修理、重作、更换、退货、补足商品数量、退还货款和服务费用或者赔偿损失

等民事责任。

（2）经营者以预收款方式提供商品或者服务的，应当按照约定提供。未按照约定提供的，应当按照消费者的要求履行约定或者退回预付款；并应当承担预付款的利息、消费者必须支付的合理费用。

（3）依法经有关行政部门认定为不合格的商品，消费者要求退货的，经营者应当负责退货。

（4）经营者提供商品或者服务有欺诈行为的，应当按照消费者的要求增加赔偿其受到的损失，增加赔偿的金额为消费者购买商品的价款或者接受服务的费用的3倍；增加赔偿的金额不足500元的，为500元。法律另有规定的，依照其规定。

消费者在维护其合法权益时，根据"谁主张谁举证"的基本原理，必须要举证证明其所购买的商品或接受的服务存在质量问题。但是，《消费者权益保护法》规定，对于机动车、计算机、电视机、电冰箱、空调器、洗衣机等耐用商品或者装饰装修等服务，消费者自接受商品或者服务之日起6个月内发现瑕疵，发生争议的，由经营者承担有关瑕疵的举证责任。

（二）行政责任

《消费者权益保护法》第五十六条规定，经营者有下列情形之一，除承担相应的民事责任外，其他有关法律、法规对处罚机关和处罚方式有规定的，依照法律、法规的规定执行；法律、法规未作规定的，由市场监督管理部门或者其他有关行政部门责令改正，可以根据情节单处或者并处警告、没收违法所得、处以违法所得一倍以上10倍以下的罚款，没有违法所得的，处以50万元以下的罚款；情节严重的，责令停业整顿、吊销营业执照：

（1）提供的商品或者服务不符合保障人身、财产安全要求的；

（2）在商品中掺杂、掺假，以假充真，以次充好，或者以不合格商品冒充合格商品的；

（3）生产国家明令淘汰的商品或者销售失效、变质的商品的；

（4）伪造商品的产地，伪造或者冒用他人的厂名、厂址，篡改生产日期，伪造或者冒用认证标志等质量标志的；

（5）销售的商品应当检验、检疫而未检验、检疫或者伪造检验、检疫结果的；

（6）对商品或者服务作虚假或者引人误解的宣传的；

（7）拒绝或者拖延有关行政部门责令对缺陷商品或者服务采取停止销售、警示、召回、无害化处理、销毁、停止生产或者服务等措施的；

（8）对消费者提出的修理、重做、更换、退货、补足商品数量、退还货款和服务费用或者赔偿损失的要求，故意拖延或者无理拒绝的；

（9）侵害消费者人格尊严、侵犯消费者人身自由或者侵害消费者个人信息依法得到保护的权利的；

（10）法律、法规规定的对损害消费者权益应当予以处罚的其他情形。

经营者有前款规定情形的，除依照法律、法规规定予以处罚外，处罚机关应当记入信用档案，向社会公布。

（三）刑事责任

依据我国《消费者权益保护法》的规定，追究刑事责任情况主要包括以下几种。

（1）经营者违法提供商品或者服务，侵害消费者合法权益，构成犯罪的，依法追究刑事责任；

（2）以暴力、威胁等方法阻碍有关行政机关的工作人员依法执行职务的，依法追究刑事责任；

（3）国家机关工作人员有玩忽职守或者包庇经营者侵害消费者合法权益的行为，情节严重，构成犯罪的，依法追究刑事责任。

同步练习

一、单项选择题

1. 小周在一家商店选购某电视机时觉得该电视机的款式、质量不合心意，打算离开时，被该产品的促销员拦住，称小周必须要买一台，否则不允许离开。该行为侵犯了小周的（　　）。
   A. 公平交易权　　　　　　　B. 自主选择权
   C. 受尊重权　　　　　　　　D. 知悉真情权

2. 某商店内部规定，顾客购买热水器的同时必须购买某热水管线，这种行为侵犯了消费者的（　　）。
   A. 公平交易权　　　　　　　B. 知悉真情权
   C. 自主选择权　　　　　　　D. 人格权

3. 消费者受教育权的内容不包括（　　）。
   A. 消费知识
   B. 结社知识
   C. 选举知识
   D. 消费者保护方面的知识

4. 农民万某从某种子站购买了五种农作物良种，正常耕种后有三种农作物减产40%。经鉴定，这三种农作物的种子部分属于假良种。对此，下列选项中不正确的是（　　）。
   A. 万某可以向消费者协会投诉
   B. 万某只能要求种子站退还购良种款
   C. 万某可以要求种子站赔偿减产损失
   D. 万某可以向当地工商局举报要求对种子站进行罚款

5. 经营者的下列行为中，未违反《消费者权益保护法》规定的义务的是(   )。
A. 店堂告示"商品一旦售出概不退换"
B. 店堂告示"未成年人须由成人陪伴方可入内"
C. 顾客购买两条毛巾索要发票，经营者以"小额商品，不开发票"为由加以拒绝
D. 出售蛋类食品的价格经常变化

6. 保护消费者的合法权益是(   )的共同责任。
A. 工商局和消协   B. 政府与消协助
C. 社会团体   D. 全社会

二、多项选择题
1. 下列选项中属于消费者的是(   )。
A. 购买苹果手机送给朋友的刘某   B. 为网店采购货源的张某
C. 在农贸市场购买新鲜蔬菜的李某   D. 购买房屋用于出租的孙某

2. 下列选项属于消费者协会可以承担的工作的是(   )。
A. 参与制定有关消费者权益的法律、法规、规章和强制性标准
B. 就损害消费者合法权益的行为依照法律规定提起诉讼
C. 受理消费者的投诉，并对投诉事项进行调查、调解
D. 收取商家一定费用后推荐其产品和服务

3. 张先生在某证券公司开立股票账户后，经常接到各种陌生的证券信息类和投资类电话。经查，系证券公司私下将张先生及其他客户的电话信息以1元/条的价格出售给各投资咨询公司，则(   )。
A. 证券公司的行为虽有不当之处，但也可以为张先生提供更多信息，故不应视为违法
B. 证券公司的行为侵犯了张先生的受尊重权
C. 证券公司不是经营者，张先生也不是消费者，不适用消费者权益保护法
D. 张先生有权要求证券公司赔偿损失

4. 下列选项中，经营者因负有安全保障义务而应对消费者的损害承担赔偿责任的是(   )。
A. 沈某在某银行柜台存款时被抢劫，损失3万元
B. 叶某在某餐厅门口的座位就餐时被该餐厅因周年庆而燃放的鞭炮炸伤
C. 李某因购买某家具城虚假宣传的红木家具上当而导致的损失
D. 赵某因被某超市拒绝了其所提出的建议而受到的精神损害

5. 下列销售模式中经营者应承担7日无理由退货义务的是(   )。
A. A企业采用电话方式销售商品
B. 小王到实体店购买体育器材
C. 小金在京东商城购买耳机
D. 甲公司向乙公司出售流水生产设备一套

6. 因某航空公司超售机票，北京市民肖先生拿着机票去换登机牌，却被告知飞机已

经满员。肖先生滞留机场两个多小时才改乘了其他航班。肖先生认为，航空公司隐瞒机票超售的事实，侵害了自己的合法权益。航空公司则认为，机票超售是航空公司对机票进行管理的手段，它是目前国际上的一种先进的通行做法，可以避免航班座位虚耗，充分利用航空资源，因此不能算违约。对此，下列说法正确的是( )。

A. 超售机票是国际惯例，所有乘客都应了解并认可，航空公司可以不予告知

B. 超售将使所有不特定的购票旅客均面临不能登机的风险，航空公司应当向旅客进行全面而充分的告知，而不能看作是航空公司内部的管理手段而不予公示

C. 航空公司的做法侵犯了肖先生的知悉真情权

D. 航空公司的做法侵犯了肖先生的安全保障权

三、简答题

1. 简述消费者的概念和特征。
2. 简述销售者、修理者、生产者的"三包"责任。
3. 什么是"无理由退货义务"？
4. 简述消费争议的解决途径。
5. 侵犯消费者权益的责任主体有哪些？

第 十 章
劳动合同法

 学习目标

◆ 知识目标
1. 了解劳动法与劳动合同法的关系；
2. 理解劳动合同的概念、种类、形式和法律责任；
3. 掌握劳动合同的订立、履行、变更、解除和终止；
4. 了解集体合同、劳务派遣的非全日制用工的特别规定。

◆ 能力目标
1. 培养维权意识，能够运用劳动合同法的知识维护自己的合法权益；
2. 能够运用劳动合同法的知识分析和解决劳动合同的实际案例。

◆ 素养目标
让学生明白在工作中作为劳动者通过正常途径及时地行使自己的权利是可行的，也是必须的。

导入案例

随意降低提成工资导致的经济补偿与第二倍工资支付

2018年8月1日，张某入职某食品公司，从事销售工作，双方口头约定张某工资构成包括基本工资和业务提成两项，业务提成比例为销售额的10%。张某入职时，公司负责人告知其3个月试用期后签订书面劳动合同，但是双方一直未签订书面劳动合同。后来，由于公司业绩欠佳，公司单方面将全部员工业务提成比例降低，并且通过公司内部进行了公示，本次的调整也使张某的业务提成比例降低至5%，导致张某工资收入大幅度减少。

2020年7月31日，张某申请仲裁，要求公司支付提成工资差额，并以此为由解除双方的劳动合同，要求公司支付经济补偿。同时，张某认为，公司自用工之日起满一年未与其订立书面劳动合同，应当视为公司与其已订立无固定期限劳动合同，所以，张某要求公司支付2019年8月至2020年7月期间未与其签订无固定期限劳动合同的第二倍工资。

（资料来源：根据人力资源和社会保障部与最高人民法院2020年发布的《劳动人事争议典型案例（第一批）》和2021年佛山市禅城区劳动仲裁十大典型案例整理。）

根据上述案情，回答下列问题，并说明理由：
(1) 公司关于降低业务提成的内部公示是否有效？
(2) 张某是否可以要求解除劳动合同？
(3) 公司是否应该向张某支付经济补偿？
(4) 公司是否要向张某支付第二倍工资？

分析提示

第一节　劳动合同法概述

一、劳动法与劳动合同法的关系

（一）劳动法与劳动合同法的概念

劳动法有广义和狭义之分。广义上的劳动法是指调整劳动关系以及与劳动关系密切相联系的其他关系的法律规范的总称。狭义上的劳动法就是指现行的《中华人民共和国劳动法》（以下简称《劳动法》）。

劳动合同法，是指关于劳动合同的法律，也有广义和狭义之分。广义上的劳动合同法一般是指所有关于劳动合同的法律规范的总称。狭义上的劳动合同法就是指现行的《中华人民共和国劳动合同法》（以下简称《劳动合同法》）及《中华人民共和国劳动合同法实施条例》（以下简称《劳动合同法实施条例》）。

《中华人民共和国劳动法》

《中华人民共和国劳动合同法》

《中华人民共和国劳动合同法实施条例》

（二）劳动法与劳动合同法的区别

劳动法是劳动保障立法体系中的基本法，是劳动合同法的立法根据。劳动合同法是劳动法的重要组成部分。如，在我国，广义的劳动法除了包括《劳动合同法》以外，还包括《中华人民共和国就业促进法》《中华人民共和国劳动争议调解仲裁法》等法律。劳动法与劳动合同法的具体关系，如表 10-1 所示。

表 10-1　劳动法与劳动合同法的关系

劳动法	劳动合同法
侧重于整体的各方面的劳动保护	侧重于劳动合同的订立、变更、解除、终止方面的事宜
普通法（一般范围内适用，其效力具有普遍性）	特别法（特定范围内适用，其效力仅仅及于特定身份的人或者事）
特别法要优于普通法，即对于劳动法和劳动合同法都有规定的，适用劳动合同法的规定，劳动合同法没有规定而劳动法有规定的，则适用劳动法的相关规定	

二、我国《劳动合同法》的调整范围

(1) 中国境内的企业、个体经济组织、民办非企业单位等组织（以下称用人单位）与劳动者建立劳动关系，订立、履行、变更、解除或者终止劳动合同，适用《劳动合同法》。

(2) 国家机关、事业单位、社会团体和与其建立劳动关系的劳动者，订立、履行、变更、解除或者终止劳动合同，依照《劳动合同法》执行。

(3) 事业单位与实行聘用制的工作人员订立、履行、变更、解除或者终止劳动合同，法律、行政法规或者国务院另有规定的，依照其规定；未作规定的，依照《劳动合同法》有关规定执行。

第二节 劳动合同概述

一、劳动合同的概念

《劳动法》规定，劳动合同是劳动者与用人单位确立劳动关系、明确双方权利和义务的协议。建立劳动关系应当订立劳动合同，但劳动合同并不是证明劳动者和用人单位之间存在劳动关系的唯一证明文件。

二、劳动合同的特征

劳动合同是一种特殊的合同，除有一般合同的特征外，还有其自身的法律特征。

（一）内容的法定性

劳动合同必须依法以书面形式订立，做到主体合法、内容合法、形式合法、程序合法。任何一方面不合法的劳动合同，都是无效合同，不受法律承认和保护。当事人签订的劳动合同不得违反强制性规定，否则无效。所谓强制性规定，就是当事人不能进行约定，只能按照法律规定履行权利义务。如《劳动合同法》第十九条规定，劳动合同期限1年以上不满3年的，试用期不得超过2个月。在这种情况下即使双方在合同中约定了3个月的试用期，也是无效条款。

（二）主体的特定性

劳动合同的主体由特定的用人单位和劳动者双方构成：劳动合同当事人的一方必须是国家机关、企业事业单位、社会团体和私人雇主等；另一方必须是劳动者本人。劳动者与用人单位间的劳动关系具有排他性。一般情况下，作为自然人的劳动者，在同一时间只能与一个用人单位签订劳动合同、建立劳动关系。

（三）主体地位的特殊性

劳动关系主体之间既有法律上的平等性，又具有客观上的隶属性。劳动关系主体双方在法律面前享有平等的权利，劳动者向用人单位提供劳动或服务，用人单位向劳动者支付劳动报酬，双方在平等自愿的基础上建立劳动关系。同时，劳动者作为用人单位的成员，在劳动合同的履行过程中理所当然地应当遵守用人单位的规章制度，服从用人单位的管理，所以双方具有了支配与被支配、领导与被领导的从属关系。

知识链接

劳动合同与劳务合同的区别

三、劳动合同与劳务合同的区别

（一）主体身份不同

劳动合同的主体是确定的，只能是接受劳动的一方为单位，提供劳动的一方是自然人；劳务合同的主体可以双方都是单位，也可以双方都是自然人，还可以一方是单位，另一方是自然人。劳务合同提供劳动一方主体的多样性与劳动合同提供劳动一方只能是自然人有重大区别。

（二）主体关系不同

劳动合同的劳动者在劳动关系确立后成为用人单位的成员，双方之间具有支配与被支配、领导与被领导的从属关系；劳务合同的一方无须成为另一方成员即可为需方提供劳动，双方之间的地位自始至终是平等的。

（三）风险承担不同

劳动合同的双方当事人由于在劳动关系确立后具有隶属关系，因此在提供劳动过程中的风险责任须由用人单位承担；劳务合同提供劳动的一方有权自行支配劳动，因此劳动风险责任自行承担。

（四）法律干预程度不同

因劳动合同支付的劳动报酬称为工资，具有按劳分配性质，工资除当事人自行约定数额外，其他如最低工资、工资支付方式等都要遵守法律、法规的规定；而劳务合同支付的劳动报酬称为劳务费，主要由双方当事人自行协商价格及支付方式等，国家法律不过分干涉。

（五）适用法律和争议解决方式不同

劳动合同纠纷属于劳动法调整，要求采用仲裁前置程序；劳务合同属于民事合同的一种，受民法及合同法调整，故因劳务合同发生的争议由人民法院审理。

四、劳动合同的种类、形式

（一）劳动合同的种类

用人单位与劳动者协商一致，可以订立固定期限劳动合同、无固定期限劳动合同或以完成一定工作任务为期限的劳动合同。

1. **固定期限劳动合同**

固定期限劳动合同,是指用人单位与劳动者约定合同终止时间的劳动合同。

2. **无固定期限劳动合同**

无固定期限劳动合同,是指用人单位与劳动者约定无确定终止时间的劳动合同。《劳动合同法》第十四条第二款规定,用人单位与劳动者协商一致,可以订立无固定期限劳动合同。但是,有下列情形之一,劳动者提出或者同意续订、订立劳动合同的,除劳动者提出订立固定期限劳动合同外,应当订立无固定期限劳动合同:

(1) 劳动者在该用人单位连续工作满10年的;

(2) 用人单位初次实行劳动合同制度或者国有企业改制重新订立劳动合同时,劳动者在该用人单位连续工作满10年且距法定退休年龄不足10年的;

(3) 连续订立二次固定期限劳动合同,且劳动者没有《劳动合同法》第三十九条和第四十条第一项、第二项规定的情形(被证明不符合录用条件、不能胜任工作,经培训或调整工作岗位,仍不能胜任的),续订劳动合同的。

《劳动合同法》第十四条第三款规定,用人单位自用工之日起满1年不与劳动者订立书面劳动合同的,视为用人单位与劳动者已订立无固定期限劳动合同。

3. **以完成一定工作为期限的劳动合同**

以完成一定工作任务为期限的劳动合同,是指用人单位与劳动者约定以某项工作的完成为合同期限的劳动合同。工作一经完成,合同即可解除。一般适用于铁路、公路、桥梁、水利、建筑、因季节原因临时用工等工程项目。

(二) 劳动合同的形式

劳动合同的形式是指订立劳动合同的方式。

《劳动合同法》规定,建立劳动关系,应当订立书面劳动合同。已建立劳动关系,未同时订立书面劳动合同的,应当自用工之日起1个月内订立书面劳动合同。

《劳动合同法》规定,用人单位未在用工的同时订立书面劳动合同,与劳动者约定的劳动报酬不明确的,新招用的劳动者的劳动报酬按照集体合同规定的标准执行;没有集体合同或者集体合同未规定的,实行同工同酬。

法律之所以这样规定,其目的在于用书面形式明确劳动合同当事人双方的权利与义务,以及有关劳动条件、工资福利待遇等事项,便于履行和监督检查,在发生劳动争议时,便于当事人举证,也便于有关部门处理。

(三) 事实劳动关系

事实劳动关系是指用人单位与劳动者之间没有签订书面劳动合同,或者劳动合同到期没有续签或者劳动合同无效的情况下,劳动者为用人单位提供有偿劳动,接受用人单位管理、支配,组织上从属于用人单位而形成的劳动关系。事实劳动关系一般有以下几种情形。

1. **无书面劳动合同而形成的事实劳动关系**

从实践中看,无书面劳动合同而形成的事实劳动关系一般又分为两种:(1) 自始未订立书面劳动合同;(2) 原劳动合同期满,用人单位和劳动者未以书面形式续订劳动合同,但劳动者仍在原单位工作。

无书面形式的劳动合同形成的事实劳动关系也是一种受法律保护的劳动关系，不能简单将其视为无效。对于事实劳动关系，国家相关的法律法规肯定了其效力，如《劳动部关于印发关于贯彻执行〈中华人民共和国劳动法〉若干问题的意见》第2条规定："中国境内的企业、个体经济组织与劳动者之间，只要形成劳动关系，即劳动者事实上已成为企业、个体经济组织的成员，并为其提供有偿劳动，适用劳动法。"《最高人民法院关于审理劳动争议案件适用法律若干问题的解释》第十六条规定："劳动合同期满后，劳动者仍在原用人单位工作，原用人单位未表示异议的，视为双方同意以原条件继续履行劳动合同。"法律上赋予"事实劳动关系"合法地位，更多的是维护劳动者的合法权益，进而维护整个社会的稳定。

《关于确立劳动关系有关事项的通知》规定，用人单位未与劳动者签订劳动合同，认定双方存在劳动关系时可参照下列凭证：（1）工资支付凭证或记录（职工工资发放花名册）、缴纳各项社会保险费的记录；（2）用人单位向劳动者发放的"工作证""服务证"等能够证明身份的证件；（3）劳动者填写的用人单位招工招聘"登记表""报名表"等招用记录；（4）考勤记录；（5）其他劳动者的证言等。

2. 无效劳动合同而形成的事实劳动关系

对因劳动合同无效而发生的劳动关系，同样应当视为一种事实劳动关系。在这种情况下，劳动者的利益应受法律保护，劳动者可以依照法律规定对其劳动提出报酬请求权。《劳动合同法》规定，劳动合同被确认无效，劳动者已付出劳动的，用人单位应当向劳动者支付劳动报酬。劳动报酬的数额，参照本单位相同或者相近岗位劳动者的劳动报酬确定。

按现行立法和有关司法解释的规定，如果订立无效劳动合同是因用人单位所致，给劳动者造成损失的，则劳动者可以获得赔偿。

3. 双重劳动关系而形成的事实劳动关系

双重劳动关系是指劳动者与两个或两个以上的用人单位建立的劳动关系。双重劳动关系在现实生活中大量存在。如下岗或停薪留职到另一单位工作、或同时从事几份兼职工作等。在双重劳动关系下，一般都有一个正式挂靠单位，哪怕并不提供劳动，也可以领取最低工资、享受社会保险待遇。而对于双重劳动关系来说，如果第二个劳动关系发生纠纷诉至法院，一般劳动者只能要求劳动报酬的给付而不能要求其他依照劳动法所能享有的权益。

《劳动合同法》规定，劳动者同时与其他用人单位建立劳动关系，对完成本单位的工作任务造成严重影响，或者经用人单位提出，拒不改正的，用人单位可以解除劳动合同。但是，值得注意的是：用人单位若想与其解除劳动合同，需要满足的法律前提是"对完成本单位的工作任务造成严重影响"或者"经用人单位提出，拒不改正"。实际上，劳动者在按法律法规的规定和劳动合同约定完成工作任务后，如果还有时间和精力，可以依法与其他用人单位建立劳动关系，但是不得对完成用人单位工作任务造成严重影响；如果用人单位要求劳动者不得与其他用人单位建立劳动关系，劳动者则应终止与其他单位的劳动关系，否则用人单位可以与其解除劳动合同。

事实劳动关系形成后的相应措施：（1）如果用人单位与劳动者均同意维持事实上的劳动关系的，应当视情况采取相应措施，或者续签；或者弥补前劳动合同的缺陷。（2）对于一方不同意继续劳动关系的，如属劳动者一方，劳动关系解除，用人单位无须支付补偿金；而如用人单位一方不愿维持，提出解除劳动关系的，则应当按照规定支付劳动者经济补偿金。（3）《劳动部关于印发关于贯彻执行〈中华人民共和国劳动法〉若干问题的意见》第17条规定，用人单位与劳动者之间形成了事实劳动关系，而用人单位故意拖延不订立劳动合同，劳动行政部门应予以纠正。用人单位因此给劳动者造成损害的，应按劳动部《违反〈劳动法〉有关劳动合同规定的赔偿办法》的规定进行赔偿。（4）用人单位与劳动者发生劳动争议，只要存在事实劳动关系，且符合《劳动法》和《企业劳动争议处理条例》的受案范围，劳动争议仲裁委员会均应受理。

第三节 劳动合同的订立

一、劳动合同订立的原则

劳动合同的订立是指劳动者与用人单位确立劳动关系、明确双方权利和义务的过程，也是维护劳动者和用人单位合法权益的法律手续。《劳动合同法》第三条规定："订立劳动合同，应当遵循合法、公平、平等自愿、协商一致、诚实信用的原则。"根据这一规定，订立劳动合同必须遵循下列原则：

（1）合法原则。劳动合同必须依法订立，不得违反法律、行政法规的规定。必须做到主体合法、内容合法、形式合法、程序合法。

（2）公平原则。公平原则是指劳动合同的内容应当公平、合理。在符合法律规定的前提下，劳动合同双方要公正、合理地确定双方的权利和义务。

（3）平等自愿原则。所谓平等，是指在订立合同时，双方当事人法律地位平等，都有权选择对方，并就合同的内容表达具有同等效力的意志。所谓自愿，是指订立劳动合同完全出于双方当事人的意志，任何一方不得将自己的意志强加于对方，也不允许第三方非法干预。

（4）协商一致原则。劳动合同是双方当事人遵循平等自愿、协商一致的原则签订的，当事人可以对劳动内容和法律未尽事宜做出详细、具体的规定。

（5）诚实信用原则。这是指在订立劳动合同时，双方都不得有欺诈行为。用人单位应当如实告知劳动者工作内容、工作条件、工作地点、职业危害、劳动报酬以及劳动者要求了解的其他情况；同时，用人单位有权了解劳动者与劳动合同直接相关的基本情况，劳动者应当如实说明，双方都不得隐瞒真实情况。

劳动合同由用人单位与劳动者协商一致，并经用人单位与劳动者在劳动合同文本上签字或者盖章生效。劳动合同文本由用人单位和劳动者各执一份。

二、劳动合同的内容

劳动合同的内容一般包括必备条款和约定条款两方面。

(一) 必备条款

必备条款是指依照法律规定劳动合同中应当具备的条款。《劳动合同法》规定,劳动合同应当具备以下条款:

(1) 用人单位的名称、住所和法定代表人或者主要负责人;
(2) 劳动者的姓名、住址和居民身份证或者其他有效身份证件号码;
(3) 劳动合同期限;
(4) 工作内容和工作地点;
(5) 工作时间和休息休假;
(6) 劳动报酬;
(7) 社会保险;
(8) 劳动保护、劳动条件和职业危害防护;
(9) 法律、法规规定应当纳入劳动合同的其他事项。

(二) 约定条款

劳动合同除必备条款外,用人单位与劳动者可以约定试用期、服务期、竞业限制、违约责任等其他事项。劳动合同的约定条款在法律上不做强行规定,由当事人自己在合同中任意约定。劳动合同缺乏约定条款不影响其效力。

1. 试用期条款

试用期,是指用人单位和劳动者为了相互了解,便于用人单位考察劳动者是否符合录用条件及劳动者考察用人单位所介绍的劳动条件等是否符合实际情况,并根据实际情况和法律规定做出是否履行或解除劳动合同的决定而约定的一定期限的考察期。

(1) 试用期期限。《劳动合同法》规定,劳动合同期限 3 个月以上不满 1 年的,试用期不得超过 1 个月;劳动合同期限 1 年以上不满 3 年的,试用期不得超过 2 个月;3 年以上固定期限和无固定期限的劳动合同,试用期不得超过 6 个月。

> 同一用人单位与同一劳动者只能约定一次试用期。
> 以完成一定工作任务为期限的劳动合同或者劳动合同期限不满 3 个月的,不得约定试用期。
> 试用期包含在劳动合同期限内。劳动合同仅约定试用期的,试用期不成立,该期限为劳动合同期限。

(2) 试用期工资。《劳动合同法》规定,试用期工资不得低于本单位同岗位最低档工资或劳动合同约定工资的 80%,并且不得低于用人单位所在地的最低工资标准。

(3) 违法约定试用期的法律责任。《劳动合同法》规定，用人单位违反《劳动合同法》规定与劳动者约定试用期的，由劳动行政部门责令改正；违法约定的试用期已经履行的，由用人单位以劳动者试用期满月工资为标准，按已经履行的超过法定试用期的期间向劳动者支付赔偿金。

【案例】 劳动者与用人单位签订的劳动合同期限为3年，双方约定的试用期为1年，试用期工资1 300元，并约定试用期满后的月工资为每个月1 500元。劳动者已经实际履行了8个月的试用期。

【问题】
(1) 本案中关于试用期的约定是否合法？
(2) 本案中用人单位是否要向劳动者支付赔偿金？如需要支付赔偿金，应支付多少？

在试用期中，除劳动者有《劳动合同法》第三十九条第一项和第四十条第二项规定的情形（被证明不符合录用条件、不能胜任工作，经培训或调整工作岗位，仍不能胜任的）外，用人单位不得解除劳动合同。用人单位在试用期解除劳动合同的，应当向劳动者说明理由。

2. 服务期条款

服务期，是指用人单位为劳动者提供专项培训费用，对其进行专业技术培训的，经双方协商一致确定的一个服务期限。用人单位与劳动者约定服务期时，服务期条款可以在劳动合同中约定，也可以单独签订一个培训协议。

(1) 设定服务期的条件。根据《劳动合同法》的规定，设定服务期必须具备两个条件：①培训费用必须是专项的；②培训的性质必须是专业技术培训。新招聘人员的劳动安全教育培训以及单位为调整人员和岗位进行的转岗培训等所产生的培训费用，是应尽义务，不能让劳动者承担，即便劳动者辞职，单位也无权追索。

(2) 服务期的期限。双方约定的服务期可以短于劳动合同期限，也可以长于劳动合同期限。如果约定的服务期长于劳动合同期限的，劳动合同应当延续至服务期满；双方另有约定的，从其约定。继续履行期间，如果用人单位不提供工作岗位，视为其放弃对剩余服务期的要求，劳动关系终止。

(3) 违约金的数额。《劳动合同法》规定，劳动者违反服务期约定的，应当按照约定向用人单位支付违约金。违约金的数额不得超过用人单位提供的培训费用。用人单位要求劳动者支付的违约金不得超过服务期尚未履行部分所应分摊的培训费用。

用人单位与劳动者约定服务期的，不影响按照正常的工资调整机制提高劳动者在服务期期间的劳动报酬。

3. 竞业限制条款

用人单位与劳动者可以在劳动合同中约定保守用人单位的商业秘密和与知识产权相关的保密事项。对负有保密义务的劳动者，用人单位可以在劳动合同或者保密协议中与劳动者约定竞业限制条款，即在劳动合同终止或解除后的一定期限内，劳动者不得到生产与本单位同类产品或者经营同类业务的有竞争关系的其他用人单位任职，也不得自己开业生产或者经营与用人单位有竞争关系的同类产品或业务。

在约定竞业限制条款时，同时还要约定在解除或者终止劳动合同后，在竞业限制期限内按月给予劳动者经济补偿。劳动者违反竞业限制约定的，应当按照约定向用人单位支付违约金。

根据公平原则，劳动合同解除或终止后，因用人单位原因未支付经济补偿的，若劳动者此后实施了竞业限制行为，则应视为劳动者以其行为提出解除竞业限制约定，用人单位无权要求劳动者承担违反竞业限制违约责任。

竞业限制的人员限于用人单位的高级管理人员、高级技术人员和其他负有保密义务的人员。竞业限制的范围、地域、期限由用人单位与劳动者约定，竞业限制的约定不得违反法律、法规的规定。

在解除或者终止劳动合同后，竞业限制的人员到与本单位生产或者经营同类产品、从事同类业务的有竞争关系的其他用人单位，或者自己开业生产或者经营同类产品、从事同类业务的竞业限制期限，不得超过2年。

4. 违约金条款

《劳动合同法》规定，除下列两种情形之外，用人单位不得与劳动者约定由劳动者承担违约金：

（1）劳动者违反服务期约定的，用人单位可以设定违约金，但其数额不得超过服务期尚未履行部分所应分摊的费用。

（2）劳动者违反竞业限制条款的，用人单位可以设定违约金，具体的违约金数额法律没有明确规定，需要当事人事先明确约定。用人单位可以而不是必须约定违约金，如果没有约定，则劳动者即使违约，也不承担违约责任。

劳动合同对劳动报酬和劳动条件等标准约定不明确,引发争议的,用人单位与劳动者可以重新协商;协商不成的,适用集体合同规定;没有集体合同或者集体合同未规定劳动报酬的,实行同工同酬;没有集体合同或者集体合同未规定劳动条件等标准的,适用国家有关规定。

三、无效劳动合同及其认定

无效劳动合同,是指当事人违反法律规定订立的不具有法律效力的劳动合同。无效劳动合同从订立时起就没有法律约束力。《劳动合同法》规定,下列劳动合同无效或部分无效:

(1) 以欺诈、胁迫的手段或者乘人之危,使对方在违背真实意思的情况下订立或者变更劳动合同的。

(2) 用人单位免除自己的责任、排除劳动者权利的。通常表现为劳动合同中对用人单位规定的是权利,对劳动者仅规定义务,有的甚至规定"工伤概不负责""用人单位有权根据情况调整其工作岗位,劳动者必须服从安排"等霸王条款。

(3) 违反法律、行政法规强制性规定的。其主要包括主体资格不合法、劳动合同的内容直接违反法律法规的规定等。

对劳动合同的无效或者部分无效有争议的,由劳动争议仲裁机构或者人民法院确认。劳动合同被确认无效,该劳动合同自始没有法律效力,但并不意味着无效劳动合同不发生任何法律后果。劳动者已付出劳动的,用人单位应当向劳动者支付劳动报酬,劳动报酬的数额,参考本单位相同或者相近岗位劳动者的劳动报酬确定。劳动合同被确认无效,给对方造成损害的有过错的一方应当承担赔偿责任。劳动合同部分无效,不影响其他部分效力的,其他部分仍然有效。

第四节 劳动合同的履行和变更

一、劳动合同的履行

(一) 劳动合同履行的原则

劳动合同履行是指当事人双方按照劳动合同规定的条件,履行自己所应承担义务的行为。《劳动合同法》规定,用人单位与劳动者应当按照劳动合同的约定,全面履行各自的义务。劳动合同的全面履行原则具体表现在以下几个方面。

1. 全部履行原则

这是指双方当事人要按照劳动合同约定的时间、期限、地点，用约定的方式，按质、按量全部履行自己承担的义务，既不能只履行部分义务而将其他义务置之不顾，也不得擅自变更合同，更不得任意不履行合同或者解除合同。

2. 亲自履行原则

这是指双方当事人必须亲自履行劳动合同。因为劳动关系是具有人身关系性质的社会关系，劳动合同是特定主体间的合同。劳动者选择用人单位，是基于自身经济、个人发展等各方面利益关系的需要；用人单位之所以选择该劳动者也是由于该劳动者具备用人单位所需要的基本素质和要求。劳动关系确立后，劳动者不能将应由自己完成的工作交由第三方代办，用人单位也不能将应由自己对劳动者承担的义务转嫁给其他第三方承担。

3. 协作履行原则

这是指双方当事人在劳动合同的履行过程中要相互理解和配合，相互协作履行。劳动者应自觉遵守用人单位的规章制度和劳动纪律，以主人翁的姿态关心用人单位的利益和发展，理解用人单位的困难，为本单位发展献策出力；用人单位要爱护劳动者，体谅劳动者的实际困难和需要。

（二）劳动合同履行的特别规定

（1）用人单位应当按照劳动合同约定和国家规定，向劳动者及时足额支付劳动报酬。用人单位拖欠或者未足额支付劳动报酬的，劳动者可以依法向当地人民法院申请支付令，人民法院应当依法发出支付令。

（2）用人单位应当严格执行劳动定额标准，不得强迫或者变相强迫劳动者加班。用人单位安排加班的，应当按照国家有关规定向劳动者支付加班费。

《劳动法》规定，有下列情形之一的，用人单位应当按照下列标准支付高于劳动者正常工作时间工资的工资报酬：

①安排劳动者延长工作时间的，支付不低于工资的150%的工资报酬；
②休息日安排劳动者工作又不能安排补休的，支付不低于工资的200%的工资报酬；
③法定休假日安排劳动者工作的，支付不低于工资的300%的工资报酬。

（3）劳动者拒绝用人单位管理人员违章指挥、强令冒险作业的，不视为违反劳动合同。劳动者对危害生命安全和身体健康的劳动条件，有权对用人单位提出批评、检举和控告。

（4）用人单位变更名称、法定代表人、主要负责人或者投资人等事项，不影响劳动合同的履行。

（5）用人单位发生合并或者分立等情况，原劳动合同继续有效，劳动合同由承继其权利和义务的用人单位继续履行。

二、劳动合同的变更

劳动合同的变更是指在劳动合同开始履行但尚未完全履行之前，因订立劳动合同的主客观条件发生了变化，当事人依照法律规定的条件和程序，对原合同中的某些条款修改、补充的法律行为。《劳动合同法》规定，用人单位与劳动者协商一致，可以变更劳动合同约定的内容。变更劳动合同，应当采用书面形式。变更后的劳动合同文本由用人单位和劳动者各执一份。

劳动合同的变更仅限于劳动合同条款内容的变更，不包括当事人的变更，且必须协商一致，不允许单方面变更劳动合同。变更的内容主要反映在劳动工种或岗位的变动；劳动合同期限长短的变动；劳动报酬的增加或减少等方面。

第五节　劳动合同的解除和终止

一、劳动合同的解除

劳动合同的解除，是指劳动合同在订立以后，尚未履行完毕或者未全部履行以前，由于合同双方或者单方的法律行为导致双方当事人提前消灭劳动关系的法律行为。解除劳动合同，既可以是劳动者和用人单位协商一致解除合同，也可以是劳动者或者用人单位单方解除合同。

（一）协商解除

1. 协商解除的概念

协商解除，是指用人单位与劳动者在完全自愿的情况下，互相协商，在达成一致意见的基础上提前终止劳动合同的效力。

2. 协商解除的条件

劳动合同依法订立后，双方当事人必须履行合同义务，遵守合同的法律效力，任何一方不得因后悔或者难以履行而自行解除劳动合同。但是，为了保障用人单位的用人自主权、劳动者劳动权的实现，《劳动合同法》规定，在特定条件和程序下，用人单位与劳动者协商一致且不违背国家利益和社会公共利益，可以解除劳动合同，但必须符合以下几个条件：

（1）被解除的劳动合同是依法成立的有效的劳动合同；

（2）解除劳动合同的行为必须是在被解除的劳动合同依法订立生效之后、尚未全部履行之前进行；

（3）用人单位与劳动者均有权提出解除劳动合同的请求；

（4）在双方自愿、平等协商的基础上达成一致意见，可以不受劳动合同中约定的终止条件的限制。

（二）劳动者单方解除

劳动者单方解除劳动合同，即通常所说的"辞职"。根据劳动者行使合同解除权是否需要提前通知，可以分为提前通知解除和随时通知解除两种。

1. 提前通知解除

《劳动合同法》规定，劳动者提前30日以书面形式通知用人单位，可以解除劳动合同。劳动者在试用期内提前3日通知用人单位，可以解除劳动合同。但劳动者在行使解除劳动合同权利的同时必须遵守法定的程序，主要体现在两个方面：

（1）遵守解除预告期。劳动者在享有解除劳动合同自主权的同时，也应当遵守解除合同预告期，提前30天通知用人单位。这样便于用人单位及时安排人员接替其工作，保持劳动过程的连续性，确保正常的工作秩序，避免因解除劳动合同影响企业的生产经营活动，给用人单位造成不必要的损失。

（2）书面形式通知用人单位。无论是劳动者还是用人单位在解除劳动合同时，都必须以书面形式告知对方。

在试用期内，劳动者与用人单位的劳动关系处于一种不确定状态，劳动者对是否与用人单位建立正式的劳动关系仍有选择的权利。但劳动者单方解除合同应提前3天通知用人单位，以便用人单位安排人员接替其工作。

2. 随时通知解除

《劳动合同法》规定，用人单位有下列情形（有过错）之一的，劳动者可以行使特别解除权，无条件与用人单位解除劳动合同：

（1）未按照劳动合同约定提供劳动保护或者劳动条件的；
（2）未及时足额支付劳动报酬的；
（3）未依法为劳动者缴纳社会保险费的；
（4）用人单位的规章制度违反法律、法规的规定，损害劳动者权益的；
（5）以欺诈、胁迫的手段或者乘人之危，使对方在违背真实意思的情况下订立或者变更劳动合同，致使劳动合同无效的；
（6）法律、行政法规规定劳动者可以解除劳动合同的其他情形。

知识链接

劳动者的特别解除权

用人单位以暴力威胁或者非法限制人身自由的手段强迫劳动者劳动的，或者用人单位违章指挥、强令冒险作业危及劳动者人身安全的，劳动者可以立即解除劳动合同，无须通知用人单位。

（三）用人单位单方解除

用人单位单方解除劳动合同，又称"辞退或解雇"。根据用人单位行使合同解除权是否需要提前通知，可以分为随时解除、预告解除和经济性裁员三种。

1. 随时解除（过错性解除）

《劳动合同法》规定，劳动者有下列情形之一的，用人单位可以解除劳动合同：

（1）在试用期间被证明不符合录用条件的；
（2）严重违反用人单位的规章制度的；
（3）严重失职，营私舞弊，给用人单位造成重大损害的；

（4）劳动者同时与其他用人单位建立劳动关系，对完成本单位的工作任务造成严重影响，或者经用人单位提出，拒不改正的；

（5）以欺诈、胁迫的手段或者乘人之危，使对方在违背真实意思的情况下订立或者变更劳动合同，致使劳动合同无效的；

（6）被依法追究刑事责任的。

2. 预告解除（非过错性解除）

《劳动合同法》规定，有下列情形之一的，用人单位提前30日以书面形式通知劳动者本人或者额外支付劳动者1个月工资后，可以解除劳动合同：

（1）劳动者患病或者非因工负伤，在规定的医疗期满后不能从事原工作，也不能从事由用人单位另行安排的工作的；

（2）劳动者不能胜任工作，经过培训或者调整工作岗位，仍不能胜任工作的；

（3）劳动合同订立时所依据的客观情况发生重大变化，致使劳动合同无法履行，经用人单位与劳动者协商，未能就变更劳动合同内容达成协议的。

3. 经济性裁员

简单地讲，经济性裁员就是指企业由于经营不善等经济性原因，而较大规模裁减员工的行为。《劳动合同法》规定，有下列情形之一，需要裁减人员20人以上或者裁减不足20人但占企业职工总数10%以上的，用人单位提前30日向工会或者全体职工说明情况，听取工会或者职工的意见后，裁减人员方案经向劳动行政部门报告，可以裁减人员：

（1）依照企业破产法规定进行重整的；

（2）生产经营发生严重困难的；

（3）企业转产、重大技术革新或者经营方式调整，经变更劳动合同后，仍需裁减人员的；

（4）其他因劳动合同订立时所依据的客观经济情况发生重大变化，致使劳动合同无法履行的。

上述四种情形是进行经济性裁员必须满足的实体性条件，从《劳动合同法》的规定来看，进行经济性裁员还必须满足程序性条件：①提前30日向工会或者全体职工说明情况，听取工会或者职工的意见；②裁减人员方案向劳动行政部门报告。

用人单位依照《劳动合同法》规定裁减人员，在6个月内重新招用人员的，应当通知被裁减的人员，并在同等条件下优先招用被裁减的人员。

4. 用人单位解除劳动合同的限制

《劳动合同法》第42条规定，有下列情形之一的，用人单位不得解除劳动合同：

（1）从事接触职业病危害作业的劳动者未进行离岗前职业健康检查，或者疑似职业病病人在诊断或者医学观察期间的；

（2）在本单位患职业病或者因工负伤并被确认丧失或者部分丧失劳动能力的；

（3）患病或者非因工负伤，在规定的医疗期内的；

（4）女职工在孕期、产期、哺乳期的；

（5）在本单位连续工作满15年，且距法定退休年龄不足5年的；

（6）法律、行政法规规定的其他情形。

二、劳动合同的终止

(一) 劳动合同终止的法定情形

《劳动合同法》规定,有下列情形之一,劳动合同终止:
(1) 劳动合同期满的;
(2) 劳动者开始依法享受基本养老保险待遇的;
(3) 劳动者死亡,或者被人民法院宣告死亡或者宣告失踪的;
(4) 用人单位被依法宣告破产的;
(5) 用人单位被吊销营业执照、责令关闭、撤销或者用人单位决定提前解散的;
(6) 法律、行政法规规定的其他情形。

(二) 劳动合同终止的限制

《劳动合同法》规定,劳动合同期满,但有《劳动合同法》第四十二条规定的用人单位不得解除劳动合同的情形之一的,劳动合同应当续延至相应的情形消失时终止。但是,"在本单位患职业病或者因工负伤并被确认丧失或者部分丧失劳动能力的"劳动者的劳动合同的终止,按照国家有关工伤保险的规定执行。

三、解除或终止劳动合同的经济补偿金

经济补偿金,是指在劳动合同解除或终止后,用人单位依法按照一定标准一次性支付给劳动者的经济上的补助。我国法律一般将其称作为"经济补偿"。

(一) 经济补偿金的支付范围

《劳动合同法》规定,有下列情形之一的,用人单位应当向劳动者支付经济补偿:

(1) 劳动者因用人单位有过错解除劳动合同的。即属于《劳动合同法》第三十八条规定的解除劳动合同的情形。

(2) 用人单位提出解除劳动合同并与劳动者协商一致的。即属于《劳动合同法》第三十六条规定的协商解除情形。

特 别 提 醒

依《劳动合同法》等相关规定,如果是由劳动者提出解除、用人单位同意的,则不需要支付经济补偿金。

(3) 用人单位提前通知解除劳动合同的。即属于《劳动合同法》第四十条规定的解除劳动合同的情形。

(4) 用人单位经济性裁员的。即属于《劳动合同法》第四十一条第一款规定的解除劳动合同的情形。

(5) 劳动合同期满而终止劳动合同的(用人单位维持或者提高劳动合同约定条件续

订劳动合同，劳动者不同意续订的情形除外）。即属于《劳动合同法》第四十四条第一项规定的终止固定期限劳动合同和以完成一定工作任务为期限的劳动合同的情形。

（6）因用人单位消灭而终止劳动合同的。即属于《劳动合同法》第四十四条第四项、第五项规定的终止劳动合同的情形。

（7）法律、行政法规规定的其他情形。

（二）经济补偿金的支付标准

《劳动合同法》规定，经济补偿按劳动者在本单位工作的年限，每满1年支付1个月工资的标准向劳动者支付。6个月以上不满1年的，按1年计算；不满6个月的，向劳动者支付半个月工资的经济补偿。劳动者月工资高于用人单位所在直辖市、设区的市级人民政府公布的本地区上年度职工月平均工资3倍的，向其支付经济补偿的标准按职工月平均工资3倍的数额支付，向其支付经济补偿的年限最高不超过12年。本条所称月工资是指劳动者在劳动合同解除或者终止前12个月的平均工资。

经济补偿金的支付限制

第六节　劳动合同的特别规定

一、集体合同

专项集体合同、行业性集体合同和区域性集体合同

（一）集体合同的概念

集体合同，是指工会或职工代表代表全体职工与用人单位之间根据法律、法规的规定，就劳动报酬、工作时间、休息休假、劳动安全卫生、保险福利等事项，在平等协商一致的基础上签订的书面协议。集体合同与劳动合同的主要区别，如表10-2所示。

表10-2　集体合同与劳动合同的主要区别

	劳动合同	集体合同
当事人	单个劳动者和用人单位	劳动者团体和用人单位或其团体，故又称团体协约或团体合同
订立目的	确立劳动关系	为确立劳动关系设定具体标准，即在其效力范围内规范劳动关系
内容	以单个劳动者的权利和义务为内容，一般包括劳动关系的各个方面	以集体劳动关系中全体劳动者的共同权利和义务为内容，可能涉及劳动关系的各个方面，也可能只涉及劳动关系的某个方面
形式	在有的国家为书面合同，在有的国家则书面合同与口头合同并存	一般为书面合同

续表

	劳动合同	集体合同
效力	对单个的用人单位和劳动者有法律效力	对签订合同的单个用人单位或用人单位所代表的全体用人单位,以及工会和工会所代表的全体劳动者,都有法律效力。集体合同的效力一般高于劳动合同的效力

(二) 集体合同的订立原则

关于集体合同的订立,《劳动合同法》做了以下几项原则性规定。

(1) 规定了平等协商原则。集体合同双方当事人在签订协议的过程中,处于平等的法律地位,不考虑工会或者职工代表与企业之间在行政上的隶属关系。双方都可以平等地提出自己的主张和要求,任何一方都不得以任何方式压制或者威胁对方。

(2) 规定了民主参与原则。集体合同草案应当提交职工代表大会或者全体职工讨论通过。在签订集体合同的过程中,应当充分发挥职工代表大会的民主管理作用,保障劳动者的知情权和参与权。

(3) 规定了订立集体合同的双方主体。根据《劳动法》的规定,订立集体合同的一方当事人必须是工会或者职工代表,另一方当事人必须是用人单位的行政部门。

尚未建立工会的用人单位,为了保证职工代表的普遍性和权威性,须由上级工会指导劳动者推举的职工代表与用人单位订立。

(三) 集体合同的效力

1. 集体合同的生效

集体合同订立后,应当报送劳动行政部门;劳动行政部门自收到集体合同文本之日起15日内未提出异议的,集体合同即行生效。

2. 集体合同的法律效力

依法订立的集体合同对用人单位和劳动者具有约束力。行业性、区域性集体合同对当地本行业、本区域的用人单位和劳动者具有约束力。对于劳动者来说,除集体合同有特别规定外,集体合同的全部内容适用于企业内部全体职工,即在一个企业内部,只要工会与企业签订了集体合同,工会就代表了全体职工,而不只是代表工会会员,对于非工会会员也适用。对集体合同生效后被企业录用的职工而言,集体合同也是适用的。对于用人单位来说,集体合同生效后则不因企业法人代表的变动而影响其效力。

在区域性集体合同、行业集体合同的情况下,同一区域的所有劳动者和用人单位都要平等履行区域性集体合同,同一行业的所有劳动者和用人单位都要平等履行行业性集体合同,而不局限于约束协商谈判、签订该项集体合同的双方代表。

3. 对于劳动合同的效力的规定

集体合同中劳动报酬和劳动条件等标准不得低于当地人民政府规定的最低标准;用人

单位与劳动者订立的劳动合同中劳动报酬和劳动条件等标准不得低于集体合同规定的标准。

(四) 集体合同争议的处理

用人单位违反集体合同,侵犯职工劳动权益的,工会可以依法要求用人单位承担责任;因履行集体合同发生争议,经协商解决不成的,工会可以依法申请仲裁、提起诉讼。

二、劳务派遣

(一) 劳务派遣的概念

劳务派遣,是指接受以劳务派遣形式用工的单位(以下称"用工单位")根据工作实际需要,通过劳务派遣单位选聘所需人员并通过该机构为这类人员办理用工、代发薪酬以及代办社保、档案托管等一系列人事、劳动手续代理的用工方式。

知识链接

经营劳务派遣业务应当具备的条件

劳务派遣的最大特点是劳动力雇佣与劳动力使用相分离,劳动者不与用工单位签订劳动合同、发生劳动关系,而是与派遣单位存在劳动关系,但却被派遣至用工单位劳动,形成"有关系没劳动,有劳动没关系"的特殊形态。

(二) 劳动派遣中的法律关系

如图 10-1 所示,劳务派遣涉及三方关系,即派遣单位与被派遣劳动者、劳务派遣单位与用工单位,以及用工单位与被派遣劳动者等三种关系。

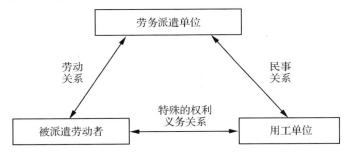

图 10-1　派遣单位、用工单位和被派遣劳动者之间关系

理论界对于这三者关系的定性并不一致,实践中通常认为三者之间的关系是:

(1) 派遣单位与被派遣劳动者之间存在劳动关系,派遣单位向社会招用劳动者,承担对劳动者的劳动报酬和社会福利等劳动法的义务。

(2) 派遣单位与用工单位之间是民事关系,双方订立派遣协议确定双方权利义务,派遣单位根据用工单位的标准派遣符合要求的劳动者,用工单位根据协议向派遣单位支付报酬或管理费。

(3) 用工单位与被派遣劳动者之间构成的是特殊的权利义务关系,双方之间既没有劳动合同,也没有民事合同。但是,用工单位仍要依法履行规定的义务,劳动者若有严重违反用工单位规章制度等情形的,用工单位可以将劳动者退回劳务派遣单位,劳务派遣单位依法可以与劳动者解除劳动合同。

用工单位应当根据工作岗位的实际需要与劳务派遣单位确定派遣期限，不得将连续用工期限分割订立数个短期劳务派遣协议。可见，在订立劳务派遣协议时，用工单位与劳务派遣单位应当遵循实际需要的原则来确定派遣期限。此外，将连续用工期限分割订立数个短期劳务派遣协议是不允许的。分割订立数个短期劳务派遣协议往往成为相关单位实践中躲避社会保险、正常的工资调整等的手段，这对劳动者的合法劳动权益是一种侵害，对其进行禁止，有利于保护劳动者的合法劳动权益。

（三）劳务派遣的适用范围

劳动合同用工是我国企业的基本用工形式。劳务派遣用工是补充形式，只能在临时性、辅助性或者替代性的工作岗位上实施。

临时性工作岗位是指存续时间不超过 6 个月的岗位；辅助性工作岗位是指为主营业务岗位提供服务的非主营业务岗位；替代性工作岗位是指用工单位的劳动者因脱产学习、休假等原因无法工作的一定期间内，可以由其他劳动者替代工作的岗位。

（四）派遣单位与用工单位对于劳动者的法定义务

1. 共同义务

（1）不得向被派遣劳动者收取费用。

（2）跨地区派遣劳动者的，被派遣劳动者享有的劳动报酬和劳动条件，按照用工单位所在地的标准执行。

（3）保障被派遣劳动者享有与用工单位的劳动者同工同酬的权利。用工单位无同类岗位劳动者的，参照用工单位所在地相同或者相近岗位劳动者的劳动报酬确定。

（4）保障劳动者依法参加或组织工会，维护自身的合法权益。

2. 派遣单位的特殊义务

（1）应当与被派遣劳动者订立 2 年以上的固定期限劳动合同，按月支付劳动报酬。

（2）在无工作期间，劳务派遣单位应当按照所在地人民政府规定的最低工资标准，向其按月支付报酬。

（3）应当将劳务派遣协议的内容告知被派遣劳动者。

（4）不得克扣用工单位按照劳务派遣协议支付给被派遣劳动者的劳动报酬。

3. 用工单位的特殊义务

（1）执行国家劳动标准，提供相应的劳动条件和劳动保护。

（2）告知被派遣劳动者的工作要求和劳动报酬。

（3）支付加班费、绩效奖金，提供与工作岗位相关的福利待遇。

（4）对在岗被派遣劳动者进行工作岗位所必需的培训。

（5）连续用工的，实行正常的工资调整机制。

（6）用工单位不得将被派遣劳动者再派遣到其他用人单位。

三、非全日制用工

(一)非全日制用工的概念

非全日制用工,是指以小时计酬为主,劳动者在同一用人单位一般平均每日工作时间不超过4小时,每周工作时间累计不超过24小时的用工形式。

(二)特殊规定

(1) 双方当事人可以订立口头协议。

(2) 劳动者可以与一个或者一个以上用人单位订立劳动合同;但是,后订立的劳动合同不得影响先订立的劳动合同的履行。

(3) 双方当事人不得约定试用期。

(4) 双方当事人任何一方都可以随时通知对方终止用工。终止用工,用人单位不向劳动者支付经济补偿。

(5) 小时计酬标准不得低于用人单位所在地人民政府规定的最低小时工资标准。非全日制用工劳动报酬结算支付周期最长不得超过15日。

第七节 劳动合同当事人的法律责任

一、用人单位的法律责任

(1)《劳动合同法实施条例》规定,用人单位自用工之日起超过1个月不满1年未与劳动者订立书面劳动合同的,应当依照规定向劳动者每月支付两倍的工资,并与劳动者补订书面劳动合同;劳动者不与用人单位订立书面劳动合同的,用人单位应当书面通知劳动者终止劳动关系,并依照规定支付经济补偿。用人单位向劳动者每月支付两倍工资的起算时间为用工之日起满一个月的次日,截止时间为补订书面劳动合同的前一日。

用人单位自用工之日起满1年未与劳动者订立书面劳动合同的,自用工之日起满1个月的次日至满1年的前一日应当依照规定向劳动者每月支付两倍的工资,并视为自用工之日起满1年的当日已经与劳动者订立无固定期限劳动合同,应当立即与劳动者补订书面劳动合同。

对于"视为已经与劳动者订立无固定期限劳动合同"的情形,自用工之日起满1年的当日起不需要再向劳动者每月支付两倍的工资。

(2)《劳动合同法》第八十二条第二款规定,用人单位违反规定不与劳动者订立无固定期限劳动合同的，自应当订立无固定期限劳动合同之日起向劳动者每月支付两倍的工资。

（3）用人单位违法解除或终止劳动合同，劳动者要求继续履行合同的，用人单位应继续履行，合同已无法履行的，要按两倍经济补偿金的标准向劳动者支付赔偿金，已支付赔偿金的，不再支付经济补偿。

（4）用人单位违反法律规定与劳动者约定试用期的，由劳动行政部门责令改正；违法约定的试用期已经履行的，由用人单位以劳动者试用期满月工资为标准，按已经履行的超过法定试用期的期间向劳动者支付赔偿金。

（5）用人单位以担保或者其他名义向劳动者收取财物的，由劳动行政部门责令限期退还劳动者本人，并以每人500元以上2 000元以下的标准处以罚款；给劳动者造成损害的，应当承担赔偿责任。

（6）用人单位有下列情形之一的，由劳动行政部门责令限期支付劳动报酬、加班费或者经济补偿；劳动报酬低于当地最低工资标准的，应当支付其差额部分；逾期不支付的，责令用人单位按应付金额50%以上100%以下的标准向劳动者加付赔偿金：①未按照劳动合同的约定或者国家规定及时足额支付劳动者劳动报酬的；②低于当地最低工资标准支付劳动者工资的；③安排加班不支付加班费的；④解除或者终止劳动合同，未依照本法规定向劳动者支付经济补偿的。

（7）用人单位有下列情形之一的，依法给予行政处罚；构成犯罪的，依法追究刑事责任；给劳动者造成损害的，应当承担赔偿责任：①以暴力、威胁或者非法限制人身自由的手段强迫劳动的；②违章指挥或者强令冒险作业危及劳动者人身安全的；③侮辱、体罚、殴打、非法搜查或者拘禁劳动者的；④劳动条件恶劣、环境污染严重，给劳动者身心健康造成严重损害的。

（8）用人单位、用工单位违反《劳动合同法》有关劳务派遣规定的，由劳动行政部门责令限期改正；逾期不改正的，以每人5 000元以上10 000元以下的标准处以罚款，对用人单位，吊销其劳务派遣业务经营许可证。用工单位给被派遣劳动者造成损害的，用人单位与用工单位承担连带赔偿责任。

（9）用人单位招用与其他用人单位尚未解除或者终止劳动合同的劳动者，给其他用人单位造成损失的，应当承担连带赔偿责任。

（10）个人承包经营违反本法规定招用劳动者，给劳动者造成损害的，发包的组织与个人承包经营者承担连带赔偿责任。

二、劳动者的法律责任

劳动者违反《劳动合同法》规定解除劳动合同，或者违反劳动合同中约定的保密义务或者竞业限制，给用人单位造成损失的，应当承担赔偿责任。

特别提醒

劳动合同依照《劳动合同法》规定被确认无效,给对方造成损害的有过错的一方应当承担赔偿责任。

劳动者利用职务之便,严重违反劳动纪律,营私舞弊,用人单位可依法律规定或者规章制度对劳动者作出处理。但是,在具体执行中,应该遵循"一事不再罚"的法理原则,即用人单位不能对劳动者的同一违纪行为进行两次或两次以上的处理。

第八节 劳动仲裁

一、劳动仲裁概述

(一)劳动仲裁的含义

劳动仲裁,是指用人单位与劳动者之间发生劳动争议时,经当事人申请,由劳动争议仲裁委员会按照仲裁程序,依法作出裁决的活动。《中华人民共和国劳动争议调解仲裁法》(以下简称《劳动争议调解仲裁法》)规定,在我国境内,用人单位与劳动者发生的下列劳动争议,当事人可以申请仲裁:

《中华人民共和国劳动人事争议仲裁办案规则》

(1)因确认劳动关系发生的争议;
(2)因订立、履行、变更、解除和终止劳动合同发生的争议;
(3)因除名、辞退和辞职、离职发生的争议;
(4)因工作时间、休息休假、社会保险、福利、培训以及劳动保护发生的争议;
(5)因劳动报酬、工伤医疗费、经济补偿或者赔偿金等发生的争议;
(6)法律、法规规定的其他劳动争议。

(二)劳动仲裁与民事诉讼的关系

发生劳动争议时,劳动者可以与用人单位协商,也可以请工会或者第三方共同与用人单位协商,达成和解协议。

发生劳动争议时,当事人不愿协商、协商不成或者达成和解协议后不履行的,可以向调解组织申请调解;不愿调解、调解不成或者达成调解协议后不履行的,可以向劳动争议仲裁委员会申请仲裁;对仲裁裁决不服的,除《劳动争议调解仲裁法》另有规定外,可以向人民法院提起诉讼。

可见,劳动仲裁原则上是民事诉讼的前提。

知识链接

劳动仲裁与经济仲裁的区别

二、仲裁机构与仲裁规则

(一) 仲裁机构

1. 仲裁机构的设立

劳动争议仲裁委员会按照统筹规划、合理布局和适应实际需要的原则设立。省、自治区人民政府可以决定在市、县设立；直辖市人民政府可以决定在区、县设立。直辖市、设区的市也可以设立一个或者若干个劳动争议仲裁委员会。劳动争议仲裁委员会不按行政区划层层设立。

2. 仲裁机构的组成与职责

劳动争议仲裁委员会由劳动行政部门代表、工会代表和企业方面代表组成。劳动争议仲裁委员会组成人员应当是单数。劳动争议仲裁委员会依法履行下列职责：

（1）聘任、解聘专职或者兼职仲裁员；
（2）受理劳动争议案件；
（3）讨论重大或者疑难的劳动争议案件；
（4）对仲裁活动进行监督。

劳动争议仲裁委员会下设办事机构，负责办理劳动争议仲裁委员会的日常工作。

3. 仲裁员的任职条件

仲裁员应当公道正派并符合下列条件之一：

（1）曾任审判员的；
（2）从事法律研究、教学工作并具有中级以上职称的；
（3）具有法律知识、从事人力资源管理或者工会等专业工作满5年的；
（4）律师执业满3年的。

(二) 仲裁规则

国务院劳动行政部门依照《劳动争议调解仲裁法》有关规定制定仲裁规则。

劳动争议仲裁公开进行，但当事人协议不公开进行或者涉及国家秘密、商业秘密和个人隐私的除外。

三、仲裁管辖与仲裁当事人

(一) 仲裁管辖

劳动争议仲裁委员会负责管辖本区域内发生的劳动争议。

（1）劳动争议由劳动合同履行地或者用人单位所在地的劳动争议仲裁委员会管辖。
（2）双方当事人分别向劳动合同履行地和用人单位所在地的劳动争议仲裁委员会申请

仲裁的，由劳动合同履行地的劳动争议仲裁委员会管辖。

（二）仲裁当事人

发生劳动争议的劳动者和用人单位为劳动争议仲裁案件的双方当事人。

在劳务派遣中，劳务派遣单位或者用工单位与劳动者发生劳动争议的，劳务派遣单位和用工单位为共同当事人。

与劳动争议案件的处理结果有利害关系的第三人，可以申请参加仲裁活动或者由劳动争议仲裁委员会通知其参加仲裁活动。

当事人可以委托代理人参加仲裁活动。委托他人参加仲裁活动，应当向劳动争议仲裁委员会提交有委托人签名或者盖章的委托书，委托书应当载明委托事项和权限。

丧失或者部分丧失民事行为能力的劳动者，由其法定代理人代为参加仲裁活动；无法定代理人的，由劳动争议仲裁委员会为其指定代理人；劳动者死亡的，由其近亲属或者代理人参加仲裁活动。

四、仲裁程序

（一）申请和受理

1. 仲裁时效

劳动争议申请仲裁的时效期间为1年。仲裁时效期间从当事人知道或者应当知道其权利被侵害之日起计算。

仲裁时效，因当事人一方向对方当事人主张权利，或者向有关部门请求权利救济，或者对方当事人同意履行义务而中断。从中断时起，仲裁时效期间重新计算。

因不可抗力或者有其他正当理由，当事人不能在规定时效期间申请仲裁的，仲裁时效中止。从中止时效的原因消除之日起，仲裁时效期间继续计算。

劳动关系存续期间因拖欠劳动报酬发生争议的，劳动者申请仲裁不受有关仲裁时效期间的限制；但是，劳动关系终止的，应当自劳动关系终止之日起1年内提出。

2. 申请与受理

申请人申请仲裁应当提交书面仲裁申请，并按照被申请人人数提交副本。

劳动争议仲裁委员会收到仲裁申请之日起5日内，认为符合受理条件的，应当受理，并通知申请人；认为不符合受理条件的，应当书面通知申请人不予受理，并说明理由。对劳动争议仲裁委员会不予受理或者逾期未作出决定的，申请人可以就该劳动争议事项向人民法院提起诉讼。

劳动争议仲裁委员会受理仲裁申请后，应当在5日内将仲裁申请书副本送达被申请人。被申请人收到仲裁申请书副本后，应当在10日内向劳动争议仲裁委员会提交答辩书。劳动争议仲裁委员会收到答辩书后，应当在5日内将答辩书副本送达申请人。被申请人未提交答辩书的，不影响仲裁程序的进行。

（二）开庭与裁决

1. 仲裁庭制

劳动争议仲裁委员会裁决劳动争议案件实行仲裁庭制。仲裁庭由3名仲裁员组成，设首席仲裁员。简单劳动争议案件可以由 1 名仲裁员独任仲裁。

劳动争议仲裁委员会应当在受理仲裁申请之日起 5 日内将仲裁庭的组成情况书面通知当事人。

仲裁庭应当在开庭 5 日前，将开庭日期、地点书面通知双方当事人。当事人有正当理由的，可以在开庭 3 日前请求延期开庭。是否延期，由劳动争议仲裁委员会决定。被申请人收到书面通知，无正当理由拒不到庭或者未经仲裁庭同意中途退庭的，可以缺席裁决。

2. 和解与调解

当事人申请劳动争议仲裁后，可自行和解。达成和解协议的，可撤回仲裁申请。

仲裁庭在作出裁决前，应当先行调解。调解达成协议的，仲裁庭应当制作调解书。调解不成或者调解书送达前，一方当事人反悔的，仲裁庭应当及时作出裁决。

3. 仲裁裁决

（1）一般规定。仲裁庭裁决劳动争议案件，应当自劳动争议仲裁委员会受理仲裁申请之日起 45 日内结束。案情复杂需要延期的，经劳动争议仲裁委员会主任批准，可以延期并书面通知当事人，但是延长期限不得超过 15 日。逾期未作出仲裁裁决的，当事人可以就该劳动争议事项向人民法院提起诉讼。仲裁庭裁决劳动争议案件时，其中一部分事实已经清楚，可以就该部分先行裁决。

裁决应当按照多数仲裁员的意见作出，少数仲裁员的不同意见应当记入笔录。仲裁庭不能形成多数意见时，裁决应当按照首席仲裁员的意见作出。

（2）仲裁裁决的先予执行。仲裁庭对追索劳动报酬、工伤医疗费、经济补偿或者赔偿金的案件，根据当事人的申请，可以裁决先予执行，移送人民法院执行。仲裁庭裁决先予执行的，应当符合下列条件：①当事人之间权利义务关系明确；②不先予执行将严重影响申请人的生活。

劳动者申请先予执行的，可以不提供担保。

（3）仲裁裁决的效力与仲裁裁决的撤销。关于劳动争议仲裁裁决的效力问题，《劳动争议调解仲裁法》作了两种不同的规定：一种是采用有限的"一裁终局"模式（体现在第四十七条、第四十八条和第四十九条）；另一种则是采用"一裁二审"模式（体现在第五十条）。

《劳动争议调解仲裁法》第四十七条规定，下列劳动争议，除本法另有规定（第四十八条规定）的外，仲裁裁决为终局裁决，裁决书自作出之日起发生法律效力：

①追索劳动报酬、工伤医疗费、经济补偿或者赔偿金，不超过当地月最低工资标准 12 个月金额的争议；

②因执行国家的劳动标准在工作时间、休息休假、社会保险等方面发生的争议。

《劳动争议调解仲裁法》第四十八条规定，劳动者对本法第四十七条规定的仲裁裁决不服的，可以自收到仲裁裁决书之日起 15 日内向人民法院提起诉讼。这是法律给予劳动者的救济途径。同时也说明，仲裁裁决对劳动者来说不是终局的。

一裁终局的裁决发生法律效力后，用人单位不得就同一争议事项再向仲裁委员会申请仲裁或向法院起诉。所以，为了保护用人单位的救济权利，《劳动争议调解仲裁法》第四十九条规定："用人单位有证据证明本法第四十七条规定的仲裁裁决有下列情形之一，可以自收到仲裁裁决书之日起三十日内向劳动争议仲裁委员会所在地的中级人民法院申请撤销裁决：

（一）适用法律、法规确有错误的；

（二）劳动争议仲裁委员会无管辖权的；

（三）违反法定程序的；

（四）裁决所根据的证据是伪造的；

（五）对方当事人隐瞒了足以影响公正裁决的证据的；

（六）仲裁员在仲裁该案时有索贿受贿、徇私舞弊、枉法裁决行为的。"

《劳动争议调解仲裁法》第四十九条规定，人民法院经组成合议庭审查核实裁决有上述规定情形之一的，应当裁定撤销。仲裁裁决被人民法院裁定撤销的，当事人可以自收到裁定书之日起15日内就该劳动争议事项向人民法院提起诉讼。

如果撤销仲裁裁决的申请被法院驳回，则仲裁裁决对用人单位来说就是终局的，用人单位必须严格执行。

《劳动争议调解仲裁法》第五十条规定：当事人对本法第四十七条规定以外的其他劳动争议案件的仲裁裁决不服的，可以自收到仲裁裁决书之日起15日内向人民法院提起诉讼；期满不起诉的，裁决书发生法律效力。人民法院作出一审判决后，当事人还不服的，可以再上诉至上一级人民法院。我国对一裁终局以外其他劳动争议的这种处理模式可以概括为"一调、一裁、两审，仲裁前置"。所以，"一裁二审"模式也可以称之为"一裁两审"模式。

知识链接

"一调、一裁、两审，仲裁前置"的模式

（4）仲裁裁决的执行。当事人对发生法律效力的调解书、裁决书，应当依照规定的期限履行。一方当事人逾期不履行的，另一方当事人可以依照《民事诉讼法》的有关规定向人民法院申请执行。受理申请的人民法院应当依法执行。

同步练习

一、单项选择题

1. 关于劳动合同订立主体的资格要求，下列说法错误的是（　　）。
   A. 劳动者必须年满16周岁，有劳动权利能力和行为能力
   B. 文艺、体育、特种工艺单位录用人员可以不满16周岁
   C. 用人单位设立的分支机构，依法取得营业执照或者登记证书的，可以作为用人单位与劳动者订立劳动合同
   D. 用人单位设立的分支机构未依法取得营业执照或者登记证书的，不能与劳动者订立劳动合同

2. 用人单位和劳动者已建立劳动关系，但却未同时订立书面劳动合同，用人单位自

用工之日起超过1个月不满1年未与劳动者订立书面劳动合同的，用人单位的正确做法是（　　）。

  A．无需向劳动者支付经济补偿

  B．向劳动者每月支付两倍的工资，并与劳动者补订书面劳动合同

  C．无需向劳动者支付经济补偿，但是应当向劳动者支付其实际工作时间的劳动报酬

  D．向劳动者支付1年的工资

  3．用人单位自用工之日起满一年不与劳动者订立书面劳动合同的，视为用人单位与劳动者已订立（　　）劳动合同。

  A．无固定期限   B．有固定期限

  C．终生   D．以完成一定的工作为期限

  4．劳动合同期限三个月以上不满一年的，试用期不得超过一个月；劳动合同期限一年以上不满三年的，试用期不得超过两个月；三年以上固定期限和无固定期限的劳动合同，试用期不得超过（　　）个月，试用期包含在劳动合同期限内。

  A．二   B．三   C．五   D．六

  5．某公司为员工郑某提供专项培训费用5万元，对其进行专业技术培训，双方约定服务期5年，违约金5万元。按服务期约定工作满2年时，郑某若要辞职，最多应向该公司支付违约金（　　）。

  A．1万元   B．2万元   C．3万元   D．5万元

  二、多项选择题

  1．根据《劳动合同法》的规定，以下属于劳动合同必备条款的是（　　）。

  A．试用期 B．劳动报酬 C．社会保险 D．保守商业秘密

  2．劳动合同解除后，用人单位应当向劳动者支付经济补偿的情形有（　　）。

  A．由用人单位提出解除劳动合同，并与劳动者协商一致而解除劳动合同的

  B．用人单位符合可裁减人员规定而解除劳动合同的

  C．用人单位决定提前解散而终止劳动合同的

  D．固定期劳动合同期满，用人单位提出按原合同条件续订，劳动者不同意的

  3．下列（　　）劳动合同无效或者部分无效。

  A．以欺诈、胁迫的手段订立或者变更劳动合同的

  B．用人单位免除自己的法定责任的

  C．排除劳动者权利的

  D．违反法律、行政法规强制性规定的

  4．用人单位（　　），劳动者可以立即解除劳动合同，不须事先告知用人单位。

  A．以暴力、威胁手段强迫劳动者劳动的

  B．以非法限制人身自由的手段强迫劳动者劳动的

  C．违章指挥危及劳动者人身安全的

  D．强令冒险作业危及劳动者人身安全的

  5．劳动者（　　），用人单位可以解除劳动合同。

A. 在试用期间被证明不符合录用条件的
B. 严重违反用人单位的规章制度的
C. 严重失职，营私舞弊，给用人单位造成重大损害的
D. 同时与其他用人单位建立劳动关系，对完成本单位的工作任务造成严重影响

三、简答题

1. 简述劳动合同的特征。
2. 简述劳动合同的必备条款。
3. 简述用人单位不得任意解除劳动合同的情形。

第十一章

税　法

◆ 知识目标
1. 了解税收的概念、特征和分类；
2. 了解税法的构成要素和法律责任；
3. 掌握增值税、消费税、企业所得税和个人所得税的基本内容。

◆ 能力目标
1. 能够运用税法相关知识分析和解决相关案例；
2. 能够正确计算增值税、消费税、企业所得税和个人所得税的应纳税额。

◆ 素养目标
让学生明白作为纳税人可以通过正常途径行使减免税权利。

你的所得该缴多少税

中国公民张某为境内 A 合伙企业的个人合伙人，同时任职于境内 B 公司。2022 年度张某有关收支情况如下：

（1）A 合伙企业年度收入总额 1 200 000 元，允许扣除的成本、费用以及损失共 800 000 元，张某按照合伙协议约定的分配比例为 70%。

（2）每月从 B 公司取得工资、薪金所得 10 000 元，每月缴纳的"三险一金"合计 1 800 元。

（3）张某的独生女正在读小学，舞蹈培训班支出 30 000 元。

（4）授权 C 公司使用其研发的一项专有技术，取得报酬 19 200 元。

（5）取得国债利息 5 000 元。

（6）在上交所转让境内上市公司股票取得所得 20 000 元。

（7）为 D 公司提供担保获得收入 4 000 元。

（8）参加 E 公司年会获赠价值 5 000 元的手机。

已知：居民个人综合所得减除费用 60 000 元/年；子女教育专项附加扣除标准为 1 000 元/月，由张某按扣除标准的 100% 扣除；特许权使用费所得个人所得税预扣率为 20%，每次收入 4 000 元以上的，减除费用按 20% 计算；特许权使用费所得以收入减除 20% 的费用后的余额为收入额。

根据上述案情，回答下列问题，并说明理由：
(1) 张某的经营所得应交缴纳多少个人所得税？
(2) 张某的特许权使用费所得应预扣预缴多少个人所得税？
(3) 张某的综合所得应缴纳多少个人所得税？

分析提示

第一节 税法概述

一、税收的概念、特征和分类

(一) 税收的概念

税收，是指国家为了向社会提供公共产品、满足社会共同需要，凭借政治权力，按照法律规定的标准和程序，参与国民收入分配，强制、无偿地取得财政收入所形成的一种特殊分配关系。它体现了一定社会制度下国家与纳税人在征收、纳税的利益分配上的一种特定分配关系。

(二) 税收的特征

1. 强制性

税收是国家凭借政治权力，通过法律形式对社会产品进行的强制性分配而非纳税人的自愿交纳。一切有纳税义务的人都必须依法纳税，否则会受到法律的制裁。税收的强制性是税法权威性的体现，是国家税收收入的根本前提。

2. 无偿性

国家对具体纳税人征税以后，税款即为国家所有，既不需要偿还，也不需要对纳税人付出任何形式的直接报酬或代价。

3. 固定性

国家税收必须通过法律形式确定其课税对象及每一单位课税对象的征收比例或数额，保持相对稳定和连续、多次适用。因此，税法一旦公布实施，征纳双方都必须严格遵守。

税收的"三性"相互依存，缺一不可。其中，无偿性是核心，强制性是保障，固定性是对强制性和无偿性的一种规范和约束。只有同时具备"三性"的财政收入形式才是税收。

(三) 税收的分类

1. 按征税对象划分

(1) 商品（货物）和劳务税类。包括增值税、消费税和关税。此类税是我国的主体税种，主要在生产、流通或者服务环节中发挥调节作用。

（2）所得税类。包括企业所得税、个人所得税和土地增值税。此类税主要是在国民收入形成后，对生产经营者的利润和个人的纯收入发挥调节作用。

（3）财产和行为税类。包括房产税、车船税、契税和印花税。此类税主要是对某些财产和行为发挥调节作用。

（4）资源税和环境保护税类。包括资源税、环境保护税和城镇土地使用税。此类税主要是对因开发和利用自然资源差异而形成的级差收入发挥调节作用。

（5）特定目的税类。包括城市维护建设税、车辆购置税、耕地占用税、船舶吨税和烟叶税。此类税主要是为了达到特定目的，对特定对象和特定行为发挥调节作用。

上述税种中，进口环节的增值税、消费税、关税和船舶吨税由海关负责征收管理，其他税种由税务机关负责征收管理。

由税务机关负责征收的税种的征收管理，按照全国人大常委会发布实施的《中华人民共和国税收征收管理法》及各实体税法中的征管规定执行。

由海关机关负责征收的税种的征收管理，按照《中华人民共和国海关法》及《中华人民共和国进出口关税条例》等有关规定执行。

2. 按税收最终归宿划分

（1）直接税。直接税是指由纳税人自己承担税负，不发生税负转嫁的一类税种，主要包括所得税类和财产税类等。

（2）间接税。间接税是指纳税人可以将税负转移给他人，自己不直接承担税负的一类税种，主要包括增值税、消费税（零售环节消费税除外）和关税等。

3. 按计税标准划分

（1）从价税。从价税是指以征税对象的价格为计税依据征收的一类税种，主要包括增值税、房产税、车辆购置税和烟叶税等。

（2）从量税。从量税是指以征税对象特定的计量单位为计税依据征收的一类税种，主要包括车船税、耕地占用税和船舶吨税等。

消费税、关税、资源税等税类既从价计征又从量计征。

4. 按计税价格中是否包含税款划分

（1）价外税。价外税是指税款独立于征税对象的价格之外的税，如增值税。

（2）价内税。价内税是指税款包含在征税对象的价格之中的税，如消费税。

二、税法及其构成要素

（一）税法的概念

税法是国家制定的用以调整国家与纳税人之间在征纳税方面的权利与义务关系的法律

规范的总称。它是国家及纳税人依法征税、依法纳税的行为准则，其目的是保障国家利益和纳税人的合法权益，维护正常的税收秩序，保证国家的财政收入。

（二）税法的构成要素

我国没有税法典，而是以一个税种制定一个单行税法。税法的构成要素是指各种单行税法具有的共同的基本要素的总称，是税收征纳过程中必不可少的要素和必须具备的判断条件。一般包括以下内容：

1. 税收主体

税收主体，是指当一国政府凭借政权组织税收活动时，政府与纳税人之间会产生特定的税收法律关系。在这种税收法律关系中的主体统称为税收主体。税收主体又可分为征税主体和纳税主体两类。

（1）征税主体。征税主体又称征税人，是指在税收法律关系中行使税收征管权，依法进行税款征收行为的一方当事人。税收是以国家为主体的特殊分配形式，所以征税主体只能是国家，而不是其他主体。在我国，征税主体的具体部门有税务部门、财政部门和海关。

（2）纳税主体。纳税主体又称纳税义务人或纳税人，是指税法规定的直接负有纳税义务的单位（法人和其他组织）或个人。税法对每一税种都规定了特定的纳税人。

与纳税人有关的概念还有负税人、扣缴义务人和收缴义务人等。

①负税人是指实际最终负担税款的单位和个人。在税负不能转嫁的条件下，负税人就是纳税人；在税负能够转嫁的条件下，负税人并不是纳税人。

②扣缴义务人是指税法规定的在其经营活动中负有代扣税款并向国库缴纳义务的单位或个人。扣缴义务人必须按税法规定代扣税款，并在规定期限内将所代扣税款缴入国库。

③收缴义务人是指税法规定的在其经营活动中负有代收税款并向国库缴纳义务的单位或个人。

2. 征税客体

征税客体又称征税对象、课税对象，是指税法确定的产生纳税义务的标的或依据。征税客体是区别各税种的重要标志，也是进行税收分类和税法分类的重要依据。与征税对象有关的概念如下：

（1）税目。税目是税法规定的征税对象的具体项目，是征税的具体根据。它规定了征税对象的具体范围，反映了征税的广度。通常税目设置可采用列举法或概括法。

（2）计税依据。计税依据是计算应纳税额时的课税基础，也称税基，即根据什么来计算纳税人应缴纳的税额，它会直接影响到纳税人的税负。计税依据与征税对象有时一致，有时不一致。

3. 税率

税率，是指税法规定的应纳税数额与征税对象数额之间的数量关系或比率。它是税法的核心要素，是计算应纳税额的尺度，也是衡量税负轻重的重要指标。我国税率的具体形式主要有比例税率、累进税率和定额税率。

（1）比例税率。比例税率，是指对同一征税对象或同一税目，不论数额大小，均按同一比例计征的税率。比例税率具有横向公平性,其主要优点是计算简便,便于征收和缴纳。

(2) 累进税率。累进税率,是指按照征税对象数额的大小划分为若干等级,每个等级由低到高规定相应的税率,征税对象数额越大,税率越高。根据累进依据和累进方法的不同,累进税率又分为全额累进税率、超额累进税率和超率累进税率。我国现行税法中没有规定全额累进税率。

(3) 定额税率。定额税率也称"固定税额",是根据征税对象的计量单位直接规定固定的征税数额。定额税率的优点是计算简便、负担稳定、不受物价影响,同一征税对象单位数额相同、税额相同。

4. 纳税环节

纳税环节,是指税法规定的征税对象在从生产到消费的流转过程中应当缴纳税款的环节。纳税环节解决的是在整个商品流转过程中征几道税以及在哪个环节征税的问题。它关系到税收由谁负担,税款能否足额及时入库以及纳税人纳税是否便利。

5. 纳税期限

纳税期限,是指纳税人向国家缴纳税款的法定期限,也是税收强制性和固定性在征收时间上的体现。现行的纳税期限有三种形式,即按期纳税、按次纳税和按年征收,分期预缴。纳税期限保证税收稳定及时,是衡量双方行使税权、履行纳税义务的尺度。

6. 纳税地点

纳税地点,是指纳税人依据税法规定向征税机关申报、缴纳税款的具体场所。纳税地点一般采用属地原则,根据各个税种征税对象的纳税环节和有利于对税款的源泉控制而规定纳税人的具体纳税地点。税法明确规定纳税地点既可以避免对同一应税收入、应税行为重复征税或漏征税款,又可以保证各地方财政能在明确的地域范围内取得收入。

7. 税收优惠

税收优惠,是指为了体现国家鼓励和扶持政策,对某些特定的纳税人或征税对象在税收方面采取的激励和照顾措施。税收优惠以减轻纳税人的税负为主要内容,形式包括减税、免税、退税、投资抵免、快速折旧、亏损结转抵补和延期纳税等。

8. 附加和加成

附加和加成,是指加重纳税人税收负担的措施。

附加也称地方附加,是指地方政府按照国家规定的比例随同正税一起征收的属于国家财政资金的一种收入形式,如城市维护建设税、教育费附加。

加成是指根据税制规定的税率征税以后,再以应纳税额为依据加征一定成数的税额。加征一成相当于应纳税额的10%。个人所得税中的劳务报酬采用加成征收。

(三) 税收法律责任

税收法律责任,是指税收法律关系的主体因违反税法所应当承担的法律后果。税法规定的法律责任形式:一是经济责任,包括补缴税款、加收滞纳金等;二是行政责任,包括吊销税务登记证、罚款、税收保全及强制执行等;三是刑事责任,对违反税法情节严重构成犯罪的行为,要依法承担刑事责任。

第二节 流转税法

一、增值税

增值税,是指以商品和劳务等在流转过程中产生的增值额作为征税对象而征收的一种流转税。增值税是我国现阶段税收收入规模最大的税种。

(一)增值税的纳税人

《中华人民共和国增值税暂行条例》(以下简称《增值税暂行条例》)规定,增值税的纳税人,是指在我国境内销售货物或者提供加工、修理修配劳务(以下简称劳务),销售服务、无形资产、不动产以及进口货物的单位和个人。

《中华人民共和国增值税暂行条例》

其中,"单位"是指企业、行政单位、事业单位、军事单位、社会团体及其他单位;"个人"是指个体工商户和其他个人。

依据纳税人经营规模的大小及会计核算是否健全为标准,可以将增值税的纳税人分为以下两大类。

1. 一般纳税人

一般纳税人,是指年应征增值税销售额超过财政部规定的小规模纳税人标准的企业和企业性单位。一般纳税人的特点是增值税进项税额可以抵扣销项税额。凡增值税一般纳税人均须依照《增值税一般纳税人资格认定管理办法》等规定,向其企业所在地主管税务机关申请办理一般纳税人认定手续,以取得法定资格。

2. 小规模纳税人

知识链接

小规模纳税人,是指年销售额在规定标准以下,并且会计核算不健全,不能按规定报送有关税务资料的增值税纳税人。会计核算不健全是指不能正确核算增值税的销项税额、进项税额和应纳税额。对符合条件的小规模纳税人,由征管税务机关依照税法规定的标准认定,实行简易征收法。

小规模纳税人的认定标准

(二)增值税的征税范围

根据《增值税暂行条例》规定,我国增值税的征税范围包括以下几个方面。

1. 境内销售货物

销售货物,是指纳税人有偿转让货物的所有权。

2. 境内销售劳务

视同销售货物

销售劳务,是指有偿提供加工、修理修配劳务。单位或者个体工商户聘用的员工为本单位或者雇主提供加工、修理修配劳务,不包括在内。这里的"加工"是指受托加工货物,即委托方提供原料及主要材料,受托方按照委托方的要求，制造货物并收取加工费的业务；"修理修配"是指受托对损伤和丧失功能的货物进行修复，使其恢复原状和功能的业务。

纳税人有偿转让货物的所有权或有偿提供加工、修理修配劳务，其中的"有偿"包括从购买方取得货币、货物或其他经济利益。

3. 境内销售服务、无形资产、不动产

销售服务，是指提供交通运输服务、邮政服务、电信服务、建筑服务、金融服务、现代服务、生活服务。

销售无形资产，是指转让无形资产所有权或者使用权的业务活动。无形资产包括技术、商标、著作权、商誉、自然资源使用权和其他权益性无形资产。

销售不动产，是指销售不能移动或者移动后会引起性质、形状改变的财产，包括建筑物、构筑物等的活动。

知识链接 现代服务和生活服务

知识链接 自然资源使用权和其他权益性无形资产

4. 进口货物

进口货物，是指从国外进入我国关境的货物。

（三）增值税的税率与征收率

根据《增值税暂行条例》规定，我国现行增值税的税目与税率情况，如表11-1所示。

表11-1　增值税税目与税率或者征收率（2024年3月）

纳税人	税目	税率/征收率
一般纳税人	1. 基本税率 （1）销售或者进口货物（适用低税率的除外） （2）销售劳务 （3）销售有形动产租赁服务 （4）进口货物	13%
	2. 低税率 （1）销售以下服务： ①交通运输服务； ②邮政服务； ③基础电信服务； ④建筑服务； ⑤不动产租赁服务 （2）销售不动产 （3）转让土地使用权 （4）销售或者进口下列货物：粮食等农产品、食用植物油、食用盐；自来水、暖气、冷气、热水、煤气、石油液化气、天然气、二甲醚、沼气、居民用煤炭制品；图书、报纸、杂志、音像制品、电子出版物；饲料、化肥、农药、农机、农膜；国务院规定的其他货物	9%

续表

纳税人	税目	税率/征收率
一般纳税人	（5）销售以下服务： ①增值电信服务； ②金融服务； ③生活服务； ④现代服务（租赁服务除外）	6%
	（6）销售无形资产	
	3．简易办法（征收率）	
	（1）寄售商店代销寄售物品	应按3%
	（2）典当业销售死当物品	
	（3）销售自产货物（如自来水等）	可按3%
	（4）销售服务（如公共交通运输服务、电影放映服务、仓储服务、装卸搬运服务、收派服务、文化体育服务等）	
	（5）转让、出租不动产	5%
	（6）提供劳务派遣服务	
	4．零税率	
	（1）纳税人出口货物（国务院另有规定的除外）	0
	（2）境内单位和个人跨境销售国务院规定范围内的服务、无形资产	
小规模纳税人	（1）一般情况下，按照简易办法（征收率）征税（国务院另有规定的除外）	3%
	（2）转让、出租不动产	5%

（四）增值税应纳税额的计算

1．一般纳税人应纳税额的计算

一般纳税人发生应税行为，应纳税额为当期销售额和适用税率计算出的销项税额抵扣当期购进项目已经缴纳的进项税额后的余额。其计算公式为：

$$应纳税额 = 当期销项税额 - 当期进项税额$$

（1）销项税额。

销项税额，是指纳税人销售货物、劳务、服务、无形资产、不动产按照销售额和增值税税率计算并收取的增值税额。其计算公式为：

$$销项税额 = 销售额 \times 税率$$

销售额是指纳税人发生应税销售行为（包括销售货物、劳务、服务、无形资产和不动产）向购买方收取的全部价款和价外费用。销售额以人民币计算。纳税人以人民币以外的货币结算销售额的，应当折合成人民币计算。

混合销售与兼营　　价外费用

计算销项税额所运用的销售额应该是不含税销售额,如果一般纳税人销售货物或者应税劳务,采用销售额和销项税额合并定价方法的(即此时的销售额为含税销售额),则应按下列公式换算成不含税销售额:

$$销售额 = \frac{含税销售额}{1+税率}$$

在未明确指出销售额是否含增值税的情况下,须注意:

①零售额肯定含税;②增值税专用发票上注明的金额肯定不含税;③价外费用和逾期包装物押金收入均视为含税收入

(2)进项税额。

进项税额,是指纳税人购进货物、劳务、服务、无形资产、不动产支付或者负担的增值税额。

下列进项税额准予从销项税额中抵扣:①从销售方取得的增值税专用发票上注明的增值税额;②从海关取得的海关进口增值税专用缴款书上注明的增值税额;③自境外单位或者个人购进劳务、服务、无形资产或者境内的不动产,从税务机关或者扣缴义务人取得的代扣代缴税款的完税凭证上注明的增值税额;④购进农产品,除取得增值税专用发票或者海关进口增值税专用缴款书外,按照农产品收购发票或者销售发票上注明的农产品买价和11%的扣除率计算的进项税额;⑤购进的不动产的进项税额;⑥购进国内旅客运输服务的进项税额。

视同销售货物的销售额的确定

下列项目的进项税额不得从销项税额中抵扣:①用于简易计税方法计税项目、免征增值税项目、集体福利或者个人消费的购进货物、劳务、服务、无形资产和不动产;②一般纳税人购进的贷款服务、餐饮服务、居民日常服务和娱乐服务;③非正常损失(非正常损失的购进货物,以及相关的劳务和交通运输服务;非正常损失的在产品、产成品所耗用的购进货物(不包括固定资产)、劳务和交通运输服务;非正常损失的不动产,以及该不动产所耗用的购进货物、设计服务和建筑服务;非正常损失的不动产在建工程所耗用的购进货物、设计服务和建筑服务);④运费(用于适用简易计税方法计税项目、免征增值税项目、集体福利或者个人消费的购进货物的运输费用和销售免税货物的运输费用;非正常损失的购进货物及相关的运输费用;非正常损失的在产品、产成品所耗用的购进货物及相关的运输费用);⑤国务院规定的其他项目。

2. 小规模纳税人应纳税额的计算

小规模纳税人发生应税销售行为,实行按照销售额和征收率计算应纳税额的简易办法,并不得抵扣进项税额。其计算公式为:

$$应纳税额 = 销售额 \times 征收率$$

特别提醒

小规模纳税人的销售额不包括其应纳税额。如果小规模纳税人销售货物或者应税劳务采用销售额和应纳税额合并定价方法的（即此时的销售额为含税销售额），则应按下列公式换算成不含税销售额：

$$销售额 = \frac{含税销售额}{1+征收率}$$

3. 进口货物应纳税额的计算

纳税人进口货物，按照组成计税价格和规定的税率计算应纳税额。其计算公式为：

$$组成计税价格 = 关税完税价格 + 关税 + 消费税$$
$$应纳税额 = 组成计税价格 \times 税率$$

（五）增值税的减免

（1）下列项目免征增值税：①农业生产者销售的自产农产品；②避孕药品和用具；③古旧图书；④直接用于科学研究、科学试验和教学的进口仪器、设备；⑤外国政府、国际组织无偿援助的进口物资和设备；⑥由残疾人的组织直接进口供残疾人专用的物品；⑦其他个人销售自己使用过的物品。

除上述规定外，增值税的免税、减税项目由国务院规定。任何地区、部门均不得规定免税、减税项目。

（2）纳税人兼营免税、减税项目的，应当分别核算免税、减税项目的销售额；未分别核算销售额的，不得免税、减税。

（3）纳税人销售额未达到国务院财政、税务主管部门规定的增值税起征点的，免征增值税；达到起征点的，依照规定全额计算缴纳增值税。

二、消费税

消费税，是指对在我国境内从事生产、委托加工和进口应税消费品的单位和个人，就其销售额或销售数量，在特定环节征收的一种税。

（一）消费税的纳税人

《中华人民共和国消费税暂行条例》（以下简称《消费税暂行条例》）规定，消费税的纳税人，是指在我国境内生产、委托加工和进口应税消费品的单位和个人。其中，"单位"包括国有企业、股份制企业、外商投资企业和外国企业等；"个人"是指个体经营者及其他个人。

《中华人民共和国消费税暂行条例》

（二）消费税的征税范围

消费税的征税范围限于在我国境内生产、委托加工和进口应税消费品。列入消费税征税范围的消费品分为以下 5 类：

（1）过度消费会对人类健康损害的特殊消费品，如烟、酒等。

（2）以少数高收入群体为消费主体的奢侈品和非生活必需品，如贵重首饰及珠宝玉石、高档化妆品等。

（3）高能耗及高档消费品，如小汽车、摩托车等。

（4）不能再生和替代的石油类消费品，如汽油、柴油等。

（5）具有一定财政意义的产品，如高档护肤类化妆品和成套化妆品等。

（三）消费税的税目和税率

我国现行消费税共设置了15个税目，采用"一目一率"的计税方法。税率类型包括比例税率、定额税率和复合税率。具体税目税率，如表11-2所示。

表11-2 消费税税目与税率（2024年3月）

税目	税率
一、烟	
1. 卷烟	
（1）甲类卷烟	56%加0.003元/支（生产环节）
（2）乙类卷烟	36%加0.003元/支（生产环节）
（3）批发环节	11%加0.005元/支
2. 雪茄烟	36%
3. 烟丝	30%
4. 电子烟	
（1）生产（进口）环节	36%
（2）批发环节	11%
二、酒	
1. 白酒	20%加0.5元/500克（或者500毫升）
2. 黄酒	240元/吨
3. 啤酒	
（1）甲类啤酒	250元/吨
（2）乙类啤酒	220元/吨
4. 其他酒	10%
三、高档化妆品	
包括高档美容、修饰类化妆品、高档护肤类化妆品和成套化妆品	15%
四、贵重首饰及珠宝玉石	
1. 金银首饰、铂金首饰和钻石及钻石饰品	5%
2. 其他贵重首饰和珠宝玉石	10%

续表

税目	税率
五、鞭炮、焰火	15%
六、成品油	
1. 汽油	1.52 元/升
2. 柴油	1.20 元/升
3. 航空煤油	1.20 元/升
4. 石脑油	1.52 元/升
5. 溶剂油	1.52 元/升
6. 润滑油	1.52 元/升
7. 燃料油	1.20 元/升
七、摩托车	
1. 气缸容量（排气量，下同）为 250 毫升的	3%
2. 气缸容量在 250 毫升（不含）以上的	10%
八、小汽车	
1. 乘用车	
（1）气缸容量（排气量，下同）在 1.0 升（含 1.0 升）以下的	1%
（2）气缸容量在 1.0 升以上至 1.5 升（含 1.5 升）的	3%
（3）气缸容量在 1.5 升以上至 2.0 升（含 2.0 升）的	5%
（4）气缸容量在 2.0 升以上至 2.5 升（含 2.5 升）的	9%
（5）气缸容量在 2.5 升以上至 3.0 升（含 3.0 升）的	12%
（6）气缸容量在 3.0 升以上至 4.0 升（含 4.0 升）的	25%
（7）气缸容量在 4.0 升以上的	40%
2. 中轻型商用客车	5%
3. 超豪华小汽车（每辆不含增值税零售价格为 130 万元及以上的乘用车和中轻型商用客车）	10%（零售环节）
九、高尔夫球及球具	10%
十、高档手表	
销售价格（不含增值税）每只在 10000 元（含）以上的各类手表	20%
十一、游艇	10%
十二、木制一次性筷子	5%
十三、实木地板	5%
十四、电池	4%

续表

税目	税率
对无汞原电池、金属氢化物镍蓄电池（又称"氢镍蓄电池"或"镍氢蓄电池"）、锂原电池、锂离子蓄电池、太阳能电池、燃料电池和全钒液流电池	免征
十五、涂料	4%
对施工状态下挥发性有机物（VOC）含量低于420克/升（含）的涂料	免征

（四）消费税的纳税环节

1. 生产环节

纳税人生产的应税消费品，对外销售的，在销售时纳税。

纳税人自产自用的应税消费品，用于连续生产应税消费品的，不纳税；用于其他方面的（用于生产非应税消费品、在建工程、管理部门、馈赠、赞助、集资、广告、样品、职工福利、奖励等），视同销售，在移送使用时纳税。

2. 委托加工环节

委托方是消费税的纳税义务人，其委托加工的应税消费品，除受托方为个人外，由受托方在向委托方交货时代收代缴税款；委托个人加工的应税消费品，由委托方收回后缴纳消费税。委托加工的应税消费品，委托方用于连续生产应税消费品的，所纳税款准予按规定抵扣。

委托加工的应税消费品，除受托方为个人外，由受托方向其机构所在地或者居住地的税务机关解缴消费税；委托个人加工的应税消费品，由委托方向其机构所在地的税务机关申报纳税。

纳税人委托加工应税消费品的，消费税的纳税义务发生时间为纳税人提货的当天。

3. 进口环节

纳税人进口应税消费品，于报关进口时纳税。

4. 批发环节

在批发环节征收的消费税仅限于卷烟和电子烟。

卷烟和电子烟在生产环节（或者委托加工环节或者进口环节）和批发环节两次征收消费税，在其他环节不再征收消费税。

批发企业在计算应纳税额时不得扣除已含的生产环节的消费税税款。

烟草批发企业将卷烟销售给其他烟草批发企业的，不缴纳消费税。

5. 零售环节

下列商品仅在零售环节征收一次消费税，在其他环节不再征收消费税：

（1）金银首饰。仅限于金基、银基合金首饰以及金、银和金基、银基合金的镶嵌首饰，镀金（银）、包金（银）首饰以及镀金（银）、包金（银）的镶嵌首饰除外。

（2）铂金首饰和钻石及钻石饰品。

其他贵重首饰（如珠宝首饰）和珠宝玉石，仍在生产环节（或者委托加工环节或者进口环节）征收一次消费税，在零售环节不征收消费税。

下列业务视同零售业，在零售环节缴纳消费税：

①为经营单位以外的单位和个人加工金银首饰。加工包括带料加工、翻新改制、以旧换新等业务，不包括修理和清洗。

②经营单位将金银首饰用于馈赠、赞助、集资、广告样品、职工福利、奖励等方面。

③未经中国人民银行总行批准，经营金银首饰批发业务的单位将金银首饰销售给经营单位。

（五）消费税应纳税额的计算

1. 从价定率办法

从价定率消费税应纳税额的计算公式如下：

$$应纳税额 = 销售额 \times 比例税率$$

销售额为纳税人销售应税消费品向购买方收取的全部价款和价外费用。

《中华人民共和国消费税暂行条例实施细则》（以下简称《消费税暂行条例实施细则》）规定，销售额，不包括应向购货方收取的增值税税款。如果纳税人应税消费品的销售额中未扣除增值税税款或者因不得开具增值税专用发票而发生价款和增值税税款合并收取的，在计算消费税时，应当换算为不含增值税税款的销售额。其换算公式为：

$$应税消费品的销售额 = \frac{含增值税的销售额}{1 + 增值税税率或者征收率}$$

应税消费品连同包装物销售的，无论包装物是否单独计价以及在会计上如何核算，均应并入应税消费品的销售额中缴纳消费税。如果包装物不作价随同产品销售，而是收取押金，此项押金则不应并入应税消费品的销售额中征税。但对因逾期未收回的包装物不再退还的或者已收取的时间超过12个月的押金，应并入应税消费品的销售额，按照应税消费品的适用税率缴纳消费税。

对酒类生产企业销售酒类产品（啤酒、黄酒除外）而收取的包装物押金，无论押金是否返还，也不管会计上如何核算，在收取时就应并入酒类产品的销售额，征收消费税和增值税。啤酒、黄酒从量定额征收消费税，包装物押金不征收消费税。

委托加工的应税消费品，按照受托方同类消费品的销售价格计征消费税；没有同类消费品销售价格的，按照组成计税价格计征消费税。

委托方将收回的应税消费品，以不高于受托方的计税价格出售的，为直接出售，不再缴纳消费税；委托方以高于受托方的计税价格出售的，不属于直接出售，应计算缴纳消费税，但准予扣除受托方已代收代缴的消费税。

知识链接

自产自用应税消费品的销售额的确定

委托加工情况下，应税消费品应纳税额的计算公式为：

$$组成计税价格 = \frac{材料成本 + 加工费}{1 - 比例税率}$$

从价定率计征消费税的，计算公式为：

$$应纳税额 = \frac{材料成本 + 加工费}{1 - 比例税率} \times 比例税率$$

实行复合计税的，计算公式为：

$$组成计税价格 = \frac{材料成本 + 加工费 + 委托加工数量 \times 定额税率}{1 - 比例税率}$$

$$应纳税额 = \frac{材料成本 + 加工费 + 委托加工数量 \times 定额税率}{1 - 比例税率} \times 比例税率 + 委托加工数量 \times 定额税率$$

2. 从量定额办法

从量定额消费税应纳税额的计算公式如下：

$$应纳税额 = 销售数量 \times 定额税率$$

3. 从价定率与从量定额复合计税办法

从价定率与从量定额复合计税消费税应纳税额的计算公式如下：

$$应纳税额 = 销售额 \times 比例税率 + 销售数量 \times 定额税率$$

4. 进口应税消费品的计税办法

（1）从价定率计征应纳税额。计算公式如下：

$$组成计税价格 = \frac{关税完税价格 + 关税}{1 - 比例税率}$$

$$应纳税额 = 组成计税价格 \times 比例税率$$

（2）从量定额计征应纳税额。计算公式如下：

$$应纳税额 = 进口数量 \times 定额税率$$

（3）复合计税办法计征应纳税额。计算公式如下：

$$组成计税价格 = \frac{关税完税价格 + 关税 + 进口数量 \times 定额税率}{1 - 比例税率}$$

应纳税额＝组成计税价格×比例税率＋进口数量×定额税率

应税消费品若是用外购或委托加工收回的应税消费品连续生产出来的，在对这些连续生产出来的应税消费品征税时，可按当期生产领用数量计算准许扣除的外购或委托加工应税消费品已缴纳的消费税税款。

当期准予扣除的外购或委托加工收回的应税消费品的已纳消费税税款，应按当期生产领用的数量计算。

第三节 所得税法

一、企业所得税

企业所得税，是指企业和其他取得收入的组织，就其生产、经营所得和其他所得依法征收的一种税。

（一）企业所得税的纳税人

《中华人民共和国企业所得税法》（以下简称《企业所得税法》）规定，企业所得税的纳税人，是指在我国境内的企业和其他取得收入的组织，分为居民企业纳税人和非居民企业纳税人。个人独资企业和合伙企业不适用本法。

《中华人民共和国企业所得税法》

1. **居民企业纳税人**

居民企业纳税人，是指依法在中国境内成立，或者依照外国（地区）法律成立但实际管理机构在中国境内的企业。"实际管理机构"是指对企业的生产经营、人员、账务、财产等实施实质性全面管理和控制的机构。

2. **非居民企业纳税人**

非居民企业纳税人，是指依照外国（地区）法律成立且实际管理机构不在中国境内，但在中国境内设立机构、场所的，或者在中国境内未设立机构、场所，但有来源于中国境内所得的企业。"机构、场所"是指在中国境内从事生产经营活动的机构、场所。

（二）企业所得税的征税对象

企业所得税的征税对象从内容上看包括生产、经营所得和其他所得，具体包括销售货物所得、提供劳务所得、转让财产所得、股息红利等权益性投资所得、利息所得、租金所得、特许权使用费所得、接受捐赠所得和其他所得。

居民企业纳税人承担全面纳税义务，即居民企业应当就其来源于中国境内、境外的所得缴纳企业所得税。非居民企业纳税人承担有限纳税义务，有限性表现在以下两个方面（表11-3）。

（1）非居民企业在中国境内设立机构、场所的，应当就其所设机构、场所取得的来源于中国境内的所得，以及发生在中国境外但与其所设机构、场所有实际联系的所得，缴纳企业所得税。

（2）非居民企业在中国境内未设立机构、场所的，或者虽设立机构、场所但取得的所得与其所设机构、场所没有实际联系的，应当就其来源于中国境内的所得缴纳企业所得税。

表 11-3 非居民企业纳税人的有限纳税义务

企业类型	所得类型		是否在我国缴纳企业所得税
在中国境内设立机构、场所	境内所得	与所设机构场所有实际联系	是
		与所设机构场所没有实际联系	是
	境外所得	与所设机构场所有实际联系	是
		与所设机构场所没有实际联系	否
在中国境内未设立机构、场所	境内所得		是
	境外所得		否

（三）企业所得税的税率

《企业所得税法》规定，企业所得税的税率为25%。非居民企业在中国境内未设立机构、场所的，或者虽设立机构、场所但取得的所得与其所设机构、场所没有实际联系的，适用税率为20%（实际征税时减按10%的税率征收）。企业所得税税率如表11-4所示。

表 11-4 企业所得税税率

企业类型		所得类型		适用税率
居民企业		世界范围内所得		25%
非居民企业	在中国境内设立机构、场所	境外所得	与所设机构场所有实际联系	
		境内所得	与所设机构场所有实际联系	
			与所设机构场所没有实际联系	20%（实际减按10%征收）
	在中国境内未设立机构、场所	境内所得		

（四）企业所得税应纳税额的计算

企业所得税应纳税额应当由企业的应纳税所得额乘以适用税率，减除依照税法关于税收优惠的规定减免和抵免的税额后的余额为应纳税额。其计算公式为：

应纳税额＝应纳税所得额×适用税率－减免税额－抵免税额

1. 应纳税所得额

企业所得税的计税依据为应纳税所得额。《企业所得税法》规定，企业每一纳税年度的收入总额，减除不征税收入、免税收入、各项扣除以及允许弥补的以前年度亏损后的余额，为应纳税所得额。其计算公式为：

应纳税所得额＝收入总额－不征税收入－免税收入－各项扣除－前年度亏损弥补

（1）收入总额是指企业以货币形式和非货币形式从各种来源取得的收入，主要包括销售货物收入，提供劳务收入，转让财产收入，股息、红利等权益性投资收益，利息收入，租金收入，特许权使用费收入，接受捐赠收入，其他收入。

应税收入、不征税收入和免税收入均应计入收入总额。

企业取得收入的货币形式，包括现金、存款、应收账款、应收票据、准备持有至到期的债券投资以及债务的豁免等。

（2）不征税收入是指从性质和根源上不属于企业营利性活动带来的经济效益、不负有纳税义务并不作为应纳税所得额组成部分的收入，主要包括财政拨款，依法收取并纳入财政管理的行政事业性收费、政府性基金和国务院规定的其他不征税收入。

（3）免税收入是指属于企业的应纳税所得但按照税法规定免予征收企业所得税的收入，主要包括国债利息收入，符合条件的居民企业之间的股息、红利等权益性投资收益，在中国境内设立机构、场所的非居民企业从居民企业取得与该机构、场所有实际联系的股息、红利等权益性投资收益（不包括连续持有居民企业公开发行并上市流通的股票不足12个月取得的投资收益），符合条件的非营利组织的收入。

（4）准予扣除项目。企业实际发生的与取得应纳税收入有关的、合理的支出，包括成本、费用、税金、损失和其他支出，准予在计算应纳税所得额时扣除。合理的支出是指与取得收入直接相关的，符合生产经营活动常规，应当计入当期损益或者有关资产成本的必要和正常的支出。税前准予扣除的项目具体包括工资、薪金支出，职工福利费、工会经费、职工教育经费，党组织工作经费，保险费，业务招待费，广告费和业务宣传费，公益性捐赠，利息费用，借款费用，租赁费，税金，损失，手续费及佣金支出等。

在计算应纳税所得额时，下列支出不得扣除：向投资者支付的股息、红利等权益性投资收益款项；企业所得税税款；税收滞纳金；罚金、罚款和被没收财物的损失；超过规定标准的捐赠支出；与生产经营活动无关的各种非广告性质的赞助支出；未经核定的准备金支出；企业之间支付的管理费、企业内营业机构之间支付的租金和特许权使用费，以及非银行企业内营业机构之间支付的利息；与取得收入无关的其他支出。

（5）亏损弥补。企业纳税年度发生的亏损，准予向以后年度结转，用以后年度的所得弥补，但结转年限最长不得超过5年。企业在汇总计算缴纳企业所得税时，其境外营业机构的亏损不得抵减境内营业机构的盈利。

非居民企业的应纳税所得额

2. 减免税额

国家对重点扶持和鼓励发展的产业和项目，给予企业所得税优惠。

（1）优惠税率。

①国家需要重点扶持的高新技术企业，减按15%的税率征收企业所得税；

②对经认定的技术先进型服务企业（服务贸易类），减按15%的税率征收企业所得税；

③符合条件的小型微利企业，减按20%的税率征收企业所得税。

（2）加计扣除。

①研究开发费用。企业为开发新技术、新产品、新工艺发生的研究开发费用，未形成无形资产计入当期损益的，在按照规定据实扣除的基础上，按照研究开发费用的50%在税前加计扣除；形成无形资产的，按照无形资产成本的150%在税前摊销。

科技型中小企业开展研发活动中实际发生的研发费用，未形成无形资产计入当期损益的，在按照规定据实扣除的基础上，再按照实际发生额的100%在税前加计扣除；形成无形资产的，按照无形资产成本的200%在税前摊销。

自2022年1月1日起，对企业出资给非营利性科学技术研究开发机构、高等学校和政府性自然科学基金用于基础研究的支出，在计算应纳税所得额时可按实际发生额在税前扣除，并可按100%在税前加计扣除。

②安置残疾人员所支付的工资。企业安置残疾人员的，在企业支付给残疾职工工资据实扣除的基础上，按照支付给残疾职工工资的100%加计扣除。

（3）加速折旧。

采取缩短折旧年限方法的，最低折旧年限不得低于法定折旧年限的60%；采取加速折旧方法的，可以采取双倍余额递减法或者年数总和法。

（4）技术转让所得税减免。

一个纳税年度内，符合条件的居民企业技术转让所得不超过500万元的部分，免征企业所得税；超过500万元的部分，减半征收企业所得税。

（5）抵扣应纳税所得额。

创业投资企业采取股权投资方式投资于未上市的中小高新技术企业2年以上的，可以按照其投资额的70%在股权持有满2年的当年抵扣该创业投资企业的应纳税所得额；当年不足抵扣的，可以在以后纳税年度结转抵扣。

（6）三免三减半政策。

①企业从事国家重点扶持的公共基础设施项目的投资经营所得，自项目取得第一笔生产经营收入所属纳税年度起，第1年至第3年免征企业所得税，第4年至第6年减半征收企业所得税。但是，企业承包经营、承包建设和内部自建自用的，不得享受上述企业所得税优惠。

②企业从事符合条件的环境保护、节能节水项目的所得，自项目取得第一笔生产经营收入所属纳税年度起，第 1 年至第 3 年免征企业所得税，第 4 年至第 6 年减半征收企业所得税。

（7）减计收入。

减计收入，是指企业以《资源综合利用企业所得税优惠目录（2021 年版）》规定的资源作为主要原材料，生产国家非限制和禁止并符合国家和行业相关标准的产品取得的收入，减按 90% 计入收入总额。

（8）农、林、牧、渔业的税收优惠政策。

①企业从事下列项目的所得，免征企业所得税：蔬菜、谷物、薯类、油料、豆类、棉花、麻类、糖料、水果、坚果的种植；农作物新品种的选育；中药材的种植；林木的培育和种植；牲畜、家禽的饲养；林产品的采集；灌溉、农产品初加工、兽医、农技推广、农机作业和维修等农、林、牧、渔服务业项目；远洋捕捞。

②企业从事下列项目的所得，减半征收企业所得税：花卉、茶以及其他饮料作物和香料作物的种植；海水养殖、内陆养殖。

（9）基础研究资金收入所得税减免。

自 2022 年 1 月 1 日起，对非营利性科研机构、高等学校接收企业、个人和其他组织机构基础研究资金收入，免征企业所得税。

小型微利企业

3. 抵免税额

（1）企业取得的下列所得已在境外缴纳的所得税税额，可以从其当期应纳税额中抵免，抵免限额为该项所得依我国税法计算的应纳税额；超过抵免限额的部分，可以在以后 5 个年度内，用每年度抵免限额抵免当年应抵税额后的余额进行抵补：

①居民企业来源于中国境外的应税所得；

②非居民企业在中国境内设立机构、场所，取得发生在中国境外但与该机构、场所有实际联系的应税所得。

（2）企业购置并实际使用《环境保护专用设备企业所得税优惠目录》《节能节水专用设备企业所得税优惠目录》和《安全生产专用设备企业所得税优惠目录》规定的环境保护、节能节水、安全生产等专用设备的，该专用设备投资额的 10% 可以从企业当年的应纳税额中抵免；当年不足抵免的，可以在以后 5 个纳税年度结转抵免。

购置上述专用设备在 5 年内转让、出租的，应当停止享受企业所得税优惠，并补缴已经抵免的企业所得税税款。

二、个人所得税

个人所得税，是以个人（自然人）在一定期间内取得的各项应税所得为征税对象征收的一种税。

（一）个人所得税的纳税人

依据《中华人民共和国个人所得税法》（以下简称《个人所得税法》）规定，个人所得税的纳税人依据住所和居住时间两个标准，分为居民纳税人和非居民纳税人。

《中华人民共和国个人所得税法》

1. 居民纳税人

居民纳税人，是指在中国境内有住所，或者无住所而一个纳税年度（自公历1月1日起至12月31日止）内在中国境内居住累计满183天的个人。居民个人从中国境内和境外取得的所得，均须依法缴纳个人所得税。

2. 非居民纳税人

非居民纳税人，是指在中国境内无住所又不居住，或者无住所而一个纳税年度内在中国境内居住累计不满183天的个人。非居民纳税人负有有限纳税义务，仅就其来源于中国境内的所得缴纳个人所得税。

> 无住所个人一个纳税年度内在中国境内累计居住天数，按照个人在中国境内累计停留的天数计算。在中国境内停留的当天满24小时的，计入中国境内居住天数，在中国境内停留的当天不足24小时的，不计入中国境内居住天数。
>
> 除另有规定外，下列所得，不论支付地点是否在中国境内，均为来源于中国境内的所得：
>
> （1）因任职、受雇、履约等在中国境内提供劳务取得的所得；
>
> （2）将财产出租给承租人在中国境内使用而取得的所得；
>
> （3）许可各种特许权在中国境内使用而取得的所得；
>
> （4）转让中国境内的不动产等财产或者在中国境内转让其他财产取得的所得；
>
> （5）从中国境内企业、事业单位、其他组织以及居民个人取得的利息、股息、红利所得。

（二）个人所得税的征税对象

个人所得税的征税对象是符合征收条件的纳税人的个人所得，主要包括以下几个方面。

1. 工资、薪金所得

工资、薪金所得，是指个人因任职或者受雇而取得的工资、薪金、奖金、年终加薪、劳动分红、津贴、补贴以及与任职或者受雇有关的其他所得。

下列不属于工资、薪金性质的补贴、津贴，不征收个人所得税：独生子女补贴；托儿补助费；差旅费津贴、误餐补助；执行公务员工资制度未纳入基本工资总额的补贴、津贴差额和家属成员的副食补贴。

退休人员再任职取得的收入，在减除按税法规定的费用扣除标准后，按"工资、薪金所得"项目缴纳个人所得税。

离退休人员除按规定领取离退休工资或者养老金外，另从原任职单位取得的各类补贴、奖金、实物，不属于免税项目，应在减除费用扣除标准后，按"工资、薪金所得"项目缴纳个人所得税。

2. 劳务报酬所得

劳务报酬所得，是指个人从事设计、装潢、安装、制图、化验、测试、医疗、法律、会计、咨询、讲学、新闻、广播、翻译、审稿、书画、雕刻、影视、录音、录像、演出、表演、广告、展览、技术服务、介绍服务、经纪服务、代办服务以及其他劳务取得的所得。

个人兼职取得的收入，应按照"劳务报酬所得"项目缴纳个人所得税；律师以个人名义再聘请其他人员为其工作而支付的报酬，应由该律师按"劳务报酬所得"项目负责扣缴个人所得税。

区分"劳务报酬所得"和"工资、薪金所得"主要看是否存在"雇佣与被雇佣"的关系。例如，某教师从其任职学校取得的工资，属于"工资、薪金所得"；在其他培训机构授课取得的收入，则属于"劳务报酬所得"。

3. 稿酬所得

稿酬所得，是指个人因其作品以图书、报刊形式出版、发表而取得的所得。

4. 特许权使用费所得

特许权使用费所得，是指个人提供专利权、商标权、著作权、非专利技术以及其他特许权的使用权取得的所得；提供著作权的使用权取得的所得，不包括稿酬所得。

居民个人取得的上述第（1）项至第（4）项所得统称为"综合所得"。

5. 经营所得

经营所得，是指个体工商户从事生产、经营活动取得的所得，个人独资企业投资人、合伙企业的个人合伙人来源于境内注册的个人独资企业、合伙企业生产、经营的所得；个人依法从事办学、医疗、咨询以及其他有偿服务活动取得的所得；个人对企业、事业单位承包经营、承租经营以及转包、转租取得的所得；个人从事其他生产、经营活动取得的所得。

6. 利息、股息、红利所得

利息、股息、红利所得，是指个人拥有债权、股权而取得的利息、股息、红利所得。储蓄存款利息所得暂免征收个人所得税。

7. 财产租赁所得

财产租赁所得，是指个人出租不动产、机器设备、车船以及其他财产而取得的所得。以 1 个月内取得的收入为一次，按次征收。

8. 财产转让所得

财产转让所得，是指个人转让有价证券、股权、合伙企业中的财产份额、不动产、机器设备、车船以及其他财产取得的所得。

> 个人以非货币性资产投资，属于个人转让非货币性资产和投资同时发生。对个人转让非货币性资产的所得，应按照"财产转让所得"项目计算缴纳个人所得税。
>
> 对个人转让自用 5 年以上并且是家庭唯一生活用房取得的所得，暂免征收个人所得税。个人转让房屋的个人所得税应税收入不含增值税，其取得房屋时所支付价款中包含的增值税计入财产原值，计算转让所得时可扣除的税费不包括本次转让缴纳的增值税。

9. 偶然所得

偶然所得，是指个人得奖、中奖、中彩以及其他偶然性质的所得。

（三）个人所得税的税率

我国个人所得税按应税项目的不同分别设计了超额累进税率和比例税率，即不同的征税对象适用不同的税率，如表 11-5 所示。

表 11-5　个人所得税征税对象与适用税率

征税对象		适用税率
综合所得	工资、薪金所得	适用 7 级超额累进税率
	劳务报酬所得	
	稿酬所得	
	特许权使用费所得	
经营所得		适用 5 级超额累进税率
利息、股息、红利所得		适用 20% 比例税率
财产租赁所得		
财产转让所得		
偶然所得		

（1）综合所得的适用税率。居民个人的综合所得适用3%~45%的7级超额累进税率，如表11-6所示。

表11-6　居民个人综合所得税率表

级数	全年应纳税所得额	税率（%）	速算扣除数
1	不超过36 000元的	3	0
2	超过36 000元至144 000元的部分	10	2 520
3	超过144 000元至300 000元的部分	20	16 920
4	超过300 000元至420 000元的部分	25	31 920
5	超过420 000元至660 000元的部分	30	52 920
6	超过660 000元至960 000元的部分	35	85 920
7	超过960 000元的部分	45	181 920

（2）经营所得的适用税率。个人（包括居民个人和非居民个人）的经营所得适用5%~35%的5级超额累进税率，如表11-7所示。

表11-7　个人经营所得税率表

级数	全年应纳税所得额	税率（%）	速算扣除数
1	不超过30 000元的	5	0
2	超过30 000元至90 000元的部分	10	1 500
3	超过90 000元至300 000元的部分	20	10 500
4	超过300 000元至500 000元的部分	30	40 500
5	超过500 000元的部分	35	65 500

（3）利息、股息、红利所得，财产租赁所得，财产转让所得和偶然所得，适用比例税率，税率为20%。

（四）个人所得税应纳税额的计算

个人所得税的计税依据为纳税人取得的应纳税所得额，即纳税人取得的收入总额减除税法规定的费用或扣除后的余额。我国的个人所得税实行分类征收，征税对象不同，费用及扣除标准不同，适用的计算方式和税率也不同（见表11-8）。

表11-8　个人所得税的计算方式和适用税率

征税对象	计算方式		适用税率
	居民个人	非居民个人	
（1）工资、薪金所得	"综合所得"按纳税年度合并计算	按月计算	7级超额累进税率
（2）劳务报酬所得		按次分项计算	
（3）稿酬所得			
（4）特许权使用费所得			

征税对象	计算方式		适用税率
	居民个人	非居民个人	
（5）经营所得	按年计算		5级超额累进税率
（6）利息、股息、红利所得	按次分项计算		20%
（7）财产租赁所得	按次分项计算		20%
（8）财产转让所得	按次分项计算		20%
（9）偶然所得	按次分项计算		20%

1. 居民个人的应纳税额计算

（1）综合所得的应纳税额计算。

①应纳税所得额。居民个人的综合所得，以每一纳税年度的收入额减除费用6万元以及专项扣除、专项附加扣除和依法确定的其他扣除后的余额，为应纳税所得额。

什么是专项扣除和专项附加扣除

居民个人的劳务报酬所得、稿酬所得和特许权使用费所得，应纳税所得额的计算采用定率扣除法，即以每次收入减除20%费用后的余额（每次收入额）为应纳税所得额。稿酬所得的每次收入额减按70%计算。

②应纳税额。居民个人的综合所得应纳税额计算公式如下：

应纳税额＝应纳税所得额×适用税率－速算扣除数

居民个人的"综合所得"适用的税率，参见表11-8。

居民个人取得综合所得，按年计算个人所得税；有扣缴义务人的，由扣缴义务人按月或者按次预扣预缴税款；需要办理汇算清缴的，应当在取得所得的次年3月1日至6月30日内办理汇算清缴。

（2）经营所得的应纳税额计算。

①应纳税所得额。经营所得，以每一纳税年度的收入总额减除成本、费用以及损失后的余额，为应纳税所得额。

②应纳税额。经营所得应纳税额计算公式如下：

应纳税额＝应纳税所得额×适用税率－速算扣除数

个人"经营所得"适用的税率，参见表11-8。

纳税人取得经营所得，按年计算个人所得税，由纳税人在月度或者季度终了后15日内向税务机关报送纳税申报表，并预缴税款；在取得所得的次年3月31日前办理汇算清缴。

取得经营所得的个人，没有综合所得的，计算其每一纳税年度的应纳税所得额时，应当减除费用6万元、专项扣除、专项附加扣除以及依法确定的其他扣除。专项附加扣除在办理汇算清缴时扣除。若在取得经营所得的同时，存在综合所得，则在计算经营所得的应纳税所得额时，不减除费用6万元、专项扣除、专项附加扣除以及依法确定的其他扣除。

（3）财产租赁所得的应纳税额计算。

①应纳税所得额。财产租赁所得，每次收入不超过4 000元的，采用定额扣除法；每次收入高于4 000元的，采用定率扣除法。计算公式分别为：

$$应纳税所得额 = 每次收入 - 800元（定额扣除法）$$

$$应纳税所得额 = 每次收入 \times (1 - 20\%)（定率扣除法）$$

②应纳税额。财产租赁所得应纳税额计算公式如下：

$$应纳税额 = 应纳税所得额 \times 20\%$$

（4）财产转让所得的应纳税额计算。

①应纳税所得额。财产转让所得，以转让财产的收入额减除财产原值和合理费用后的余额，为应纳税所得额。计算公式分别为：

$$应纳税所得额 = 转让财产的收入额 - 财产原值 - 合理费用$$

②应纳税额。财产转让所得应纳税额计算公式为：

$$应纳税额 = 应纳税所得额 \times 20\%$$

（5）利息、股息、红利所得和偶然所得的应纳税额计算。

①应纳税所得额。利息、股息、红利所得和偶然所得，以每次收入额为应纳税所得额，不扣减任何费用。

②应纳税额。利息、股息、红利所得和偶然所得应纳税额计算公式为：

$$应纳税额 = 应纳税所得额 \times 20\%$$

2. 非居民个人的应纳税额计算

（1）工资、薪金所得应纳税额计算。

①应纳税所得额。非居民个人的工资、薪金所得，应纳税所得额的计算采用定额扣除法，即以每月收入额减除费用5 000元后的余额为应纳税所得额。

②应纳税额。非居民个人的工资、薪金所得应纳税额计算公式为：

$$应纳税额 = 应纳税所得额 \times 适用税率 - 速算扣除数$$

非居民个人的工资、薪金所得适用的税率，如表11-9所示。

表 11-9　非居民个人工资、薪金所得，劳务报酬所得，稿酬所得和
特许权使用费所得税率表

级数	全月应纳税所得额	税率（%）	速算扣除数
1	不超过 3 000 元的	3	0
2	超过 3 000 元至 12 000 元的部分	10	210
3	超过 12 000 元至 25 000 元的部分	20	1 410
4	超过 25 000 元至 35 000 元的部分	25	2 660
5	超过 35 000 元至 55 000 元的部分	30	4 410
6	超过 55 000 元至 80 000 元的部分	35	7 160
7	超过 80 000 元的部分	45	15 160

（2）劳务报酬所得、稿酬所得和特许权使用费所得应纳税额计算。

①应纳税所得额。非居民个人的劳务报酬所得、稿酬所得和特许权使用费所得，应纳税所得额的计算采用定率扣除法，即以每次收入减除 20% 费用后的余额（每次收入额）为应纳税所得额。计算公式为：

$$应纳税所得额 = 每次收入 \times (1 - 20\%)$$

稿酬所得的应纳税所得额减按 70% 计算。计算公式为：

$$应纳税所得额 = 每次收入 \times (1 - 20\%) \times 70\%$$

②应纳税额。非居民个人的劳务报酬所得、稿酬所得、特许权使用费所得应纳税额计算公式为：

$$应纳税额 = 应纳税所得额 \times 适用税率 - 速算扣除数$$

非居民个人的劳务报酬所得、稿酬所得和特许权使用费所得的适用税率，如表 11-8 所示。

特　别　提　醒

非居民个人的工资、薪金所得，劳务报酬所得，稿酬所得和特许权使用费所得在计算应纳税额时要注意两个问题：一是应纳税所得额的计算方法；另一个是适用税率的选择。

应纳税所得额的计算方法分为两类：定额扣除法和定率扣除法。定额扣除法适用于工资、薪金所得；定率扣除法适用于劳务报酬所得、稿酬所得、特许权使用费所得。稿酬所得减按 70% 计算。

非居民个人的经营所得，利息、股息、红利所得，财产租赁所得，财产转让所得和偶然所得的应纳税额计算方法同居民个人。

（五）个人所得税的税收优惠

1. 免税项目

（1）省级人民政府、国务院部委和中国人民解放军军以上单位，以及外国组织、国际

组织颁发的科学、教育、技术、文化、卫生、体育、环境保护等方面的奖金。

（2）国债和国家发行的金融债券利息。

（3）按照国家统一规定发给的补贴、津贴（如按照国务院规定发给的政府特殊津贴、院士津贴）。

（4）福利费、抚恤金、救济金。

（5）保险赔款。

（6）军人的转业费、复员费、退役金。

（7）按照国家统一规定发给干部、职工的安家费、退职费、基本养老金或者退休费、离休费、离休生活补助费。

（8）依照有关法律规定应予免税的各国驻华使馆、领事馆的外交代表、领事官员和其他人员的所得。

（9）中国政府参加的国际公约、签订的协议中规定免税的所得。

2. **减税项目**

（1）残疾、孤老人员和烈属的所得。

（2）因自然灾害遭受重大损失的。

3. **其他免税和暂免征税项目**

（1）企事业单位按照国家或者省级人民政府规定的缴费比例或者办法实际缴付的基本养老保险费、基本医疗保险费和失业保险费，免征个人所得税；个人按照国家或者省级人民政府规定的缴费比例或者办法实际缴付的基本养老保险费、基本医疗保险费和失业保险费，允许在个人应纳税所得额中扣除。

（2）个人领取原提存的住房公积金、基本养老保险金、基本医疗保险金以及失业保险金，免予征收个人所得税。

（3）对工伤职工及其近亲属按照《工伤保险条例》规定取得的工伤保险待遇，免征个人所得税。

（4）对被拆迁人按照国家有关城镇房屋拆迁管理办法规定的标准取得的拆迁补偿款，免征个人所得税。

（5）个人举报、协查各种违法、犯罪行为而获得的奖金，暂免征收个人所得税。

（6）因企业被依法宣告破产，企业职工从该破产企业取得的一次性安置费收入，免征个人所得税。

（7）以下情形的房屋产权无偿赠与，对双方当事人均不征收个人所得税：

①房屋产权所有人将房屋产权无偿赠与配偶、父母、子女、祖父母、外祖父母、孙子女、外孙子女、兄弟姐妹；

②房屋产权所有人将房屋产权无偿赠与对其承担直接抚养或者赡养义务的抚养人或者赡养人；

③房屋产权所有人死亡，依法取得房屋产权的法定继承人、遗嘱继承人或者受遗赠人。

（8）企业在销售商品（产品）和提供服务过程中向个人赠送礼品，属于下列情形之一的，不征收个人所得税：

①企业通过价格折扣、折让方式向个人销售商品（产品）和提供服务；

②企业在向个人销售商品（产品）和提供服务的同时给予赠品，如通信企业对个人购买手机赠话费、入网费，或者购话费赠手机等；

③企业对累积消费达到一定额度的个人按消费积分反馈礼品。

（9）个人因与用人单位解除劳动关系取得的一次性补偿收入（包括用人单位发放的经济补偿、生活补助费和其他补助费用），在当地上年职工年平均工资三倍数额以内的部分，免征个人所得税；超过三倍数额的部分，不并入当年综合所得，单独适用综合所得税率表，计算纳税。

同步练习

一、单项选择题

1. 工资薪金所得的个人所得税税率为（　　）。
   A. 固定税率
   B. 五级超额累进税率
   C. 七级超额累进税率
   D. 七级超率累进税率

2. 下列各项中，允许直接全额在计算企业所得税应纳税所得额时扣除的是（　　）。
   A. 企业所得税税款
   B. 广告费和业务宣传费支出
   C. 合理的工资、薪金支出
   D. 企业发生的公益性捐赠支出

3. 下列属于增值税征税对象的是（　　）。
   A. 销售商品房
   B. 提供邮政服务
   C. 提供餐饮服务
   D. 提供加工劳务

4. 下列关于减征个人所得税的说法错误的是（　　）。
   A. 残疾、孤老人员和烈属的所得可以减征个人所得税
   B. 因严重自然灾害造成重大损失的可以减征个人所得税
   C. 减征的幅度和期限由地市级人民政府决定
   D. 减征个人所得税需要经过批准

5. 以下应税消费品中，适用复合计税的是（　　）。
   A. 粮食白酒
   B. 酒精
   C. 黄酒
   D. 啤酒

二、多项选择题

1. 下列属于个人所得税征税对象的有（　　）。
   A. 个体工商户的生产、经营所得
   B. 利息所得
   C. 财产转让所得
   D. 对企事业单位的承包经营所得

2. 企业所得税的征税对象是企业的各项所得，包括(　　)。
A. 销售货物所得　　　　　　　　B. 提供劳务所得
C. 转让财产所得　　　　　　　　D. 股息红利等权益性投资所得
3. 企业在计算应纳税所得额时，允许扣除的项目有(　　)。
A. 广告费和业务宣传费　　　　　B. 借款费用
C. 工资薪金支出　　　　　　　　D. 环境保护专项资金
4. 下列属于征收增值税的"货物"的有(　　)。
A. 电视机　　　B. 气体　　　C. 土地　　　D. 专利权
5. 下列行为中，征收增值税的有(　　)。
A. 销售代销货物　　　　　　　　B. 将自产的货物用于职工福利
C. 将购买的货物无偿赠送给客户　D. 受委托为某企业加工白酒

三、简答题

1. 简述税法的构成要素。
2. 简述增值税的征税范围。

四、计算题

甲公司职员张某2022年全年取得工资、薪金收入180 000元，当地规定的社会保险和住房公积金个人缴存比例为：基本养老保险8%，基本医疗保险2%，失业保险0.5%，住房公积金12%。社保部门核定的张某2022年社会保险费的缴费工资基数为10 000元。张某正在偿还住房贷款及利息（每年12 000）；张某为独生女，其独生子正就读大学三年级；张某父母均已年过60岁（独生子女赡养老人扣除标准为每月2 000）。张某夫妻约定由张某扣除贷款利息和子女教育费。

请问：张某2022年应缴纳多少个人所得税？

参考文献

1. 刘笑诵. 经济法基础［M］. 苏州：苏州大学出版社，2018.
2. 王晓红，张秋华. 经济法概论［M］. 6版. 北京：中国人民大学出版社，2021.
3. 张守文. 经济法原理［M］. 2版. 北京：北京大学出版社，2020.
4. 周黎明. 经济法理论与实务［M］. 2版. 杭州：浙江大学出版社，2022.